아름다운 충격이 될 이야기를 시작해볼게

NOTES FROM MY TRAVELS

Copyright ⓒ 2003 by Angelina Jolie

Korean translation copyright ⓒ 2007 by Euan Y-M Park

All rights reserved

Korean translation rights arranged with the original publisher, Pocket Books,
a division of Simon & Schuster, Inc. through Eric Yang Agency, Seoul.

이 책의 한국어판 저작권은 에릭양 에이전시를 통해 Pocket Books와
독점 계약한 도서출판 바람구두에 있습니다.
한국에서 저작권법의 보호를 받는 저작물이므로
무단전재와 복제를 금합니다.

안젤리나 졸리의 아주 특별한 여행

초판1쇄 | 2007년 6월 25일
초판2쇄 | 2007년 7월 10일
지은이 | 안젤리나 졸리
옮긴이 | 박유안 디자인 | 김여진·김이경 편집 | 조미나·전민진

펴낸곳 | 도서출판 바람구두
주소 | 121-842 서울시 마포구 봄누리길 35
전화 | 02-335-6452
이메일 | gardo@paran.com

ISBN-10 | 89-954868-8-0 (03800)
ISBN-13 | 978-89-954868-8-7 (03800)

값 12,000원

_ 책값의 일부는 유엔난민기구(www.unhcr.or.kr) 기부금으로 전달됩니다.
_ 바람구두를 출판사 이름으로 쓸 수 있도록 흔쾌히 동의해주신
  '바람구두 연방의 문화망명지' 운영자께 감사드립니다.
_ 잘못 만들어진 책은 바꾸어 드립니다.

안젤리나 졸리의 아주 특별한 여행

안젤리나 졸리 지음 | 박유안 옮김

이 책을 당신들께 바칩니다

유엔고등난민판무관실(이하 UNHCR) 직원 한 명이 돌봐야 하는
난민의 숫자는 3,582명에 이릅니다. 비지땀 흘리는 판무관실 직원들에게,
또 그들의 헌신과 동시대 사람들을 향한 그들의 깊은 존경심에
이 책을 바칩니다.
더불어 이 책을 지금 현재 혹은 과거에 난민이었던 사람들과
아이들에게 바칩니다. 그 가운데는 혹독한 시련을 견뎌낸 이들도 있겠으나,
자유를 얻으려는 싸움 속에서 그만 목숨을 잃은 이들도 있습니다.
이 모든 이들이 내게 크나큰 삶의 교훈을 가르쳤고,
나는 두고두고 그 가르침에 감사하며 살 것입니다.

추천사

UNHCR은 정치적 탄압이나 전쟁 탓에 집을 떠나야만 하는 사람들을 돌보기 위해 1951년에 창설된 단체입니다. 지난 반세기 동안 UNHCR은 대략 5,000만의 남과 여, 그리고 아이들이 안전한 곳에서 새 삶을 시작하도록 도왔습니다.

우리의 임무는 막중합니다. 세계 곳곳의 여러 깨어 있는 인물들의 도움 없이는 해나가기 어려운 게 사실입니다. 이렇게 난민 구호에 앞장서는 인물들 가운데 한 분이 바로 안젤리나 졸리입니다.

2001년 8월 27일, 저는 안젤리나 졸리를 UNHCR 친선대사로 임명했습니다. 그 전부터 그녀는 난민문제에 깊은 관심을 보였으며, 시에라리온, 캄보디아, 파키스탄 등지의 난민캠프를 방문하였지요. 2002년과 2003년 들어서는 나미비아, 태국, 에콰도르, 탄자니아, 스리랑카, 코소보, 잉구세티아 공화국 등을 찾았고, 현지의 UNHCR 종사자들과 긴밀하게 협력해 일했습니다. 이 생생한 여행일지에서 그녀는 자신이 받은 느낌을 아주 감동적으로 기록하고 있습니다. 앞으로도 그녀는 보다 많은 현장을 찾을 계획입니다.

친선대사로 임명된 이래 안젤리나의 활약은 제 기대를 훨씬 뛰어넘었습니다. 전 세계 난민문제의 해법을 찾고자 하는 우리의 노력에 그녀는 긴밀한 파트너이자 참된 동료임을 온몸으로 보여주었습니다. 무엇보다 그녀는 난민들의 비극에 사람들이 진정으로 귀 기울이도록 하는 데 큰 도움을 주었습니다. 난민들을 돕고자 하는 안젤리나의 뜻, 그녀의 아낌없는 마음씨, 참으로 인정 많은 그녀의 정신은 우리 모두에게 진정 귀하고 큰 격려라 하지 않을 수 없습니다.

루드 루버스
전임 유엔고등난민판무관 (2001~2005)

한국어판 발간에 즈음하여

안젤리나 졸리가 UNHCR의 친선대사로 임명된 지 6년이 흘렀습니다. 그리고 그녀가 난민과 실향 문제에 대해 배우려는 첫 걸음을 내딛은 지는 그보다 훨씬 오래 전의 일입니다. 그 현장 답사의 여정을 안젤리나 졸리는 이 감동적인 일지에 꼭꼭 눌러 담았습니다. 긴 시간이 지났지만, 이 일지가 자아내는 감동과 공감대는 지금도 처음 쓰여졌을 때만큼이나 생생합니다.

그 동안 안젤리나 졸리는 난민 문제뿐만 아니라 다른 여러 인도주의적 사안들에 대해서도 많은 관심을 기울여 왔습니다. 이제 그녀는 지치지 않는 난민운동가로, 법제도 개선을 위한 성공적인 로비스트로, 그리고 범지구적인 인도주의적 논쟁에 있어 아주 중요하고 존경받는 활동가로 활약하고 있습니다.

이 일지를 다시 읽으며 그녀의 관찰과 깊은 생각들이 아직도 얼마나 신선하고 명쾌한지를 재확인하는 일은 대단히 고무적입니다. 이 일지에서 언급한 몇몇 난민사태는 다시 찾아온 평화 덕분에 일단락되었지만, 안타깝게도 다른 곳에서 새로운 난민 위기가 생겨났고, 그녀가 이 책에서 그리고 있는 고통과 혼란이 또 엇비슷한 모습으로 거듭되고 있습니다.

안젤리나 졸리가 쓴 여행기의 한국어판 출간은 UNHCR에게 있어 특히 기쁜 일입니다. 한국인들은 전쟁과 실향에 따르는 온갖 상실의 고통과 슬픔을 익히 경험했습니다. 6·25전쟁은 1953년에 끝났지만 아직도 많은 이산가족이 남과 북으로 나뉘어 고통 받고 있습니다. 그런데도 한국인들은 가장 역동적이고 성공적인 경제발전과 민주화를 일구어냈습니다. 한국의 번영을 위해 쉴 새 없이 노력해온 한국인들은 이제 시선을 밖으로 돌려 한국이 세계를 위해 무엇을 할 수 있을지 묻기 시작했습니다. 2006년에는 반기문 전 외교부장관이 유엔 사무총장으로 선출되었고, 그에 따라 세계의 인도주의 위기 및 발전 문제에 대해 유례 없이 높은 관심이 일어나고 있습니다. 이 책의 한국어판 출간으로 많은 젊은이들이, 안젤리나 졸리가 그러했듯이, 난민 문제 해결에 적극 나서게 되리라고 저는 확신합니다. UNHCR은 그런 여러분들을 언제나 가까이에서 돕겠습니다.

UNHCR 한국사무소 대표
제니스 린 마셜

글을 시작하며

내 여행일지에다 서론을 써 달라는 요청을 받았습니다. 이 일지가 어떻게 하여 쓰여졌는지, 내 삶이 왜 이런 방향으로 흘러갔는지, 그리고 처음 그렇게 발을 내디딘 이유가 무엇인지 등에 대해 말입니다.

이런 질문에 답을 써내려가며 저는 한 가지는 분명하다 싶었습니다. "나는 끊임없이 변화한다"는 것이지요. 내 삶에서 이런 길을 걸었던 게 너무 감사합니다. 그토록 대단한 사람들을 만나고 이토록 굉장한 경험을 했던 게 고마운 겁니다.

저는 누구든지 이런 일의 실상을 접하게 되면 뭔가를 해야만 하겠다고 두 손을 불끈 쥐리라고 믿습니다. 그렇기에 문제는 "어떻게 혹은 왜, 삶을 이런 일에 바치는가"가 아닙니다. "어떻게 그러지 않을 수 있는가"인 것이지요.

수많은 밤을 꼬박 새워 저는 한 나라 안에서, 그리고 여러 나라 사이에서 벌어진 비극의 사연들과 통계를 읽었습니다. UNHCR도 그렇게 접했습니다.

- 오늘날 2천 만이 넘는 난민이 존재한다.
- 세계 인구 여섯 중 한 명은 하루에 1달러 미만으로 살아간다.
- 11억의 사람들이 안전하게 마실 물이 부족해 시달린다.

- 세계의 1/3은 전기 없이 살아간다.
- 1억이 넘는 아이들이 학교교육을 받지 못한다.
- 아프리카 아이들 여섯 중 한 명은 5살이 되기 전에 죽는다.

인도주의 활동을 펼치는 다른 기구들에 대해서도 읽었습니다. 잉글랜드에 있을 때 시에라리온에 대한 글을 읽었습니다. 미국에 돌아와서 보니 시에라리온 소식을 더 듣기가 어려웠고, 그래서 UNHCR 미국지부에 전화해서 그곳 상황이 어떤지, 그 외 다른 곳의 비슷한 상황들은 또 어떤지 살필 수 있도록 도와줄 수 있는지 물었지요. 그로부터 딱 3주 후 저는 시에라리온에 가게 됩니다.

저는 이 여행일지가 책으로서 어떨지, 독자들은 어떻게 읽을지 잘 모르겠습니다. 저는 작가가 아닙니다. 이 글들은 그저 저의 일지일 따름입니다. 제가 이제 막 이해하기 시작한 세계를 글로 제대로 설명하기가 저로서는 벅찹니다. 이 책은 그 세계에 대한 어렴풋한 관찰일 따름입니다.

CONTENTS

4장 에콰도르로 가다 219

글을 마치며 266

옮긴이의 말 268

추천사 6

한국어판 발간에 즈음하여 8

글을 시작하며 10

1장 아프리카로 가다 15

2장 캄보디아로 가다 99

_ 매덕스와 함께 캄보디아로 154

3장 파키스탄에 가다 157

_ 9.11사태가 벌어진 뒤 217

* 일러두기: 본문 중의 ( )는 안젤리나 졸리의 것이며, 〔 〕 및 각주로 덧붙인 내용은 번역자가
이해를 돕기 위해 삽입한 것입니다.

2001. 2. 22 ~ 3. 9

1장 아프리카로 가다

저는 UNHCR이 돌보고 있는

시에라리온과 탄자니아의 난민들에 대해

배우고 이들을 지원하는 활동을 위해

아프리카를 방문하였습니다.

2. 20 TUESDAY

여기는 아프리카로 가는 비행기 안. 파리 공항에 내리면 두 시간을 기다려 코트디부아르(예전 아이보리 코스트)의 아비장으로 가는 비행기를 탄다.

내 여행이 시작됨과 더불어 이 일지도 함께 쓰기 시작한다. 이 일지를 누구에게 쓰는 건지 잘 모르겠다. 아마도 나 자신에게, 아니면 나도 모르는 모두에게 쓰는 건지도 모른다. 또, 누구를 위해 쓰는 건가? 이 글을 읽을지도 모를 이들을 위해? 아니다. 이 글에 등장할 사람들을 위해 나는 이 글을 쓴다.

나는 진심으로 돕고 싶다. 나는 내가 다른 이들과 다르다고 믿지 않는다. 또 우리 모두가 정의와 평등, 각각의 의미 있는 삶을 원하고 생각한다. 어쩌다 심각한 상황에 빠져도 누군가가 도와주리라고 누구든지 믿고 싶어할 것이다.

이 여행에서 내가 뭘 이룰 수 있을지 잘 모른다. 내가 아는 것이란, 내가 나날이 세계에 대해, 내 나라뿐만 아니라 다른 나라들에 대해 좀 더 알아갈수록 얼마나 무지했던가를 깨달았다는 점이다.

워싱턴의 UNHCR에서 나는 많은 공부를 했고, 여러 사람과 얘기를 나누었다. 가능한 한 많은 글들을 읽으려고 애썼다. 그 연구들은 충격적인 통계와 가슴 저미는 사연들로 가득했다. 여러 구역질나는 사건들도 많이 읽었다. 악몽에 시달리다 잠에서 깨어나야 했다. 자주는 아니지만 이런 악몽을 꿀 때면 그야말로 겁에 질려 일어나곤 했다.

어떤 일은 온갖 논의의 대상이 되는 반면 어떤 일은 도무지 얘기조차 되질 않는 걸 나는 이해할 수 없다.

내가 어떤 변화를 만들어낼 수 있다고 생각하는지 잘 모른다. 내가 아는 것이란, 그런 변화를 정말 일으키고 싶다는 것뿐이다.

내가 과연 가야만 하는지 확신이 있었던 건 아니다. 그건 지금도 마찬가지다. 그렇지만 나는 생각했다. (어떤 사람들은 도무지 못 믿겠다고 하겠지만) 기댈 언덕이 아예 없는 그 사람들을 위해 내가 꼭 가야만 한다고 말이다.

따뜻하고 안전한 집을 떠나 아프리카의 난민촌으로 가고자 하는 내 바람을 어떤 친구들은 미친 짓이라고 여긴다. "여기서 도울 수도 있지 않느냐? 왜 네 눈으로 직접 봐야만 하는 거냐?"고 그들은 물었다. 나는 제대로 답변할 수 없었다. 내가 미쳤거나 혹은 멍청한 짓을 하는 건지 잘 모르겠다.

아버지는 UNHCR 미국지부에 전화를 걸어 이번 여행을 취소시키려고 했다. 하지만 내가 성인인 다음에야 아버지도 날 막을 수는 없었다. 몹시 화가 난 채로 아버지께 말씀드렸다. 날 사랑하시는 거 잘 안다고. 아버지로서 딸을 위험으로부터 보호하려는 것도 잘 이해한다고. 아버지는 날 안아주셨고, 우리는 서로 미소를 나누었다.

엄마는 내가 마치 어린 소녀인 듯 나를 쳐다보셨다. 미소를 지으며 나를 바라보는 눈빛이 걱정으로 촉촉이 젖어 있었다. 잘 다녀오라는 마지막 포옹과 함께 오빠 제이미의 인사말을 내게 전해주셨다. "앤지한테 사랑한다고 전해주세요. 그리고 언제든 겁나거나 슬프거나 화가 날 때면, 꼭 기억하라고 하세요. '밤하늘을 올려다보아요. 오른쪽에서 두 번째 별을 찾아요. 그리고 아침이 올 때까지 계속 그 별빛만 따라가세요'라는 말을." 『피터팬』에 나오는 말이다. 오빠와 내가 아주 좋아했던 동화 중의 하나인….

지금 나는 글에서 숱하게 읽었던 사람들을 생각한다. 그들이 사랑하는 가족과 어떻게 헤어져야 했는지도. 그들에겐 가정이 없다. 사랑하는 사람들이 죽어가는 걸 지켜봐야만 했던 이들이다. 그들 스스로도 죽어가고 있다. 그런데 달리 방도도 없다.

내가 가는 곳이 어떤 모습일지 모르지만, 나는 이 사람들을 만나고 싶다.

우선 파리에 내려 몇 시간 기다리다가 그 다음 아프리카로 간다.

2. 21 WEDNESDAY

파리에서 아프리카로 가는 비행기에서 멋진 청색 신사복 차림에 온화한 미소를 지닌 아프리카 남자가 내게 언론인이냐고 물었다. "아니에요. 아프리카에 대해 배우고 싶은 평범한 미국인입니다." 그랬더니 "멋지군요!"라고 한다.

그는 중요한 사람인 듯했다. 그가 동행들과 함께 비행기에서 내리자 군인 두 명이 와서, 한 명은 앞에서 또 한 명은 뒤에서, 그들을 밖으로 안내했다. 그가 또 다른 단체의 대표임에 틀림없어 보이는 다른 남자와 악수를 나누자 그들을 둘러싼 카메라들이 일제히 터지기 시작했다.

이 이야기를 하는 이유는 이것이다. 비행기에서 그가 나더러 아프리카의 다른 데로 가는지를 물었을 때 내가 "시에라리온"이라고 대답했더니, 그가 말했다. "난 그곳 너무 무서워요."

코트디부아르에 내리니 아주 상냥한 UNHCR 직원이 비행기로 나를 찾아 들어왔다. '허브'라는 이름의 그는 불어를 썼고, 영어는 아주 조금 했다. 난 불어를 조금밖에 못하지만 금세 깨달았다. 어떤 때는 미소와 몸짓만 있으면 다 된다는 것을. 우리는 오랜 시간 아무 말 없이 나란히 서 있었다. 내 짐이 비행기에서 제일 늦게 내려진 탓이다.

공항에는 민간인보다 군인이 더 많이 보인다. 모든 짐을 열어서 검사한다.

그 뒤 UNHCR 직원 한 명을 더 만나 차로 이동하는 동안 시에라리온 내전 얘기를 나누었다.

그러니까 미국인들이 오늘날처럼 되기 이전의 상황과 크게 다르지 않았다. 이런 상황을 이해한다면, 이 거대한 대륙의 52개 나라들의 미래를 결정하는 데 도움을 주는 일이 얼마나 소중한 일인지 금세 알 수 있다.〔아프리카인들도 장차 미국인들처럼 넉넉하게 살 수 있을지도 모르니 한껏 도움을 베풀어야 한다.〕아프리카 사람들을 우리의 동맹국으로 여기고 그들의 국가 건설을 돕는다고 한다면, 이는 곧 우리 스스로를 돕는 일이 된다.

물론 미국은 상당한 원조를 베풀었다. 이는 마땅히 인정되어야 한다. 그러나 다른 여러나라들에 비해 미국은 아직 (인구 대비로 볼 때) 베품이 부족하다. 베풀 수 있는 역량을 두고 다른 나라들에 견주어 보아도 미국은 뒤처진다.

정치는 잠깐 잊자. 인간적 차원에서 우리는 무엇이 중요한지, 어떻게 우리가 진정 평등해질 수 있는지 모두 함께 고민해야 한다. 사람들이 뭔가를 이루고자 노력할 때, 그 첫걸음부터 도움이 필요하다. 더 늦기 전에 말이다.

냉전 시기에 아프리카는 분열되어 있었다. 1960년대에 독립하기 시작했지만, 냉전이 끝날 무렵 민주주의의 정착을 위해 아프리카는 도움을 필요로 했다. 우리 모두가 마땅하다고 여기는 자유를 얻기 위해 싸우는 사람들을 지지하려면 도움이 필요했던 것이다.

시에라리온과 관련해서 본 영상이 있다. 몇 년 전 사람들은 민주주의를 위한 행진을 열었다. 몇 년인지는 기억나지 않지만, 최악의 전투 상황이 닥치기 전이었던 건 분명하다. 바로 그때 우리가 도움을 주었더라면 오늘날처럼 사태가 나빠지진 않았을 것이다.

미국이란 나라의 창시자들 또한 난민이었음을 잊어서는 안 된다. 뒤이어 아메리카 원주민들이 난민 신세가 되었고.

나를 반겨준 이는 그가 겪었던 미국의 인상을 내게 들려주었다. 미국인들에게 알려지는 게 너무 적다는 점, 미국인들이 너무 아늑하게 보호받고 있다는 점에 우리는 공감했다. 그렇지만 (예컨대 CNN의 특집방송이나 신문에 간간이 보도되는 기사를 통해) 세계에서 무슨 일이 벌어지는지를 알고 나면, 대부분의 미국인들은 기꺼이 돕고자 하며 결코 인색하지 않다.

그는 크리스마스에 즈음하여 미주리 주의 캔자스시티에 들렀다고 했다. 그의 여행 목적은 "미국을 좀 더 잘 이해하고자" 하는 것이었고, 나는 그가 미국으로 여행하는 데 얼마나 오랜 시간이 걸렸을지 생각하고 있었다. 미국인들 가운데 그가 태어난 아프리카 나라인 말리를 찾는 사람은 거의 없을 것이다. 아마도 그렇기 때문에 그가 나를 그토록 반겼는지도 모른다. 그는 자기 나라 이야기를 나와 간절히 나누고자 했다.

코트디부아르의 아비장에 도착해 내 숙소에 짐을 풀었다. 이 호텔이 한때는 아주 아름다웠을 것이란 생각이 절로 들었다. 내가 상상했던 것보다 훨씬 좋았다. 비록 며칠 밤에 불과했지만 이런 데 내가 묵어도 되나 싶어서 맘이 편하지 않을 정도였다. 여기 아비장에서는 UNHCR과 몇 차례 회의를 함께 할 테고, 토요일이면 시에라리온 난민들을 만나기 위해 프리타운으로 향할 것이다.

따뜻한 샤워와 포근한 잠자리가 참으로 감사하다. 오늘밤 나는 그것으로 족하고, 그래서 고마운 것이다.

2.22 THURSDAY

지금 나는 아비장의 UNHCR 사무실 의자에 앉아 있다. 이른 아침부터 아주 바빴다. 많은 일들을 이해하게 되었지만, 아직도 뜻 모를 일들이 허다하다. 무엇보다도 내가 이 사람들에 대해 얼마나 잘 모르고 있었나를 시시각각 깨닫고 있다.

눈을 들어보면 UNHCR 포스터가 하나 걸려 있고, 거기엔 이렇게 쓰여 있다.

난민이 되는 데는 그리 많은 게 필요하지 않습니다.
당신의 인종, 당신의 종교, 그 정도면 충분합니다.

'망명신청자'들과의 면접 자리에 합석해도 좋다는 허락을 받고 자리를 잡았다. 이들은 자기 출생지와는 다른 나라의 국경지역에서 살아가기를 희망하는 사람들이다. UNHCR은 그들의 사연을 듣고 때로는 그것의 사실 여부를 조사하기도 한다. 그리고서 도와줄 수 있는 경우라면 실제 도움을 준다. 신청자들은 자신들이 난민으로 분류될 수 있는지 애써 밝혀야 하며, 그래야 망명 자격을 얻는다. 자기가 꼭 보호와 지원을 받아야만 함을 입증해야 하는 것이다. 제공되는 지원책이 그리 많지 않을뿐만 아니라, 아예 없다시피 한 나라들도 많기 때문이다.

오늘 면접을 치르는 부부는 아이들과의 연락이 끊어진 상태라고 한다. 남편은 서른, 아내는 스물다섯, 딱 내 나이이다. 나이보단 훨씬 늙어 보이는 그들. 몸은 아주 초췌하고, 슬픈 두 눈은 그야말로 절박하다. 두 명 모두 불어를 썼고 영어도 약간 할 줄 알았으며 아주 지적이었다.

그들은 심지어 내가 편안히 느끼도록 배려하려고도 애썼다. 직원들은 나를 미국인이라고 소개하면서, 그들과 같은 경우를 미국에 더 널리 알리기 위해 여기 아프리카에 와서 보고 배우는 중이라고 설명했다. 다른 이가 자신들을 돕고자 애쓴다는 사실을 그들이 깨달았다는 게 나는 기뻤지만, 그들 얘기를 듣고 나니 도대체 어떡해야 할지를 알 수 없는 무기력감이 나를 짓눌렀다. 그래도 한편으로는 단호한 결의가 샘솟기도 했다.

이 사람들은 강인하고 현명하다. 이들에게 기회만 주어진다면, 또 그들의 나라를 갈기갈기 찢어놓은 원인이 된 풍부한 자원을 고려한다면, 아주 튼튼하고 부강한 나라를 만들 수 있을 것이다.

사태가 그다지 나아지질 않는 걸 보고서 UNHCR이나 그와 유사한 기구들이 그다지 성공적이지 못했다고 섣불리 판단할 수도 있겠다. 하지만 난민문제의 역사를 배우고 그들을 돕기 위해 취해진 온갖 조치들을 깨닫고 난 뒤, 나는 이 헌신적인 활동가들이 도움의 손길을 베풀기 위해 노력을 아끼지 않았음을 알 수 있었다.

우리 모두는 그들에게 참으로 감사해야 한다. 그들이 힘을 기울이지 않았다면 난민들에게는 아무런 희망도 남지 않았을 것이다. 그들 대부분이 목숨을 잃거나 잊혀져버렸을 것이다. 모든 게 반란군 차지가 되어 독재자의 수중에 떨어졌을 테고.

난민들을 반겨 맞이하고 그들에게 살 집을 제공하는 아프리카의 모든 나라들을 우리는 계속 도와야 한다. 애초에 난민들을 받아들이는 이런 나라들에 힘을 주지 않는다면 미국이나 다른 선진국의 국경을 두드리는 난민들의 행렬은 끊이질 않을 것이다.

2. 23 FRIDAY

　다음 날 나는 다른 사무실에 가서 아이올리를 만났고, 그녀에게서 새로운 사실들을 배울 수 있었다. 그녀는 놀라운 기운과 열정을 뿜어내는 동시에 웃음이 끊이지 않게 하는 재주도 가지고 있었다.

　난민들을 집계하고 신원을 확인하여 신분증을 발급하는 새로운 컴퓨터 기술에 대해 서로 배웠다. 이제껏 이뤄진 다양한 물자의 기증 및 도움을 주기 위한 새로운 발상들을 듣는동안 희망이 샘솟는 느낌이 들었다. 마이크로소프트사는 코소보 사태 때 100대의 신분증 발급기를 기부했다. 하지만 이 기계들을 다루기 위한 기술인력은 늘 부족한 상태이다. 고려해야 할 일이 한두 가지가 아니란 게 그저 놀라울 따름이다. 지금은 기술교육을 위한 기금 마련을 계획 중이라고 한다.

　이곳에 있어 보면 신분증이 얼마나 중요한지 대번에 알 수 있다. 신분증의 효능은 난민들을 보호하고 망명자 신분을 입증하는 데 그치지 않는다. 가장 큰 쓰임새는 난민들이 등록 절차를 밟게 될 때 그 신분증 덕분에 개개인의 신원이 금세 확인된다는 점이다. 당신이 누구인지, 이름이 무엇이고 국적이나 가족관계, 나이 등을 입증할 증거가 하나도 없다면 대체 어떤 기분일지 상상해 보라. 신분증이 없는 아이들은 강제로 군대에 끌려 갈 수도 있고 위험한 노동 현장에 투입될 수도 있다. 학교에서 쫓겨날 수도 있다. 모든 아이들은 안전과 교육을 누릴 권리가 있다.

　점심시간에 나는 토산품을 좀 사려고 작은 시장에 들렀다. 한 군데 오래 서 있자니 발목이 따끔거렸다. 눈에 잘 보이지도 않는 작은 벌레들이 물어대는 것이었다. 어떤 곳에서는 악취가 코를 찔러 구토가 치밀 정도였다. 하지만 그 시장의 사람들에게서 느껴지는 생존 의지는 그저 놀라웠다. 불평 한 마디 들리지 않았고, 구걸 하는 경우도 아예 없었다.

이 나라에 대한 우리의 인상과는 달리 여기 사람들은 세련되고 강인하며 당당하고 멋지다. 억척스러운 기운은 순전히 생존의 압박 때문이다. 태평스레 혹은 게으르게 뭘 할 여유가 없는 것이다.

이렇게 쓰다 보니 내가 마치 동물원에서 사람들을 관찰하는 것 같다. 이 사람들과 이들의 투쟁에 대해 내가 뭘 아는 체하는 게 멍청하고 거만스런 짓으로 느껴졌다.

하지만 나는 이곳 코트디부아르 사람들을 지켜보았을 따름이다. 바로 여기가 내가 아프리카를 접한 최초이자 유일한 곳이다. 아직 난민캠프는 구경도 못하지 않았는가.

어린 학생들도 눈에 많이 띈다. 남자아이들이 입고 있는 반팔 셔츠와 바지는 모두 베이지 색이고, 여자아이들은 하얀 블라우스와 푸른 치마 차림이다.

시장 좌판에는 금과 상아를 내놓고 판다. 심지어 다이아몬드도 판다. 모두 조금씩 탁자 위에 쌓고 있다. 바닥은 온통 먼지투성이다.

UNHCR 직원인 데무가 내 길 안내를 맡았다. 그녀의 딸과 친구들도 만났다. 모두 열네 살 소녀들이었고 국제학교에 다니는 아이들이었다. 아이들은 여러 나라에서 살아 보았고 여러 말을 썼다. 모두 재미난 아이들이었으며, 한 명 한 명이 독특한 개성의 소유자였다. 자기만의 미래를 꿈꾸는 아이들. 미국의 십대들에 견주어 그 아이들은 훨씬 성숙해 보였다.

아이들은 또한 정치에 대한 관심도 높았다. 한 소녀는 내게 미국의 새 대통령인 조지 W 부시에 대해 어떻게 생각하는지 물었다.

영화에 대해서도 아는 게 많은 아이들이었다. 아이들이 영화 얘기를 하는 걸 들으며 나는 그들이 쿨하기만 하고 말도 안 되는 영화들뿐만 아니라 좋은 영화도 많이 보았으면 하고 생각했다. 그렇지만 다시 생각하니 여기서는 신나게 웃는 것도 아주 중요하겠다 싶긴 하다.

2. 24 SATURDAY

시에라리온 행 비행기는 연료를 주입 중이고, 우리는 여권 검사가 끝나기를 기다리고 있다. 일행 중엔 아이올리도 포함되어 있다. 비록 다른 곳에서 내리지만 누군가 익숙한 이와 같이 떠나게 되어 아주 기쁘다.

짐뿐만 아니라 내 몸무게도 잰다. 8킬로그램. 4킬로그램. 그리고 난 55 킬로그램. (뭣 때문에 몸무게까지 재는지 잘 모르겠다.) 허름한 샌들을 신은 사내가 플라스틱 저울을 꺼냈다. 여느 미국 가정의 화장실에서 쓰는 바로 그런 저울이다. 색이 바랜 분홍빛 토끼 두 마리가 그려진 그 조그만 저울 위에 짐을 올리니 걸핏하면 옆으로 삐져나온다. 저래 가지고 대체 뭘 제대로 잴 수가 있는 건지….

내 주위는 온갖 국적의 소유자들로 붐빈다. 개량 전통 드레스를 입은 아프리카 여인 한 명은 눈부시게 아름답다.

이륙 준비가 끝났다면서 마지막 경고 방송이 나온다. 이륙 전에 화장실을 가라는 것. 몇 시간이 지나야 다시 쓸 수 있다면서. 아이올리와 나는 화장실로 갔다. 다른 이들은 뙤약볕 아래 기다리고 있었다. 왜 아무도 안 탔을까 했더니, "숙녀분 먼저!"라며 기다린 것이다.

"봉 보야지!"〔'잘 다녀오세요'라는 뜻의 불어〕

"굿 럭!"〔'행운을 빕니다'라는 뜻의 영어〕

모두 그렇게 말해주었다.

이제 비행기 안. 자리에 앉고 보니 에어컨이 없다. 아직 이륙도 안 했는데 난 벌써 땀투성이다. 윗입술에 벌써 땀이 송골송골 맺혔다.

눈이 마주치는 사람들마다 웃음을 나누며, 친절한 말을 주고받고 서로에 대해 호기심을 보인다.

내 팔뚝의 문신을 발견한 이들의 얘기가 이어진다. 최근 정부가 난민인 척하는 반군들을 가려내는 작업을 하고 있다고 한다. 그 조그만 원조조차도 뜯어먹으려 드는 반군들이라는 것.

그런데 한 여인이 말하기를, 많은 남자들이 신원 확인을 위해 며칠씩 감금되는 걸 보았다고 한다. 왜 그들이 수상하다고 여겨졌는지 아느냐고 묻더니, 바로 "팔뚝에 문신이 있었기 때문"이라는 것. (기니와 시에라리온에서 문신은 부족의 표시로 널리 행해진다.) 나도 반군으로 분류될 수 있겠다며 우린 함께 웃었다. 하지만 우리 몸의 상징이 우리 자신을 표현할 수도 있겠다는 생각이 들긴 한다. 여러 이유로 상징은 두려움의 대상이 되는가 하면 업신여길 빌미가 되기도 하는 것일 테니.

내가 몸에 새긴 문신과 장신구들을 되새겨 보았다. 오빠 이름…. 내가 좋아하는 미국 작가가 쓴 자유에 대한 경구….

비행기가 어느 공항에 내리더니 승객 한 명이 더 탔다. 이제 일곱 명이 되었다.

바깥 날씨는 화창하고 공기도 한결 시원하게 느껴진다. 다들 비행기에서 내려 몇 분 동안 기지개도 켰다. 다시 비행기로 가는 버스에 오르니 내가 모르는 얼굴이 둘이나 된다. 앞쪽의 사내와 내 근처에 앉은 여인. 둘 다 나를 탐탁지 않아 하는 눈치다. 글쎄, 그런 거리감이 느껴진다. 서로 소개하며 인사를 나누지도 않았다. 사내에 대해선 좀 겁이 났다. 저 사내랑 일하게 되는 게 아닐까 걱정도 되었다. 나중에 비행기에 오른 뒤 난 그들에 대한 이런 선입견에 얼굴이 화끈거렸다. 처음부터 그들과 함께 여행하게 된 걸 다행이라고 여겼어야 했는데….

사내는 기내에서 내게 먼저 말을 걸었다. 그는 라이베리아의 수도 몬로비아에서 반군에 잡혀 엿새 동안 포로 신세였다고 했다. 거기서 탈출하기까지의 우여곡절은 이루 말로 다 할 수 없을 정도라고 한다. 바로 이 공항에서도 몇 시간씩 일정이 늦춰지는 게 짐짓 조마조마했다는 것.

그의 아내와도 내가 서로 말을 나누고 보니 나는 그들이 참 따뜻하고 친절하다는 것을 알 수 있었다. 그들의 침묵과 내가 느낀 거리감은 그들이 겪었던 공포감에서 비롯된 것이었을 뿐이었다. 그가 한때 포로로 묶여 있었던 바로 그 라이베리아에 우리 비행기가 착륙했다.

이 나라 사람들 대부분이 내가 상상도 못할 고통을 겪으며 살아간다. 비행기에서 내리는데 누군가가 내게 "이 나라에는 정말 아무 희망이 없어요"라고 일러준다. 이곳의 거의 모든 게 불에 탔거나 포격에 허물어졌다. 반군들이 퇴각할 때면 이들은 포로들로 하여금 약탈한 물건을 운반시킨다.

하늘에서 볼 때는 드넓은 대지와 호수, 수풀 등 눈에 보이는 것 모두가 참 아름다웠는데….

드디어 시에라리온의 수도 프리타운이다. 이 공항에서 우리 비행기를 제외하고 죄다 군용 헬리콥터이다. 차를 타고 거리를 달리며 우리는 여기서 벌어지고 있는 일들을 얘기했다. 혁명연합전선RUF이 '몰살 프로젝트'Project No Living Thing라고 부른 일 말이다.

길거리에 수백 명의 사람들이 서로 손을 잡고 걸어가는 모습이 보인다. 생존자들이다! 차량에 쓰여진 글귀도 눈에 띈다. "신은 위대하시다!" "만인에게 사

아프리카로 가다 **27**

랑을, 증오는 이제 그만!"

이런 말을 여기 사람들이 믿을 리가 있을까? 아니, 오히려 이들이 겪은 일들 때문에 더욱 그 뜻을 절실하게 느끼리라 싶었다.

∞

이상한 풍속 하나: 매달 마지막 토요일마다 모든 사람들은 오전 10시까지 자기 집에 머물며 인근 청소를 해야 한다. 만약 그 전에 집을 나서려면 그래야만 했던 사유를 적은 허가증을 지참해야 한다고.

토요일 밤의 UNHCR 게스트 하우스　게스트하우스를 둘러싼 시멘트 담장 꼭대기에는 깨진 유리조각이 촘촘히 박혀 있다. 우리 트럭이 도착하자 경비원이 나무대문을 연다. 조그만 흰색 건물은 페인트가 벗겨져 누르스름하다. 대문 안쪽에 낡은 차가 몇 대 서 있다.

대부분은 웃는 얼굴로 나를 반겼지만, 몇몇은 쏘아보는 눈초리였다.

내가 묵을 곳은 1호실. '1'이란 숫자가 적힌 종이가 문짝에 붙어 있는 게 전부다. 아마도 여기 방 중에 제일 나은 걸 내준 것이라 여겨진다.

샤워에서는 물이 제대로 나오질 않는다. 내가 사는 곳에서는 이런 방을 형편없이 낡았다고 하겠지만, 이곳 사람들은 절대 그렇게 생각지 않으리라. 그들에게 이곳은 궁전 같을 테니. 나도 아주 고마운 마음이다.

저녁은 8시에 준비되었다. 나는 UNHCR 현지 직원 둘과 둘러앉아 전쟁과 목숨, 생존에 대해 얘기했다. 그들은 내게 많은 얘기를 들려주었고, 난 그들의 말 한 마디 한 마디를 죄다 받아 적고픈 마음이었다.

아래층의 텔레비전에서는 채널이 한 개만 나왔다. 운이 좋으면 CNN이 잡히기도 한다는데, 오늘 밤은 운 좋은 날이 아니었다.

여기서는 시간도 다르게 느껴진다. 모든 게 생존에 초점이 맞춰져 있다. 그저 하루하루를 살며 그 날을 즐기고 주변 사람들과 가능한 한 많이많이 즐겨야 한다. 그렇게 서로 나누며 사는 사람들이다.

이곳에는 없는 게 많다고 적었지만, 그게 내가 그런 걸 필요로 한다는 뜻은 아니다. 여기서 일 하는 사람들이 살아가는 방식을 알게 되었기에 그렇게 적은 것이다.

모르긴 몰라도 이곳 직원 대부분은 자기 자신에게 예외를 인정하지 않는다. 물론 어떤 집단에든 좋지 않은 사람들이 소수 있다는 걸 잘 안다. 어떤 비정부기구 사람들이나 유엔 종사자들은 이상한 경쟁의식에 사로잡혀 일하기도 한다. 서로 도와가며 일하다가도 때로는 서로를 헐뜯기도 한다. 상처를 주려고 안달이라도 난 것처럼 말이다.

그러나 비판적인 사람들조차도 어느 정도는 선량한 사람들임을 나는 정말 믿고 싶다. 인생을 바쳐 이런 일을 하는 사람이라면 대체 어떻게 나쁜 사람일 수 있겠는가.

2. 25 SUNDAY

이상한 꿈을 꿨다. 완전 나쁜 꿈은 아니었지만, 악몽이라 불리기에 충분한 그런 꿈이었다. 어떤 검문소였는데, 나는 길가의 여러 여자들 사이에 서 있었다. 난 목을 길게 빼고선 무슨 일인지 알아보려 했다. 꿈속에서도 나는 이건 뭔가 잘못되었군, 그렇게 생각했다. 갑작스런 전투가 벌어지고, 사람들이 되는 대로 짐을 챙겨, 아니면 아예 빈손으로, 가족도 미처 거두지 못한 채 마구 도망쳐야 했다는 그런 얘기들이 떠올랐다.

아프리카로 가다 **29**

그렇게 잠에서 깬 뒤 다시 잠자리에 들려고 뒤척인 게 대략 한 시간은 된 듯하다. 새벽닭 우는 소리가 들려온다.

이 집에선 소음이 산울림처럼 퍼진다. 발자국 소리와 마룻바닥 삐걱대는 소리가 들린다. 낯선 동물 소리도 들리는데, 어떤 놈인지 짐작하질 못하겠다. 아마 원숭이쯤이겠지.

좀 더 눈을 감고 있으려 애써보았다. 오늘은 일요일이고 예배시간이 지나기까지 별다른 일이 없었다.

지금은 막 산보에서 돌아온 길이다. 아침을 먹은 뒤 나는, 내가 처한 현 상황을 둘러보리라 맘먹고 밖으로 나갔다. 이 인근은 안전지대라고 얘기 들었기에 별로 위험한 일은 일어나지 않을 거라고 생각했다.

밖으로 나서자마자 선글라스부터 벗었다. 햇살은 이글거렸지만 사람들이 내 눈을 볼 수 있는 게 좋겠다 싶어서였다. 그래야 내가 위협스런 존재가 아니란 걸 알 테니까.

또한 값비싼 보석도 벗어버렸다. 강도가 겁나서가 아니라 꺼림칙한 느낌이 들었기 때문이다. 그렇게 나는 너무나 가진 것 없이 살아가는 사람들 사이로 걸어다녔다. 내 발과 바지는 이내 붉은 맷국물로 얼룩졌다.

UNHCR 경비대원 중 한 명인 시에라리온인 윌리엄이 인근의 군부대와 병원 등을 보여주겠다고 해서, 나는 두말없이 따라나섰다.

우리가 오르막을 오른 지 얼마 되지 않아 조지를 만났다. 조지도 UNHCR에서 1년 넘게 아침과 점심 요리를 담당한 직원이었다. 그게 좋은 일자리이긴 했지만 그의 가족은 고사하고 제 한 몸 돌보기에도 부족한 수입이었다고 한다.

그래도 그는 불평하지 않았다. 이 두 사나이 모두가 지적한 사항은 이곳이 한때 아주 아름다운 곳이었다는 것. 그때는 모두가 모두에게 선량한 이웃이었

30 Amazing Survivors

으나, 이제는 전부 고통 속에 빠졌다. 그들은 이곳의 생활이 언젠가는 다시 좋아지기를 바랐지만, 막연히 상황이 좋아지리라 기대하면서 희망을 보듬는다는 건 쉽지 않은 일이다.

조지에게 가족 얘기를 물었다. 그의 어머니가 기니의 난민수용소에서 집으로 돌아왔다기에 괜찮으신지 물었더니, 이제 좋아지긴 하셨지만 자꾸 감기에 걸리신다고 했다. 지금 사는 집에서는 맨바닥에서 자야 하기 때문이라는 것이다.

조지는 반군 포로가 된 적이 있었다. "밤에 그자들이 들이닥쳤어요. 우린 모두 도망가려고 했어요. 그때 어머니께서 제 걱정을 정말 많이 하셨지요."

조지에게는 아이가 셋 있다. "한 녀석은 아직 한번도 못 봤어요." 그가 쓸쓸하게 덧붙인다.

병원은 정말 낡고 작은 건물이다. 페인트는 거의 벗겨진 상태였다. 적십자 천막 둘이 서 있었다. 조그만 병상 다섯 개 정도가 들어갈 만한 크기였는데, 침대를 들여놓지 않은 이유는 아마도 맨바닥에 더 많은 사람들을 받을 수 있기 때문인 듯했다.

길거리를 거니는 사람들이 많다. 모두 일요일이라 화려한 색깔의 옷을 깔끔하게 차려입은 모양이다. 좋은 옷을 가질 형편이 되는 사람들이 얼마나 되는지는 알 수 없지만, 이런 일요일의 풍습은 그들에게 꽤나 소중한 듯했으며, 보기에도 너무나 아름다웠다.

돌무더기와 웅덩이, 실개천으로 얼룩진 길을 우리는 계속 걸었다. 지독한 냄새로 미루어 보아 그 실개천은 하수도 물임이 분명했다.

노래와 북소리가 들렸다. 윌리엄과 조지가 함께 손을 들어 가리키며 "교회에요"라고 말했다. 교회는 조그만 시멘트 건물에 빙 둘러 조약돌을 박아 두었다.

안을 들여다보니 화려한 옷차림의 사람들이 북소리 장단에 맞추어 몸을 움직이고 있었다. 정말로 아름다운 예배였다!

아프리카에 당도한 이래 처음으로 울음을 터뜨린 순간이었지만, 나는 꾹 참고 계속 걸었다. 어린 아이들이 내 곁을 따라 걸었다. 내가 미소를 건넸더니 아이들은 내가 여지껏 본 웃음 중 가장 달콤하고 화사한 미소로 마주 웃었다.

한 조그만 소년은 꽤 심각한 목소리로, 단호하게 물었다.

"이름이 뭐예요?"

"앤지란다."

소년은 키득키득 웃으며 멀어져갔다.

성마가숙소와 '가족에게 가정을' 운동 누군가 갓난애를 내 품에 안겼다. 무슨 말로 이 느낌을 표현할까. 잠시 후 조그만 어린애가 내 손을 쥐고선 다른 여인(어느 미국인 비정부기구 봉사자)의 손에 얹어주었다.

UNHCR은 '가족에게 가정을' 운동FHM, Family Home Movement과 더불어 진행하는 이 '성마가숙소'Saint Michael's Lodge 프로젝트를 통해 가족과 떨어져야 했던 시에라리온 어린이들의 귀향을 돕고 있다.

한 아프리카 젊은이가 이곳의 운영을 돕고 있었다. 그는 아이들을 정성들여 가르쳤고, 지도자이자 돌보는 이로서 모자람이 없었다. 그의 눈은 따뜻한 친절함으로 가득했다.

누군가와 친해지려 할 때 퍼붓는 질문들을 나는 그에게 물었다. "좋아하는 게 뭐예요?" "가족들은요?" 나는 그가 대체 누군지 알고 싶었다.

그에겐 가족이 있었다. 누이 형제들 중 여럿은 이탈리아의 대학에 다닌다고 했다. 그는 여행을 좋아하지만, 이곳이 그를 필요로 하며 그게 좋은 일임을 안다는 것. 그는 몇 달 간의 휴직을 앞두고 있는데, 이를 이용해 전쟁피해자 상담 치료에 관한 교육과정을 듣고자 했다. 정신적 피해에 시달리는 고아, 난민 아동, 어린이 병사들을 돕겠다는 게 그의 뜻이었다. 이제껏 그런 부분이 소홀히 다뤄진 게 사실이었다.

"사람들은 애들이 용수철처럼 저절로 옛 시절로 돌아가기를 기대하나 봐요." 다른 곳에서는 도움을 필요로 하는 이가 있을 때 어떻게 상담치료가 제공되는지 그는 내게 설명해주었다. 하지만 아프리카에서는 사정이 달랐다. 아이들이 어느 공동체의 일원으로 편입되면 저절로 치료 되지 않을까 기대하는 게 고작이었다.

한쪽 다리에 이제 갓 의족을 한 아이를 만났다. 그 소년은 작은 라디오에서 흘러나오는 뉴스에 귀를 기울이고 서 있었다. 사람들은 그 아이가 진짜 똑똑한 애였다고 말해주었다. 의족을 하고서도 그 아이는 벌써 잘 걸었다.

열한 살짜리 소년은 우리를 안내하던 수녀와 하이파이브로 인사했다. "수녀 ~니임~!"

UNHCR은 성마가숙소와 더불어 이산가족을 등록하고 추적하여 다시 한 가족으로 모이도록 돕고 있다.

여기서는 다른 국제뉴스를 거의 접할 수 없다. 먼 나라가 아니라 바로 근처에서 벌어지는 경악할 만한 일들을 들을 뿐이다.

만약 이곳의 전쟁과 사람들에게 벌어지는 최악의 잔학행위들을 죄다 보도한다면 아프리카 재건에 투자하려던 사람도 머뭇거리게 될 것이다. 사태는 그토록 심각하다. 무엇을 할 것인가? 여기 사람들은 누군가에 기대는 게 몸에 배어 난민촌을 떠나려 하지 않는다. 왜 그러는지 나는 이해한다. 그들의 고향은 여전히 위험하고 텅 비어 있다. 심지어 집에는 먹을 것도 없다. 거기엔 일자리도

아프리카로 가다 **33**

없다.

일요일인데다 쉬는 날이었기 때문에 우리는 해가 떨어지기 전에 차를 몰고 바다로 갔다. 하얀 해변은 눈부셨다! 뽀얀 백사장, 싱싱한 초록의 산봉우리들로 둘러싸인 연푸른 바다. 탄성이 저절로 나왔다!

이 땅의 이름 시에라리온('사자의 산')은 15세기의 포르투갈인들이 처음 이 해안에 당도했을 때 (사자의 포효와도 같은) 천둥소리를 듣고 그렇게 붙여졌다고 한다.

2. 26 MONDAY

아침 7시, 식탁에서 나눈 얘기들 날이면 날마다 나는 조금씩 더 배워나간다. 다이아몬드가 없는 나라들에서는 사람들이 무기를 들지 않는다. 어떤 정부나 개인들은 혁명연합전선RUF과 거래함으로써 부를 쌓는다.

미국과 유럽의 더 많은 나라들이 시에라리온 군대를 도와야 한다. 가령 영국군과 특수부대인 SAS는 반군에 맞서 그들이 스스로를 지킬 수 있도록 시에라리온인들을 훈련시키고 있는 것처럼 말이다.

아프리카여성교육포럼에서 아프리카여성교육포럼FAWE은 아프리카 소녀들이 교육받고 기술훈련을 하는 곳으로서, 스스로 독립할 수 있도록 도와주는 곳이다. 이 어린 여자아이들 대부분은 납치와 강간의 피해자들이다.

작은 교실 하나에 들어갔더니 두 여인이 거의 열 명 가까운 갓난아기들을 돌보고 있었다. 강간을 당한 여자들 중 상당수가 원치 않은 임신을 하게 된다고 했다. 아기들은 장난감 하나 없이 누워 있다. 부드럽고 화사한 색깔의 아기용

이들에게 벌어진 온갖 일들과 이들이 실제 살아가는 형편을

직접 보고 나면 슬픔과 고통에 잠기리라 애초에 짐작했었다.

하지만 지금의 나는 그렇지 않다.

지금 내가 보는 건 살아보겠다는 그들의 의지이고,

아직도 웃음을 잃지 않은 그들의 얼굴이다.

품이라곤 하나도 없다. 침대도 없이 바닥에 누워 있는 그 아기들의 얼굴은 너무나 예뻤다.

내가 가까이 다가가자 한 아기가 울음을 터뜨렸다. 거의 비명에 가까운 울음이었다. 아기들을 돌보던 여인들이 미안하다며 이렇게 말했다. "이 녀석이 당신 피부 색깔 때문에 겁먹었나 봐요."

어느 교실에 들어가니 나를 UNHCR 친선대사라고 소개했다. 나와 함께 간 여인인 마야는 UNHCR 보호관이라고 소개되었다. 그곳의 젊은 아가씨들은 한결같이 우리를 반겨주었다.

조금 지나 내가 캘리포니아에서 온 여배우이기도 하다는 설명이 곁들여졌다. 이 학교를 운영하는 여인이 여학생들에게 설명했다. "이 분이 여러분들의 상황에 대해 잘 알고 난 뒤 우리 프로그램을 도와주려고 하는 겁니다."

여학생들은 영화라곤 거의 몰랐다. 나는 영화 얘기를 꺼내는 게 그리 내키진 않았지만, 아이들은 내가 여배우라는 사실만으로도 신기해했다. 배우라는 내 직업이 그 소녀들의 상상 속에서 아주 희한한 일로 느껴졌나 보다.

가끔 배우 일이 나 스스로에게도 낯설게 느껴질 때가 있었지만, 오늘 난 내가 배우란 게 행복했다. 시간이 조금 지나고 나니 우리는 통역자 없이도 얘기를 주고받기 시작했다.

소녀들이 내 주소를 물었다. 떠나기 전에 미국에서 내 프라이버시를 지키라는 얘길 들었던 기억이 언뜻 떠올랐다. 하지만 이 소녀들이 나와 모든 걸 함께 하는데, 나도 그들과 모든 걸 함께 해야 하지 않겠는가.

이 소녀들이 성공하기를 나는 간절히 원한다. 이 아이들의 친구가 되고 싶기도 하다. 그래서 나는 칠판으로 가서 내 이름과 내 집 주소를 적었다.

한 소녀가 내 손을 잡고 천천히 말했다. "나는… 당신의 친구가… 되고 싶어

요…." 그 아이는 내가 자기 편지를 알아볼 수 있도록 자기 이름을 적어 내게
건넸다.

주이 임시수용센터에서 시에라리온의 수도인 프리타운 입구에 위치한 주이 임
시수용센터Transit Center는 도심에서 11km 남짓 떨어져 있다. 2000년에 설립된
이곳은, 기니의 시에라리온 난민들을 대거 귀환시키면서 UNHCR이 주로 프리
타운 인근에 설치했던 임시 거처들 가운데 하나이다.

시에라리온의 반군세력인 혁명연합전선이 국경을 넘어 기니를 공격할 것이
라는 첩보를 접한 기니 정부는, 혁명연합전선 내통자를 색출해 이들이 기니에
서 내란을 꾀한다는 혐의로 몰아붙이려고 시에라리온 난민촌을 급습하였다.
이 과정에서 많은 시에라리온 난민들이 신체적 학대를 당했고, 결국 아직도 내
전 상태인 본국 시에라리온으로 내몰리다시피 돌아가는 길을 택했다.

당시 시에라리온의 상당 부분이 반군 점령지였으므로 이 귀국행렬은 자
기 마을로 향할 수도 없었다. 이들 귀환민들에게 임시 주거를 마련해주고자
UNHCR은 북부와 남부에 로코마사마와 바리, 두 정착촌을 세웠다. 그렇지만
기니에서 배를 타고 돌아오는 사람들에게는 당장 며칠 밤을 보낼 곳이 필요했
다. 그렇게 며칠 머물며 여독을 풀고, 자기 가족에 대한 정보를 전달받고, 그에
따라 어디로 갈 것인지 결정하는 곳이 바로 이런 임시수용센터다.

다른 센터들과 마찬가지로 주이에서도 귀환민들에게 그런 서비스가 제공되
었다. 원칙상으로 귀환민들이 임시수용센터에서 머물 수 있는 날은 최대 닷새
였지만, 실질적으로는 거의 2,000여 명이 2002년 6월까지 이곳에 머물렀다.

수용센터는 인구 규모 6,000 정도인 시에라리온 주이 마을 근처였다. 주이
마을을 통틀어 초등학교와 중학교가 각각 하나씩에다 성경교육원 하나가 고

비닐 천막과 흙바닥. 아무런 소속감도 느낄 수 없는 이곳.

사람들은 배회할 뿐, 어찌 할 도리가 없다.

자기 나라로 돌아와서도 고향으로는 갈 수 없는 그들이다.

작이어서, 귀환민들이 센터에 머무르는 동안 자녀들은 그 중 한 교육기관으로 보내져야 했다. 수용센터 내에는 의료시설 하나, 수도꼭지가 달린 거대한 물통 하나가 있었다.

비닐 천막과 흙바닥. 아무런 소속감도 느낄 수 없는 이곳. 사람들은 배회할 뿐, 어찌 할 도리가 없다. 자기 나라로 돌아와서도 고향으로는 갈 수 없는 그들이다.

한 남자가 UNHCR 근무자들 쪽으로 달려오더니, 고된 노동의 흔적이 역력한 손을 내두르며 빨리 와보라고 한다. 우리 일행들이 한 소년을 봐주기를 바란다는 설명이다.

난 그 소년을 만났다. 열두 살쯤 되었을까. 하긴, 열여섯이었을지도 모른다. 영양 부족 탓에 나이 짐작도 어려웠다. 소년의 증세는 심각했다. 나는 몸을 구부려 보고 싶지 않았다. 멀찌감치 떨어져 볼 수 밖에 없었다. 의사가 그를 검진하는 중이었다.

소년은 아주 어렸지만 자신에게 무슨 일이 벌어지고 있는지 잘 아는 눈치였다. 다리 두 쪽이 모두 마비되어 버린 것이다. 그의 내장과 갈비뼈는 비정상적으로 벌어져 있었다. 나중에 누군가가 말하기를, 그게 모두 수술 탓인 듯하다고 한다. 소년의 척추도 크게 손상되었다. 바야흐로 병마가 소년의 몸속을 야금야금 갉아먹는 중이었다. 이 모든 것이 한 발의 총상과 형편없는 수술로부터 비롯되었으리라.

이런 소년도 병원에서 어떻게 손을 쓸 수가 없다. 응급처치 정도만 — 이곳 기준으로 응급처치란 게 오죽 하겠는가마는 — 가능할 뿐, 그 소년을 위해 병상을 내줄 공간도 기금도 없는 것이다.

내가 보기엔 이 모든 게 위급상황이었다. 물론 인도주의 활동가들이 열심히 도움을 구할 테지만, 그 소년과 같은 처지의 아이들은 수백만에 달한다.

나는 그 소년의 얼굴을 결코 잊지 못할 것이다. 손으로 마비된 자기 다리를 들어 옮기던 그 모습을 나는 절대 못 잊을 것이다.

UNHCR은 이처럼 탄압받는 사람들을 돕기 위해 아프리카에 들어와 있다. 이들 난민의 다양한 필요들을 꾸준히 뒷받침하면서 말이다. 없어서는 안 될 프로그램들이 허다한데 기금이 동나지 않을까 늘 염려해야 한다.

지도자와 추장들, 그리고 그 캠프에서 살고 있는 젊은 여인들과 함께 앉은 자리에서 나는 물었다. "세상사람들에게 뭘 알리고 싶으세요?"

한 젊은 여인이 대답했다. "우린 늘 두려움 속에서 살아요. 앞으로도 더 많은 소녀들이 납치와 강간의 대상이 되지 않을까 걱정하면서 말이죠. 어린 소년들은 전쟁터로 끌려나가지 않을까 두렵구요. 이 전쟁이 끝나야 해요."

어느 UNHCR 직원이 그녀에게 물었다. "미국이 도움이 될 거라고 생각하세요?"

젊은 여인은 지체없이 대답했다. "그럼요. 미국은 강대국이잖아요! 우린 집에 가고 싶어요. 우리 애들은 학교로 돌아가야 해요. 제대로 된 식사가 필요하다구요."

미국이 이들이 생각하는 그런 곳이라면 얼마나 좋을까. 하긴, 그렇게 될 수도 있긴 하다. 누군가 늙은 추장에게 물었다. "캠프에서 산다는 거, 어떤 느낌인가요?"

"너무 당혹스러워요."

UNHCR이 사업을 확대함에 따라 기금은 점차 줄어들고 있다고 누군가 일러주었다. 비호국들countries of asylum도 이제 문제에 직면하고 있다. 기니 같은 나라들 말이다.

소녀들이 내 주소를 물었다.

떠나기 전에 미국에서 내 프라이버시를 지키라는 얘길 들었던 기억이 언뜻 떠올랐다.

하지만 이 소녀들이 나와 모든 걸 함께 하는데, 나도 그들과 모든 걸 함께 해야 하지 않겠는가.

이 소녀들이 성공하기를 나는 간절히 원한다.

이 아이들의 친구가 되고 싶기도 하다.

그래서 나는 칠판으로 가서 내 이름과 내 집 주소를 적었다.

UNHCR은 오늘날 난민뿐만 아니라 국제적 실향민 문제도 다루고 있다. 다른 수많은 단체들이 장기적 기금 마련을 위해 설립되었다. UNHCR은 한시적 조직일 뿐이며, 장기적 기금 계획에 기댈 수 없다. 그래서 탄탄하고 지속적인 해법을 만들어내기가 쉽지 않다.

몇 달이 지나면 현재 진행 중인 프로그램에 대한 기금 지원이 계속될지 어떨지 모르는 상태이지만, 도움을 필요로 하는 사람은 점점 늘어날 전망이다.

요르단에서 온 UNHCR 직원을 만났다. 그는 자기 지역의 난민캠프나 정착촌에 아프리카여성교육포럼과 같은 여성센터를 세웠으면 한다고 말했다.

워털루 임시수용센터에서 이곳 아이들은 우리 손을 덥석 잡고 웃고 노래하며 함께 걷는다. 가진 것 하나 없이 온통 헐어 누더기가 된 옷을 걸친 아이들인데도 저렇게 활짝 웃는다.

아이들은 우리들 쪽으로 달려왔다. 당장 가진 게 보잘 것 없어도 아이들은 너무나 행복하다. 더 이상 혼자가 아니고 안전을 염려하지 않아도 된다는 것, 바로 그것이 행복한 것이다. 이들 대부분은 이곳에 오기까지 먹을 것도 마실 것도 없이 여러 날 동안 긴긴 길을 걸어야만 했다.

아이 하나가 앙증맞은 고사리 손을 내밀어 내 손을 꼭 쥐었다. 열 손가락 하나하나마다 아이들이 대롱대롱 한다. 손가락을 차지하지 못한 아이들은 내 손목을 잡고, 나머지는 내 팔에 매달린다. 걷기가 어려울 정도다. 나는 그 아이들 모두를 집으로 데리고 가고 싶었다. 하나도 빠짐없이….

아이들이 내 문신을 발견했다. 그게 재미있는 모양이다. "누가 여기다 도장을 찍었어요?" 천진난만한 얼굴로 묻는다.

한 여인이 등에 업었던 손자를 내려 젖을 빨리면서 내게 얘기를 들려준다.

아이 하나가 앙증맞은 고사리 손을 내밀어 내 손을 꼭 쥐었다.

열 손가락 하나하나마다 아이들이 대롱대롱 한다.

손가락을 차지하지 못한 아이들은 내 손목을 잡고, 나머지는 내 팔에 매달린다.

걷기가 어려울 정도다. 나는 그 아이들 모두를 집으로 데리고 가고 싶었다.

하나도 빠짐없이….

그 여인의 딸(젖 빠는 아이의 엄마)은 자기 부족의 문신을 하고 있었는데, 기니에서 그게 반군의 표시라는 의심을 사는 바람에 그만 죽음을 당했다는 것이다.

갑자기 나와 함께 온 사내들 가운데 한 명이 내 앞에 서서 팔을 벌리고서 말했다. "시간이 다 됐습니다. 가시지요."

어디선가 실랑이 소리가 들려온다. 다른 캠프로 옮겨지는 데 따른 논란이라고 한다. 한 난민이 이곳을 떠나고 싶어 하지 않는 것이다. 간혹 난민들이 가족을 찾겠다는 희망 아래 어느 어느 캠프로 보내달라고 요청하곤 한다는 걸 들은 적이 있었다.

떠들썩한 소동을 뒤로 하고 우리는 차로 향했다. 한 남자가 주먹으로 거칠게 벽을 때리고 있었다. 동승자가 고함쳤다. "차 문 꼭 잠그세요!"

겁이 나거나 그렇지는 않았다. 그저 캠프 안의 사람들이 딱할 따름이다. 그건 마치 난민들의 필요를 죄다 충족시킬 수 없는 UNHCR 근무자들에 대해 내가 느끼는 감정과 같았다. 난민들의 불만이 폭발하면 애꿎은 UNHCR 직원들이 비난의 대상이 되곤 한다. 전쟁 피해자들의 상처를 껴안아야만 하는 게 이들의 애환이다.

난민들의 수와 상황은 늘 변화하는데, 만반의 준비를 갖추기란 쉽지 않다. 수많은 사람들이 살아남기 위해 도움을 필요로 하고 있다. 또한 아이들에게는 여러 면역접종 같은 건강 관리가 절실히 필요하다.

난민의 숫자는 2,200만에 이른다. 두 달 전, 그 이야기를 듣고서 난 눈앞이 깜깜했다.

생존을 위해 쫓기듯 도망쳐야 하는 이들을 우리는 당연히 도와야 한다. 우리가 이런 전쟁들을 멈추게 하지 않으면 난민의 숫자와 문제는 점점 더 늘어날 것이다.

"우린 늘 두려움 속에서 살아요.

앞으로도 더 많은 소녀들이

납치와 강간의 대상이 되지 않을까 걱정하면서 말이죠.

어린 소년들은 전쟁터로 끌려나가지 않을까 두렵구요.

이 전쟁이 끝나야 해요."

워털루 캠프의 아이들 가운데 상당수는 옴이 올라 있었다. 그렇다고 이 어린 아이들의 손을 뿌리칠 수는 없지 않은가. 차라리 내가 그냥 옴에 걸리고 말지….

문제는 아이들이 처한 상황이 단지 옴 정도에 그치지 않고 훨씬 더 심각하는 것이다. 눈에 보이는 상황부터가 벌써 좋지 않다. 솔직히 말해 끔찍한 지경이다. 확신컨대 최악의 참극은 눈에 띄지도 않는 곳에서 벌어지고 있을 테니까.

이제 막 내가 묵는 방으로 들어왔다. 얼굴을 닦고 손을 씻었다. 내 손을 쏘아보고 있음을 문득 깨달았다.

그 날 늦게 다른 비정부기구에서 운영하는 어느 캠프로 갔다. 그곳은 국제적 실향민들 가운데 팔다리를 잃은 절단환자들만 수용하는 곳이었다.

그곳에서 나는 한참 동안 펜만 만지작거렸을 뿐 도대체 뭘 써야할지 몰랐다. 아니다, 난 잘 알았다. 너무너무 화가 났다. 이런 짓을 저지른 인간들이 너무 싫었다. 팔다리를 잃은 사람들, 난민들, 고향을 잃은 사람들, 전쟁으로 인해 갈기갈기 찢겨진 사회에서 살아가는 사람들, 이렇게 모두 고통 받고 있는 게 싫었다. 사랑하던 사람들이 불구가 되거나 죽음을 당할 때 근근이 살아가야만 했던 사람들…. 혁명연합전선이 밀려들기 이전처럼 사는 이는 아무도 없다. 왜 이런 일이 계속되고 있는지 도무지 이해할 수 없다.

법적 공평함도 없고 벌도 받지 않는 곳에서, 제대로 된 평화라곤 전혀 없는 이런 곳에서 사람들이 하루하루를 살아가야 하는데, 대체 미국 같은 나라가 어떻게 이런 나라들을 돕고 있다고 주장할 수 있단 말인가.

반군이 다시 들이닥쳐 모든 걸 앗아갈 걸 너무나 잘 아는 이들 난민이 어떻게 자신들의 삶을 다시 일으켜 세울 수 있단 말인가.

한 사내가 어쩌다 자기 팔꿈치 아래를 잃게 되었는지 들려주었다. "팔만 잃은 사람들은 그래도 운이 좋은 거죠. 우린 적어도 살아 있잖아요. 다 살아남진 못한다구요. 팔 잘린 사람들은 대개 피를 너무 많이 흘려서, 혹은 상처가 감염되어서 죽게 되지요."

내가 만난 팔 잘린 피해자 가운데 가장 어린 아이는 이제 겨우 돌을 넘긴 주먹 만한 여자아이였다. 태어난 지 겨우 세 달 되었을 때 아이는 팔을 잘렸고, 아이 엄마는 강간을 당했다.

왜 이런 사람이 이다지도 많단 말인가….

∞

잠시 함께 앉아 있었던 젊은이가 자기 얘기를 꺼냈다. 그는 사업가였다. "맨바닥에서 잠을 자야 해요. 먹을거리도 넉넉지 않죠. 살아 있다는 건 감사하지만, 고향으로 돌아갈 수는 없어요. 내가 사업을 다시 할 수 있는 날이 과연 오긴 올까요?"

내가 잊을 수 없는 것은 그의 눈빛이다. 극심한 충격 탓에 떨리던 그의 눈빛은 너무나도 간절했다.

양손을 잃은 한 남자는 내가 자신들을 돕기 위해 거기 왔다는 걸 듣고서 고개를 끄덕였다. "이 미국 여인이 여기 온 건 여러분들 정보를 모아 미국에 알리기 위해서"라고 소개했던 것이다.

내 생에서 이보다 더 간절했던 순간은 없다. 양손이 없는 남자가 자기 팔을 내밀며 내게 미소 지었고, 나는 그의 손목을 쥐고 악수해야 했다.

그처럼 용감한 사람들 사이에서 난 너무나 숙연한 기분이 들었다.

UNHCR 건물에서의 저녁식사 오늘 저녁 차림은 생선과 샐러드다. 이만하면 대단한 사치인 셈이다. 감사한 마음이지만 먹기가 편치를 않다. 뭘 먹을수록 점점 더 텅 비는 듯한 느낌에 시달리고 있다.

보호관이 우리와 함께 했다. 두 시간 반에 걸쳐 우리는 온갖 문제들에 대해 얘기를 나눴다. 각자 자신이 맡고 있는 서로 다른 프로젝트들을 화제에 올렸고, 심각한 사건들의 목격담이 이어졌다. 엄청나게 많은 일들이 얘기되었고 — 너무 많아서 나로서는 받아 적을 수도 없었다 — UNHCR은 이 모든 걸 빠짐없이 문서로 잘 정리했다.

"사랑과 관용만 있다면 못 이룰 게 없어요." 요르단 사나이의 결론이다. 세계 각국에서 온 활동가들과 함께 앉아 얘기 나누는 기분은 참으로 아름답다. 나이도 성별도 국적도 다른 이들. 왜 UNHCR에 몸담게 되었는지에 얽힌 사연들도 각기 다양하다. 어떤 UNHCR 근무자들은 한때 난민 신분이었기도 하다.

주이 임시수용센터에서 내가 보았던 그 소년 얘기가 나오더니, 한 사람이 덧붙였다. "그 아이 얼굴 참 평화롭더군." "그게 아마 총상이 아닐지도 몰라." "아마 어디 높은 데서 떨어진 걸 수도 있지."

그러다가 한 여인이 말한다. "걘 어려울 거 같아…."

그 말에 난 그만 깜짝 놀라고 말았다. 놀라지 말았어야 했는데….

캠프의 수많은 환자들은 제대로 된 병원 치료 한번 받아보지 못한 채 목숨을 잃는다. 제네바의 UNHCR 본부가 더 많은 기금을 할애하도록 우리는 애를 써야 한다. 이 모든 게 시간과의 싸움이다.

캠프 안에는 그다지 자주 거론되지 못하는 피해자들도 많다고 한다. 회의에서 나오는 얘기들은 내가 어디서도 보지도, 듣지도 못한 경우들이다. 머리에 총을 겨누고서, 혹은 옆구리에 칼을 들이대고서, 강제로 다른 사람들을 해치도록 시키는 경우도 많았다고 한다. 녹슨 칼이나 뾰족한 유리조각을 쥐어주면서 다른 이의 손이나 발을, 혹은 팔이나 다리 전체를 잘라버리라고 강압하는 것이다. 가족끼리 그런 일을 시키는 경우도 잦았다고 하니, 어찌 사람들이 제

정신일 수 있겠는가. 이런 상황을 겪고 멀쩡하기를 기대하기란 불가능하다. 그런 대부분의 경우 그 일에 대한 죄책감 탓에 정상적으로 살 수가 없다. 그런데도 제대로 된 상담치료조차 없이 이들은 방치되어 있었다. 물질적 생존을 위한 기금도 빠듯한 상태이니, 정신건강과 정서 치료를 위한 도움은 꿈도 꿀 수 없는 처지다.

이런 상태의 난민들은 정성을 다 해 서로를 돌본다. 그렇게 애쓰는 모습은 지금도 눈에 선하다.

잠자리에 들기 전 뭔가를 써야겠다고 마음먹었지만, 그럴 수 없었다. 그러기엔 충격이 너무 컸다.

2. 27 TUESDAY

아침 7시. 누군가 내 방문을 쾅쾅 두드리며 일어나라고 한다. 너무 피곤한 아침이다. 잠자리에 들 때 꿈자리가 뒤숭숭하겠다 싶어 걱정스러웠는데, 진짜 곤하게 자버렸다. 꿈 하나 꾸지 않고 자다니, 감사할 일이다.

두 시간 반 동안 사무실에 앉아 여러 현황들을 살피고 다양한 조직들의 활동상을 접하는 만남을 가졌다.

오늘은 항구로 나가 시에라리온으로 돌아오는 난민들을 실은 배 한 척을 맞을 것이다. 이들은 케네마 근처의 한 캠프로 이동하여 그곳에 정착하게 된다.

배의 입항이 늦어지는 바람에 한참을 기다렸다. 마침내 방송이 들린다. "곧 차가 출발하겠습니다!" 난 배낭을 움켜쥐었다. 다시 삼십 분쯤 흘렀을 때, 캠프에서 지낼 때 쓰일 필수품이 든 작은 가방 하나가 나눠진다. "혹시라도 차가 고장 나면 쓰셔야 할 것 같아서…."

아프리카로 가다 **49**

우리가 탄 차는 아침 내내 정비소에서 점검을 받아야 했다. 말이 정비소지, 시설은 형편없었고, 덕분에 출발시간은 하염없이 늦춰졌다.

여기서는 모든 게 오래 걸린다. 배에서 내리는 난민들을 등록하는 데도 시간은 흐르고 또 흐른다.

항구에는 여러 정부 부처 및 비정부기구 사람들이 나와서 삼삼오오 무리를 지어 서 있었다. 국제의료단, 적십자, 아동구호기금, UNHCR, 월드비전, 국제이민기구 등이었다.

우리가 아침에 일어나 거기까지 가는 동안, 난민들은 뜨거운 뙤약볕을 맞으며 항구에서 기다려야 했다. 조그만 빵 조각과 정어리 통조림 등 나눠주는 음식을 받아먹으면서 말이다.

아침에 배 타고 오는 데 얼마나 걸렸는지 물어보았다. "11시간요."

바다는 평소보다 훨씬 잠잠했지만 토하는 아이들이 많았다고 한다. 그렇게 202명이 바다를 건너왔다.

한 여인이 배가 있는 쪽으로 걸어왔다. 그녀는 자기 남편을 찾고 있지만, 그는 이 배에 없다. 등록처에 가서 물어보라는 대답만 돌아온다. 부두의 한쪽 귀퉁이에, 거의 유일하게 햇빛을 가리는 곳에 놓인 작은 탁자가 그곳이다.

다섯 시간이 걸릴 캠프로의 이동을 시작했을 때, 차가 멈췄다 싶으면 어김없이 거지아이들이 창문을 두들긴다. 눈이 멀었거나 상처를 입은 아이들. 평생 그 심각한 장애를 안고 살아가야 할 아이들. 돈을 줘도 되냐고 물어보았다. "안 됩니다. 이렇게 사람 많은 데서 그러면 죄다 몰려올 거예요. 한번 그러고 나면 끝이 없을 겁니다."

이번 여행에 오른 사람은 200명이 넘는다. 사람들을 태운 차 뒤로 작은 트럭두 대가 그들의 소지품을 싣고 따라온다. U-HAUL 형식의 이 조그만 트럭 두

난민들을 실은 배가 시에라리온으로 돌아온다.

자기 나라로 돌아와서도 고향으로 가지 못한 채 다시 캠프로 가야만 하는 사람들….

대에 200명이 넘는 사람들이 가져온 물건들이 다 실린 것이다. 그게 그들이 지닌 전부다.

저 트럭에 탄 사람들이 기니에서 여기로 옮겨오기는 했지만, 이제껏 헤쳐온 수난의 뒤끝을 어찌 감당해 나갈지, 난 알 길이 없다. 그들이 도망가야만 했을 때 도대체 어떤 기분이었을지 상상조차 어렵다. 그때 기니까지는 도무지 어떻게 갈 수 있었던 걸까?

워털루에서 난민들을 더 태웠더니, 전체 숫자가 387명으로 불었다. 다시 왔던 길을 거슬러 시가지로 가서 뭘 좀 사서 가기로 했다.

이들은 자기 나라로 돌아오는 사람들이다. 기니에서 그들은 난민이었으나, 난민 신분으로도 결코 안전은 보장되질 않았다.

시에라리온에 돌아온다고 해서 고향으로 가는 건 아니다. 캠프에서 살아야 한다. 고향은 처참하게 망가졌다. 그들이 살던 지역은 지금 반군 수중에 있다.

가진 것이라곤 거의 없이 캠프에서 살아가는 것 밖에는 달리 도리가 없다. 고향을 파괴하고 가족과 친구들을 죽이고 강간하고 팔다리를 잘랐던 바로 그 자들이 다시 공격하지 않으리라는 실질적인 보장도 없다.

그렇지만 어차피 죽을 거면 고향에서 죽겠다고 돌아온 그들이다. 이런 그들이 지금 어떤 느낌인지 내가 어떻게 상상이나 할 수 있겠는가. 한때 자유롭고 행복하게 살았던 나라에서 그들은 이제 트럭에 실려 이리저리 옮겨 다녀야 한다.

그런 사람들로 가득 찬 트럭 여섯 대. 그들의 소지품을 실은 작은 트럭 두 대. 보호와 지원을 위해 우리는 별도 트럭을 타고 이들을 뒤따랐다.

우리 차가 이제 길 안내를 위해 앞장섰다. 보호차량은 내가 탄 이 차밖에 없다. 그래서 매30분마다 대열의 앞뒤를 오가며 모두 무사한지 점검해야 한다.

이번 여행을 위해 별도의 물을 싣고 갈 수 없다는 설명을 미리 들었었다.

UNHCR 직원인 한 여성은 무전기를 가지고 계속 통화를 시도한다. 가는 도중에 어떻게 보급품을 받을 수 있는지 물어보려는데, 연결이 신통치를 않다. 무엇보다 사람들이 마실 물을 구해야만 한다.

부두를 떠나기까지 예상보다 너무 오랜 시간이 걸려 우리 일행이 목적지에 닿으면 깜깜한 밤이 될 것이라고 한다.

"진짜 같이 가실 겁니까?" 한 직원이 내게 물었다. 딱히 걱정할 일은 없지만, 마지막 목적지에 닿기 전의 어느 곳에서 내가 내렸으면 더 좋겠다는 의견이었다. 그래야 자기들이 더 편안하게 일을 할 수 있겠다면서 말이다.

UNHCR이 내게 갖고 있는 책임감을 잘 알기에, 나도 괜한 위험을 감수할 생각은 없었다. 그곳에 도착하면 내가 내릴지 여부를 결정하기로 했다. 나와 일행이 묵을 곳도 마련해야 했다.

다른 보호차량이 대열에 합류했다. 우리 차의 운전사가 그 차더러 뒤쪽을 맡으라고 손짓했다. UNHCR은 이 일행이 가는 길목에서 모든 장애물과 검문소를 통과하는 일도 도맡아 처리해야 한다.

지금 우리가 통과하는 지역은 영국이 반군을 몰아내는 데 힘을 보탠 곳이라고 한다.

웨스트사이드 보이즈 웨스트사이드 보이즈Westside Boys는 1997년 5월에 아마드 테잔 카바 대통령을 몰아낸 군사쿠데타를 지지한 퇴역군인들의 모임이다. 1998년 2월에 경제공동체모니터링그룹ECOMOG이 쿠데타를 진압하고 카바 대통령 체제를 복구시켰을 때, 이들은 시에라리온 군대SLA의 다른 병사들과 함께 밀림 속으로 도망쳤다.

1999년 1월 6일 수도 프리타운의 절반이 점령당했을 때 웨스트사이드 보이

아프리카로 가다 **53**

즈도 그 점령군의 일부였다. 당시 5,000명 가까이가 목숨을 잃었고 수백만 달러 상당의 집과 재산이 파괴되었다. 모니터링그룹 연합군에 밀려 이들은 다시 밀림으로 쫓겨났다. 그 뒤로 이들은 프리타운에서 50 km 떨어진 오크라 언덕 일대에 주둔하고 있다.

프리타운에서 마시아카로 가는 고속도로에서는 웨스트사이드 보이즈가 자주 출몰하여 군대 및 민간 차량을 공격한다. 몇몇 영국 군무원과 이들을 안내하던 시에라리온 군인들을 납치했을 때가 그들의 절정기였다. 이들의 석방을 위한 온갖 협상이 수포로 돌아가자, 영국은 육군과 공군의 양동작전을 펼쳐 정글에서 웨스트사이드 보이즈를 괴멸시켰다. 자칭 여단장이었던 정글의 지도자 포다이 칼리를 포함해 생포자들은 지금 모두 프리타운에서 재판을 받고 있다. 웨스트사이드 보이즈가 자취를 감춘 것은 모두 이 작전 덕분이다. 웨스트사이드 보이즈란 이름은 미국의 갱단 중 하나인 웨스트사이드 스쿼드를 본떠 붙였다고 한다.

이제 다른 길로 접어드는데, 이 길은 정말 좋지 않다. 우린 동쪽으로 가야 한다. 무기를 창밖으로 내밀어 휘둘렀다. 뒤따르는 트럭들에게 속도를 내라는 표시다.

한 남자가 길을 따라 걷는 게 보인다. 지저분한 반바지 차림의 그는 자동소총을 들었는데, 뭐라 뭐라 고함을 지른다. 혼잣말로 말이다.

허물어진 채 버려진 집들의 잔해가 도처에 을씨년스럽다. 자동차나 트럭이 이 근처에서 폭파된 경우도 많았나 보다. 그런 고철 덩어리도 곳곳에 뒤집어져 녹슬고 있다.

정글은 아름답다.

간간이, 반 정도는 허물어진 채이지만 나머지는 나무와 우중충한 진흙으로 그럭저럭 다시 세워 올린 작은 마을들도 보인다. 이 길 주변의 학교나 교회였음직한 건물들은 텅 비어 보인다. 벽에는 온통 총알 자국이다.

여덟 시 전에 캠프에 도착하지 못하면 우리는 캠프 안으로 들어갈 수 없게 된다. 그래서 트럭이 너무 빨리 달린다고 불평이 자자하다. "죄송합니다. 애들 꽉 잡으세요. 거기에 빨리 가야 먹고 쉬고 하실 수 있어요. 어두워진 뒤에 다니면 위험하니까, 어쩔 수가 없네요."

그들도 이해한다. 그렇지만 이들의 고단한 여행에 끝은 없어 보인다. 오늘이 지나 내일이 와도 사태 해결과는 거리가 멀다. 좀 더 나아지기는 하겠지. 목숨을 잃지 않은 채….

이제 이동을 시작한 지 두 시간 반 정도가 흘렀다. 짐을 실은 트럭 중 한 대가 그만 고장을 일으켰다. 그 차의 짐을 모두 내려 다른 짐차로 다시 실어야 했다. 어떻게 그 많은 짐을 트럭 하나에다 다 구겨 넣는지 정말 알 수 없다. 다른 트럭도 벌써 꽉 차 있었는데 말이다.

두 차를 남겨두고 다른 차들은 먼저 출발하기로 했다. 남겨진 이들은 부지런히 우리를 따라붙을 것이다.

내가 과연 적절한 말을 찾을 수 있을까. 이들이 누구인지, 어떤 일을 겪고 있는지, 우리가 이들을 돕는 게 왜 그토록 중요한지 제대로 표현하기 위해서 말이다.

비디오카메라를 장만해서 이런 모습들을 찍어두면 그 영상이 모든 걸 일러줄 수 있지 않을까 싶었다. 이들도 그랬으면 정말 좋겠다고 말한다.

이들은 언론이 무엇은 중요하고 무엇은 중요치 않다고 결정하듯 말하는 것을 반기지 않는다. 무엇이든 스스로 말하고자 한다.

이들에게 벌어진 온갖 일들과 이들이 실제 살아가는 형편을 직접 보고 나면

여기 사람들은 누군가에 기대는 게 몸에 배어 난민촌을 떠나려 하지 않는다.

왜 그러는지 나는 이해한다. 그들의 고향은 여전히 위험하고 텅 비어 있다.

심지어 집에는 먹을 것도 없다.

슬픔과 고통에 잠기리라 애초에 짐작했었다. 하지만 지금의 나는 그렇지 않다. 지금 내가 보는 건 살아보겠다는 그들의 의지이고, 아직도 웃음을 잃지 않은 그들의 얼굴이다. 그렇게 단 한 명의 예외도 없이 열심히 일하는 이들을 보며, 나는 경건한 충격에 빠진 느낌이다.

이들에겐 뜻이 있고, 희망이 있다.

몇몇 사람들이 내리느라고 트럭이 잠시 섰다. 음식을 실은 짐차는 우리 일행보다 훨씬 뒤처진 듯하다.

모두 차에서 내려 옹기종기 모여 앉았다. 오후 두 시 무렵. 이글대는 열기는 견디기 힘들다. 수많은 난민들이 나무나 다른 무언가를 나르며 분주하게 일하고 있다. 낯선 이곳에 정착하기 위해 애쓰는 모습들이다. 어떻게 저렇게 해낼 수 있는 걸까?

누군가 설명하기를 아침이면 난민들은 아침에 쓸 물건들(물, 나무)을 챙기고, 먹고, 청소하고, 가능하다면 물건을 만들거나 팔거나 한다는 것이다. 또 오후에도 역시 물과 나무를 준비하고 점심을 만들며, 저녁에도 이 일은 마찬가지라고 한다. 하루 종일 그들은 살아남기 위해 애쓰는 것이다.

UNHCR은 올해 들어 4명의 직원을 잃었다고 한다. 전 세계의 어디에선가 매주 한 명씩 인도주의 활동가들이 목숨을 잃는다고 한다. 이들을 안전하게 보호하는 것은 참으로 절실한 과제이다. 슬픈 일이지만 UNHCR 근무자들은 높은 이혼율과 자살, 우울증에 시달린다.

∞

91번 지역으로 들어서는데, 이런 구호가 눈에 띈다.

우리 손을 자르지 마세요.

우리 함께 손을 맞잡아요.

정어리와 빵을 더 사려고 시장까지 걸어가야 했다. 지금 가진 보급품은 필요량의 절반밖에 안 된다.

3호 트럭의 한 소년이 많이 아프다고 한다. 간호사에게는 마땅한 약품이 없다. 실은 약품이라곤 거의 없는 것이나 다름없다.

UNHCR은 의사, 간호사, 약품 확보를 위해서도 많은 재원이 필요하다. 수술이 원활하게 진행되는 경우가 아주 드물 지경이다.

UNHCR 여직원인 니암비는 내가 참석하는 여러 미팅과 활동에 나를 수행하는 일을 맡고 있다. 호송 업무에 나선 건 그녀도 처음이라고 한다. 임시수용센터에서 멀리 떨어진 난민캠프를 방문하는 것도 처음이다.

우리는 의약품을 구하러 갔다가 그곳에 진지를 구축한 유엔군 병사들을 만났다. 이들은 방글라데시에서 왔다고 한다.

병사들 중 한 명은 우리를 도와주고 싶어 하지 않았다. "다른 데 가서 비정부기구들을 찾아보세요." 우리는 허탈하게 뒤돌아보았다. 먼지투성이 길과 가난한 마을사람들, 오두막 판잣집들이 전부다.

"어디라구요?" 우리는 다시 물을 수밖에 없었다.

니암비는 그들이나 우리나 같은 유엔 깃발 아래 활동 중임을 설명하려고 했다. 병사들은 우리더러 의사들이냐고 물었다. "아니요. 그냥 민간인 직원입니다."

그렇게 겨우 그들이 건네준 조그만 가방에는 진통제와 탈수증 약이 들어 있었다. 식사 배급을 끝낸 뒤에, 우리는 혹시나 약이 있지 않을까 싶어서 각자의 가방도 다시 뒤져보았다.

등록양식에 올리지 못한 가족들을 위해 각 가족의 대표들에게 노란 종이 카드 하나씩이 나눠졌다. 그것으로 한 사람 당 빵 하나와 반 캔 분량의 정어리

통조림을 더 받을 수 있다.

해가 진다. 우리가 오늘 밤을 묵을 보 캠프에 연락해 우리 일행들이 묵을 공간을 마련해두어야 한다. 그곳까지 앞으로 한 시간. 그 동안 400인 분의 식량 배급이 준비되어야 하기에 미리 전화를 해두어야 하는 것이다.

결국엔 오늘 최종목적지까지는 못 가게 되었다. 내일 아침에 다시 길을 나서야 한다. 두 대의 짐차 중 2호차에서 타이어 펑크가 났다. 그 차를 수리하는 동안에도 우리는 계속 가야만 한다. 1호 짐차도 오늘 기계 고장으로 남겨지고서는 한참을 고친 뒤에야 우리를 따라잡았다.

UNHCR이라고 아무런 문제가 없는 조직은 아니다. 그러나 이런 호송 업무를 감히 담당하는 기관은 오직 UNHCR뿐이다. CNN조차도 이런 데서는 화면을 찍어갈 엄두를 못 낸다. 이들을 향한 관심이 한껏 넓어지는 날은 과연 언제가 될까?

이제 저녁 7시 40분. 해 진 뒤의 아프리카는 그야말로 칠흑 같이 어둡다. 한 남자가 우리 차 쪽으로 걸어온다. 우리 앞의 트럭 중 한 대에 있던 사람인데, 우리 차를 세운다.

"무슨 문제가 있나요?" 우리가 그렇게 물었더니, 세상에나, "제가 탄 트럭의 전조등이 작동하질 않아요"라는 것이다.

한 검문소에서 우리 차를 세운 사람들은 어린 소년병사들이었다. 그들이 우리 트럭 안과 우리 얼굴에 플래시 불빛을 번갈아 쏜 뒤에, 우리를 통과시켜 주었다.

저녁 9시 30분. 드디어 보 캠프에 도착. 이곳에서 밤을 보내고 아침 7시에 다시 이동을 시작할 것이다.

여기서 일하는 무하마드를 만났다. 다른 이들과 함께 그는 반숙 건조 밀과 콩을 각각 큰 그릇 셋에 담아 우리에게 주었다.

척 보아도 난민 집단의 지도자임에 틀림없는 여자 한 명과 함께 이 음식을 나눠주기 시작했다. 난민들을 모두 트럭에서 내리게 하느라 한참 시간이 흐른 탓에 모두 배가 고팠다.

다들 지금 어떤 상태일까? 난 멀미 때문에 속이 메슥거렸다. 아마도 중간에 토하는 게 정상이었을 텐데, 지난 두 시간 동안 먹은 거라곤 오로지 빵조각뿐이고 물을 한 방울도 못 먹었기 때문에 토할 것도 없었다. 오는 동안 화장실에 들를 수가 없었기 때문에 난 물을 일부러 마시지 않았다.

컵과 숟가락을 나눠주는 걸 돕고, 배식에 쓸 접시도 충분한지 확인했다. 금속 접시의 양이 넉넉지를 않았으므로, 먼저 먹고 난 접시를 얼른 씻어 다음 사람이 쓰게 해야 했다.

아이들이 먼저 먹고 그 뒤로 여자, 마지막에 남자가 먹는다.

어떤 이는 나를 '푸므위'*pumwi*라 불렀는데, '하얀 사람'이라는 뜻이라고 한다. 또 어떤이는 '시스타'라고 불렀다. ('시스터' 즉 자매(혹은 수녀님)란 뜻의 영어를 잘못 부른 것인 듯하다.) 내가 그들을 돕기 위해 이곳에 왔다는 걸 알고 나서 나를 아주 친절하게 대했다.

다른 사람들 같았으면 뭔가를 받거나 무슨 일을 해야 할 때 서로 밀고 고함치고 분통을 터뜨리기 일쑤였을 것이다. 하지만 이들은 여러 해 동안 너무나 많은 고초를 겪었기에, 나를 마치 새로 도착해서 물정 모르는 신입 난민처럼 여기고서 내게 차근차근 하나씩 하나씩 가르쳐 주고 싶어 하는 것 같았다.

니암비와 나는 근처의 모텔에서 자라고 한다. 이런 특권을 누리는 건 옳지 않다는 걸 잘 알지만, 난 너무 피곤한 나머지 진정 감사하는 마음으로 그러기로 했다.

선풍기가 딸린 방에 묵게 되었는데, 내 방의 선풍기는 고장 나서 작동하질 않는다. 창문으로 사람들 얘기소리와 80년대의 이름 모를 팝송이 들려온다. 커다란 깡충거미 한 마리도 이 방에서 묵을 모양이다.

침대의 나무는 필름이 다 벗겨지고 있다. 침대에는 매트리스 커버뿐이고 시트는 아예 없다.

그래도 이 방은 아주 사랑스럽다. 이 방으로 나를 데려다 준 사람이 방문을 열더니 외치듯 말했다. "좋다! 아주 좋아!" 그리고 그는 화장실을 보여주고선 활짝 웃으며 내게 말했다. "이것 보세요!" 그리곤 변기의 물을 내렸다.

조금 전에 그가 다시 와서 내게 성냥과 양초를 주고 갔다. 새벽 1시부터 4시 30분 사이에는 전기가 끊긴다.

니암비와 남아 있던 빵을 나눴다. 날씨가 너무 더워 뭘 먹고 싶지도 않아서 내 몫의 빵은 내일 아침에 먹기로 했다.

2. 28 WEDNESDAY

새벽 6시 17분. 차량이 일렬로 서서 다시 케네마로 출발하려 하고 있다.

간밤에는 거의 잠을 이루지 못했다. 너무 덥고 소음이 끊이질 않았다. 막상 난민들과 함께 이동하며 떨칠 수 없는 생각은, '내가 그간 얼마나 많은 것을 누리고 살았던가'이다. 간밤에 엄마와 애기들은 어땠을까? 이 더위와 소음 속에서도 징징거리며 우는 아이 하나 없었다. 이보다 더 처참한 상황에 워낙 익숙해져서일까? 아니면 울기에도 너무 지친 탓일까?

아침에 보니 내 방 문짝에 커다란 칼자국이 나 있었다. 니암비는 간밤에 노크하다가 그걸 보았다고 한다. 누가 뭘 훔쳐봤나 싶어 맘이 쓰였지만, 그리 걱

아프리카로 가다 **61**

정스럽지는 않다. 아직 며칠 되지 않았고 다시 기쁜 마음으로 길에 오른다.

UNHCR에서 일하는 사람들은 현지인인 경우가 많다. 그래서 도움을 받는 처지에서는 자기 나라 사람들이 자기들을 도와준다고 느끼기 쉽다(또 실제로 그러하다). 공동체와 나라들이 서로서로를 돕는 것이다.

노르웨이난민위원회NRC도 거기서 지원사업을 펼치고 있다.

마침내 케네마에 도착했다. 다른 경로를 통해 이미 그곳에 도착해 있던 사람들이 혹시 친구나 가족이 왔는지 살펴려고 우리 차량 쪽으로 몰려왔다. 친구를 발견한 사람들은 기나긴 트럭 여행의 피로도 잊은 듯 탄성을 내지른다. 각 가족에게 건물을 세울 수 있는 조그만 땅뙈기가 주어졌다. 작은 생필품 보따리 하나씩도 받았다.

난민들 스스로 자립할 수 있도록 만들어줄 프로젝트를 펼치려면 지속적인 도움이 필요하다. 나는 그들이 자기 먹을거리를 마당에서 직접 기를 수 있도록 화초재배법을 가르치는 과정이 있었으면 좋겠다고 생각했다.

이 새 난민촌은 세워진 지 몇 주밖에 안 된다. 하지만 벌써 수많은 진흙집과 나무 오두막들이 세워 올려졌다.

사무실에서 나는 아주 큰 짐을 들고 기다리는 일곱 명쯤의 사람들을 보았다. 그들 가운데 어떤 여인은 임신 중이다. 이 여인들은 기니에서 돌아온 수백의 난민들 중 일부라고 한다. 이들은 걸어서 여기까지 왔다. 그들은 곧 등록을 마치고 치료를 받고 캠프 안에 자리도 배정받을 것이다.

∞

지금 공항에서 되돌아갈 비행기를 기다린다. 근처의 군부대들이 둘러싸고 있는 이 공항은 흰색 아담한 건물이다. 아프리카 군인들이 유엔 모자를 썼는데 제복의 가슴께에는 자기네 나라 국기를 붙였다. 이제 막 이곳으로 증파된 영국 군인들이 제복을 제대로 차려 입고 커다란 군용 자루와 총을 들고 공항을 빠져나간다. 이들은 헬리콥터에서 내려 대열을 맞춰 달려가 기다리던 트럭에 올라탄다.

우리가 탈 비행기가 도착했다고 하더니 실은 그렇지 않았다. 여전히 뜨거운 햇살을 피해 하염없이 기다리는 중이다. 비행기가 안 왔다면 대체 언제나 오는지 물었더니 한 시간쯤 뒤라고 한다. 모두 아침을 먹고 싶어했다. 하다못해 커피라도. 그래서 가까운 카페까지 차를 몰고 가기로 했다. 조그맣고 먼지투성이인 카페였지만 대단히 훌륭한 곳이었다. 아프리카 음식과 중국 음식이 뒤섞인 묘한 식단이었다. 메뉴판은 하도 낡아서 글자가 제대로 보이지도 않았다.

주문을 마친 뒤 우리 일행은 각자가 맡은 일들에 대해 얘기를 나누기 시작했다. 그런데 말을 시작하자마자, 주문하고서 2분쯤이나 지났을까 비행기가 착륙했다는 전갈이 왔다. 냉큼 달려가야 한다는 소리다. 우리는 허탈해서 모두 웃었다.

국내선 비행기는 온갖 군사적 이유 때문에 연착하기 일쑤이다. 약 10명 정도가 구부정하게 숙인 채 비행기에 올라탔다. 진짜 덥다. 비행기 안에는 어떻게 묘사할 도리가 없는 음악이 흘렀다. 가사는 프랑스어처럼 들린다. 한번 시작한 음악은 도무지 그칠 줄을 모른다.

드디어 도착했을 때 시간은 오후 2시 무렵이었다. 차를 타고 공항을 나오면서 사람들을 지켜보았다. 이제 나는 이들이 직면한 난국을 보다 잘 이해한다.

창밖을 내다본다. 겉보기에는 용감하지만, 그 용감함의 이면에서는 작은 꼬마까지도 머리 위에 몇 십 리터의 물을 이고 가느라 끙끙대야 한다. 아이는 맨발이다. 태양은 지독스레 이글거리고 소년이 가야할 길은 멀어만 보인다. 또 내가 떠난 뒤에도, 혹은 여러분이 이 글을 읽고 있을 때까지도, 그는 같은 일을 되풀이할 것이다. 물론 다른 수많은 일들과 더불어 말이다. 아이는 어린 꼬마일 뿐이다. 꼬마가 그런 일을 해도 당장은 복이 많은 녀석이다. 아이는 적어도 총을 들고 있지 않다. 그는 물도 마실 수 있는 곳에 산다. 아무도 그의 손이나 발을 자르지는 않았다. 비록 퍽 마르긴 했지만 녀석은 상대적으로 건강해 보인다.

한 사진작가가 사무실에 들러 여기서 어떤 일들이 벌어지고 있는지 알고 싶어 했다. 그리고 현재 갈등이 가장 심한 곳으로 어떻게 들어갈 수 있을지 도움이나 정보를 얻고자 했다.

쉬운 일이 아니다. 각 지역으로 가는 교통편은 대부분 여의치 않다. 그곳 사람들이 먹을거리를 구하는 일조차도 쉽지 않은 실정이다. 여럿이 머리를 맞대고서 그의 여행 루트를 짰다. 길을 가다 히치하이크할 곳이 어디인지도 구상했다. 그는 사람들이 자기 사진을 봄으로써 무슨 일이 벌어지고 있는지 깨닫고 그것을 어떻게 느끼는지 스스로 판단하게 하겠다는 생각이었다.

그가 찍을 사진들 대부분은 우리들 대부분이 별로 보고파 하지 않는, 그럼에도 불구하고 꼭 봐야만 하는 사실일 것임에 틀림없다. 그는 내가 어디서 왔는지 물었다.

"미국입니다."

"아! 제가 이런 사진을 찍으러 다닌 지 10년째인데요. 미국 언론사들은 이런 종류의 사진을 사지 않아요. 다른 나라들은 사는데 말이죠."

오늘 밤 나는 아놀드 아코제누 씨와 저녁 약속이 되어 있다. 그는 시에라리온 UNHCR의 대표이다. 아코제누 씨는 이 나라의 실정이 어떤지, 즉 어떤 일이 이뤄지고 있고 더 이루어야 할 일은 무언지, 또 정치적 상황은 어떤지에 대해 내게 설명해 줄 것이다.

부츠의 먼지를 털어내려고 벗어 보니 가려졌던 바지 부분만 깨끗하다. 내 옷이 왜 이렇게 지저분해졌는지, 이해해주리라 믿는다. 나는 내가 자랑스럽고, 이런 내 태도를 다들 수긍해줄 것임을 믿는다.

지금 내가 어떤 도움을 당장 줄 수 있으리라 느끼지는 않지만 뭔가를 시작하고 있는 건 사실이다. 시간이 흐를수록 차츰 더 많이 도울 수 있겠다는 점을 알아간다는 게 기분을 아주 좋게 한다.

저녁 자리로 가는 도중에 아코제누 씨가 늦을 거라는 전갈을 받았다. "문제가 생겼어요. 경찰이 내일 데모가 벌어질 거라는 소문을 들었다고 그러네요."

내가 그의 집에 다다랐을 때, 플래시를 든 남자가 나를 인도했다. 그의 집 대문에는 1미터 가까이 되는 높이의 둥근 철조망을 얹었다. 실내의 모든 창문에도 창살을 댔다. 창살마다 각양각색의 금속과 미장마감을 통해 창살처럼 보이지 않게 했다. 아코제누 씨와 여기 있는 사람들에 대해 더 많이 알아갈수록, 이들이 직면한 위험이 얼마나 큰지 새삼 깨닫는다.

오늘은 현 정부의 임기가 끝나는 날이다. 어떤 이들은 정부의 변화를 보고 싶어 한다. 정권의 이양을 원하는 것이다. 그는 정확히 누가 데모를 조직했는지 모르지만, 아마도 혁명연합전선의 일파일 것 같다고 언급했다.

지난 번 데모 때에 19명이 목숨을 잃었다. 그 날 그는 사무소에서 꼼짝도 할 수 없었다. 아침 10시부터 오후 4시까지 구금되었다고 그가 말한 듯하다. 그를 데리러 오던 차량이 마침내 길을 나섰다가 도중에 납치되어버린 것이다.

지난 번 데모 이후 사무실을 다른 데로 옮기자는 제안이 있었다고 한다. 다른 유엔 단체들은 그 지역을 떠났지만 UNHCR 건물의 소유주가 계약기간 위반을 문제 삼아 보증금 가운데 55,000달러를 까겠다고 했다. 이 비용을 감수하고서라도 사무실을 옮기겠다고 결정하기에는 그 돈으로 할 수 있는 다른 일들이 너무 많았다.

아코제누 씨는 너무나 헌신적인 직원들에게 진정 감사한다고 했다. 지극히 위험하다는 걸 알면서도 그들은 계속 여기에서 일하고 있는 것이다.

이곳 상황이 그런지라 여기 직원들은 가족들과 함께 지내지도 못한다. 보다 많은 직원들을 필요하게 만든 비상사태는 크리스마스 직후에 벌어졌다. 그 뒤로 오랫동안 많은 사람들이 자기 가족들을 보지 못했다.

내일은 모두 실내에 머물러야만 한다. 불가피한 경우를 제외하고 말이다. 기니에서 오는 새 난민들을 맞이하기 위해 위험을 뚫고 단 세 명만 이동할 것이라고 한다. 트럭은 유엔 표시 때문에 표적이 되기 십상이므로, 버스를 빌리자는 결정이 내려졌다.

내일 등록업무를 함께 하기로 되어 있던 나도 실내에 머물러 달라는 요청을 받았다. 미국대사관도 표적 가운데 하나이다. 나이지리아, 미국, 잉글랜드는 지난 정권을 옹호했고 변화를 원치 않는다. 내가 이런 사실들을 잘못 전달하는 게 아니기를 바란다.

겁이 났다. 모든 게 순조로울 테지만, 이런 상황들에 대해 아는 게 없기 때문에 어떤 일이든 벌어질 수 있다는 것 또한 생각하지 않을 수 없다. 내가 너무 새가슴인 것인지 모르지만, 잠들기 전에 짐을 다 싸두기로 했다. 행여나 잠자다 말고 일어나서 도망쳐야 하는 경우에 대비해서 말이다. 이 불안 속에서도 나는, 너무나 피곤하기 때문에 잠이 드는 데는 별 문제가 없으리라는 점이 다행스럽게 여겨졌다.

내일은 또 시에라리온 주재 미국대사인 조셉 멜로즈 씨와도 저녁 약속이 있다. 다른 비정부기구들과도 약속이 되어 있고. 당장 무슨 일이 벌어질지 아무도 모른다. 과연 지금 무슨 일이 벌어지고 있는 걸까.

3.1 THURSDAY

아침 9시 30분. 아무런 소식이 없다. 한 남자가 무전기 접속 감도를 더 좋게 하려고 들렀다. 아침을 먹을 때도 다들 오늘의 사태에 대해선 아무런 말이 없다. 가족사진을 돌려보며 얘기를 나누었을 뿐이다.

10시 20분. 아마도 아무 일도 벌어지지 않으려나 보다. 그래도 몇 시간 동안은 아무도 사무실을 떠나지 않기로 했다. 만약의 경우에 대비해 말이다.

아마 스스로를 지키겠다고 준비하고 있던 자세로 말미암아 사태가 이 정도에서 마무리된 건지도 모르겠다. 물론 군부대가 각종 본부와 사무실, 대사관 등을 오늘 아침부터 경호하고 있기도 했다.

시내로 가서 웨스턴 유니온에서 돈을 찾아야해서 니암비가 자기 차로 데려다 줬다. 업무용 트럭의 유엔 표시는 눈에 띄기 때문이다. 경찰이 우리가 탄 차를 세워서 검문했다.

약속시간보다 15분 빨리 웨스턴 유니온에 도착했는데 사무실 안으로 들여보내주질 않는다. 이들은 단호한 명령에 따라 움직였다. 대부분의 직원들이 길 건너의 벽에 기대 서 있다.

UNHCR 사무소에 돌아오니 부두에 나간 직원에게서 연락이 왔다. 오늘 485명의 난민들이 도착했는데, 이들은 내일까지 임시수용센터에 머물렀다가 호송차량으로 이동할 것이라고 한다. 이번 경우는 고향으로 돌아가는 사람들이다.

데모가 오후 3시에 시작된다는 소식도 들려왔다. 다른 전갈에 따르면 경찰이 이미 데모대의 집결을 저지했다고도 한다. 데모대가 미국대사관에 집결한다는 소문도 들린다. 오늘 오후에 내가 대사를 만날 약속이 잡혀 있는 곳이다.

우리는 멜로즈 대사와 연락해 약속을 다시 확인하려고 했으나, 전화기 저쪽에서는 번호를 잘못 눌렀다는 답변만 들려온다. 아마도 보안문제 때문인 듯했다. 번호를 두 번 세 번 확인해도 틀린 번호가 아닌 게 분명했다.

대사관 내부의 유리창에 총탄 구멍이 난 걸 내 눈으로 직접 보았다. 어떤 지점에서는 사람들이 대사관으로 난입하기 위해 기다리다 안으로 밀고 들어왔다. 하지만 다행히 대사관 '안쪽'에도 여러 겹이 있었다.

미국대사관의 보안은 거의 철통 같다. 대사관 가는 게 고향집 가는 것 같으리라는 착각을 내가 왜 했는지 모르겠다. 내 나라라서 그랬을까. 실제로는 전혀 그런 느낌이 아니었다. 니암비가 담당자를 면담하고 신분증을 제시하는 동안 나는 밖에서 기다렸다. 한참 뒤 나더러 들어오라는 손짓을 한다. 그들은 내가방을 면봉으로 닦았다. 컴퓨터로 그 성분을 검색하는 모양이다. 금속탐지기도 통과해야 했다. 일단 안으로 들어서자 모두 아주 친절하게 나를 대했다.

우리는 내가 들른 캠프에 어떻게 400명 가까이의 팔다리 잘린 사람들이 있는 건지, 보 캠프나 케네마 캠프에는 왜 그런 사람들이 더 많은지에 대해 토의했다. 그들 대부분은 함께 모여 있지만, 아무런 지원이나 기금을 받지 못하고 있다.

새로 팔다리를 잃은 사람이 두 명 더 있다고 한다. 이 만행은 한때 중단되어, 작년에는 희생자가 한 명도 없었다. 하지만 라마단의 단식기간 무렵에 1살 반 정도의 아기와 8살의 아이가 모두 손을 잘리는 일이 일어나 치료를 받았다.

우리는 한참 동안 말없이 앉아 있었다. 대사가 먼저 얘기를 꺼냈다. "아주 슬픈 일입니다. 항상 뭔가 조치해야 할 일들이 자꾸 생겨나죠."

나중에 나는 호송대가 어떻게 좀 더 매끄럽게 운행될 수 있을지를 토의하는 자리에 앉았다. 그들은 기금이 모자란지라 다른 쪽의 예산을 돌려서 써야 했다. 그러자니 비정부기구나 다른 유엔기관들의 때맞춘 도움에 기댈 수밖에 없는

"우리 손을 자르지 마세요. 우리 함께 손을 맞잡아요."

것이다.

이런 상황에서는 조정과 타협이 필수적이다. 아무리 작은 결정도 많은 사람들의 생명에 영향을 미친다. 무언가 감축 조치가 행해지면 그때마다 사람들은 상처받기 마련인 것이다.

새로 돌아오는 난민들의 숫자는 하루 400명 수준으로 많아졌다. 더 많은 난민들을 수용 할 수 있을까? 그들을 어디로 보낼 것인가?

난민들은 벌써 음식 보급품을 나눠 먹고 있다. 이들의 과밀 문제는 몸으로 느낄 수 있을 정도다. 이런 처지에서 새로 들어오는 사람들을 반길 리가 없다. 그들도 원하지 않는 상황이겠지만, 먹을거리를 두고 새로 들어오는 사람들과 실랑이를 벌여야 하는 것이다. 가혹한 말 같지만, 살아남기 위해서는 어쩔 수 없는 일이다.

누구나 이 광경을 보면 그러하겠지만, 나도 그들의 절망감을 뼈저리게 느꼈다. 또 그들이 해답을 찾기 위해 싸우고 있다는 것도 알 수 있었다. 더운 실내지만 에어컨이 없기에 사람들은 창문을 열었다. 많은 트럭이 지나다니는 길가에 위치한지라 실내의 사람들은 더 크게 얘기를 해야 했다.

내 뒤의 조그만 탁자 위에는 2000년에 임무를 수행하다 목숨을 잃은 네 명의 UNHCR 직원들의 사진이 놓여 있다. 아주 부드러운 인상의 소유자들이다. 사랑스러운 얼굴들이다.

조셉 멜로즈 대사와 함께 한 저녁 식사는 훌륭했다. 다른 비정부기구 간부들도 거기 있었다. 이들 대부분은 UNHCR과 함께 일한다. 여러 나라와 온갖 상황들에 대해 우리는 밤새 얘기를 나누었다.

그렇다고 일 얘기만 한 건 아니다. 모두 인간적이었고 웃음도 오고갔다. 어떤 이야기를 적고, 어떤 건 쓰지 말아야 할지 나는 잘 모르겠다. 서로 다른 견해가 많았다. 그저 그 방의 모든 이가 해결책을 찾기 위해 헌신적으로 일한다고 느꼈음을 쓸 수밖에.

혁명연합전선을 이해하거나 설명하는 일, 혹은 그들에게 어떤 타격을 언제 가해야 하는지에 대해 나눈 이야기는 섣불리 어느 쪽의 의견에 동의하기가 어려웠다.

혁명연합전선이 기니에서 시에라리온까지 자기들 영토를 관통하는 '안전 통로'를 열어주었다고 믿는 이는 아무도 없는 듯했다. 나는 속으로 반군들이 왜 그런 일을 할까 생각했다. 물건을 훔치려고? 인질을 잡으려고? 인간 방패로 써먹고자? 안전 통로를 열어봤자 아무런 득이 없다면, 대체 왜 그런 길을 열어준단 말인가? 대답은 없다.

난민들을 위한 예산은 적지 않다. 그러나 그 대부분은 이미 든든한 지원 아래 프로젝트들이 펼쳐지고 있는 지역에 할당된다. 다시 말해, 어떤 캠프는 필요 이상으로 지원을 받는 반면 다른 곳들은 거의 아무것도 받지 못하고 있는 것이다. 그런데 그 돈을 다른 곳으로 옮겨 쓸 수 있는 권한이 난민기구들에게는 없다.

팔다리를 잘린 사람들은 언론의 큰 조명을 받고 지원도 많이 받는다. 사람들이 이들을 보살피려 하고 기금도 쾌척하는 일은 분명 훌륭한 일이다. 그렇지만 사태에 대해 좀 더 이해하고 보니, 많은 전쟁 부상자들(심지어는 팔다리가 잘린 많은 사람들)이 전부 반군에 의해 고문을 당한 피해자들은 아니었다. 반군들이 의사들을 위협해 억지로 팔다리를 자르거나 불구로 만드는 일도 벌어지고 있다고 한다. 이처럼 잔인하고 비인간적인 명령을 따르지 않으면 의사나 의사 가족들을 죽여 버린다는 것이다.

전쟁의 상처를 입은 지역의 캠프들은 분명 좀 더 많은 기금을 받아야만 한다.

이렇게 열심히 적다 보니 문득 내일 시에라리온을 떠난다는 생각이 난다. 실감이 나질 않는다.

3.2 FRIDAY

시에라리온의 프리타운을 떠나 코트디부아르의 아비장으로 가는 비행기 안이다. 거기서 하루를 묵는다.

지금 내 느낌을 대체 어떻게 글로 써야 할지 모르겠다.

자기 딸과 함께 여행하는 한 여인이 내가 방문한 걸 고마워했다. "누군가 우리들을 염려하고 있다고 생각하니 아주 기분이 좋습니다." 그녀는 UNHCR에서 일하느라 기니에도 간 적이 있었다고 말했다.

난 그녀의 강인함에 감사하고 싶었다. 또 이토록 놀라운 곳과 놀라운 사람들에 대해 내가 많이 배울 수 있도록 허락해 준 이 나라에 감사하고 싶었다. 그렇지만 입이 떨어지지 않았다. 벅찬 나머지 나도 모르게 그만 울음이 터질까 염려스러웠다.

내가 시에라리온을 떠날 때 사람들은 말했다. "부디 연락 주세요. 여기 우리들을 잊지 마시길 바랄게요." 그렇게 말하는 표정들은 환히 웃고 있었다. 다정한 얼굴들. 물론 나는 잊지 않을 것이다. 하지만 많은 사람들은 이곳을 잊어버릴 테지….

원조를 바라는 곳은 지구 곳곳에 아주 많다. 에티오피아의 문제를 듣고서는 아주 깜짝 놀랐다. 나는 그 나라의 사정이 훨씬 더 좋으리라는 인상을 가지고 있었다. 몇 년 전 세계적인 구호의 소식들을 뉴스에서 접했었기 때문에 그곳이 최악의 상황은 넘겼으리라고 여겼던 것이다. 에티오피아 사태에 대한 인식이 드높아지면서 기금도 많이 조성되었지만, 얼마 못 가서 그 모든 관심이 사라져버렸다. 우리에게 들려오지 않는다고 해서 그런 문제들이 죄다 사라졌다고 믿어서는 안 된다는 걸 나는 이제야 깨달았다. 마찬가지로, 머릿기사를 통해 전해지는 이야기들보다 훨씬 더 많은 일들이 세상에서 벌어지고 있음을 우리는 인식해야 한다.

우리는 스스로에게 질문을 던지며 더 깊이 들여다보고 발견해야만 한다. 문제는 무엇인가? 문제가 벌어지는 곳은 어디인가? 문제의 해결을 위해 우리가 어떻게 도울 것인가?

∞

비행기에서 내리는 동안 조종사가 기니의 수도인 코나크리에서 폭발이 있었다고 일러주었다. 사고일까, 아니면 공격일까? 알 수 없다.

비행기 동승자들 가운데 많은 이가 코나크리로 되돌아온 사람들이다. 오늘 아침 이 비행기가 원래 출발했던 곳이 바로 그곳이었다. 그들은 대공세가 임박했다는 경고를 들었다고 한다.

착륙한 뒤 서로 얘기를 나누며 어수선하던 실내에 갑자기 침묵이 흘렀다. 우리는 아주 천천히 비행기 밖으로 걸어 나갔다.

여권검사소에서 기다리는 중이다. 많은 이들이 휴대전화로 어디론가 연락을 취한다. 대부분 프랑스어로 말을 하고 있어서 나로서는 어떤 대화인지 알 길이 없지만, 다들 수심에 가득 찬 표정임은 읽을 수가 있다.

마침내 알게 된 바로는, 군대 화약고 일부가 폭발했다고 한다. 사람들이 다친 것 같지는 않다는 소식이다. 다행이다.

∞

몇 시간이 흘렀고 난 지금 혼자이다. 몸이 좋질 않다. 뭘 잘못 먹어서인지,

아니면 그저 불편한 맘 때문인 건지 모르겠다.

비록 오늘 밤은 호텔에 머물러 편안했지만, 역시 집과 같은 편안함은 아니다. 집에 전화를 걸어 메시지를 남기고 나는 그만 울음을 터뜨렸다.

내가 보았던 모든 상황들이 너무 걱정스러웠다. 그러다 나는 생각했다. 내가 겨우 이 정도로 이토록 겁에 질렸는데, 전쟁 때문에 집을 떠날 수밖에 없었던 그 용감한 여인들은 어떻게 살아갈 수 있었겠는가? 이런 여인들 가운데 몇몇은 수년 동안 남편이나 아이들을 보지 못했다. 그들의 모습이 하나 둘 떠오르는 걸 멈출 수가 없다.

또 척추에 심한 손상을 입었던 귀여운 얼굴의 소년 모습도 떠오른다. 그 아이는 다시 걸을 수 없을 것이다. 나는 호텔 방에서 쉬고 있고, 소년은 아직도 그 먼지투성이의 흙바닥 한쪽 구석에 누워 있겠지….

내가 시에라리온에 있을 때는 한 번도 울지 않았다. 그 모든 걸 내 눈으로 보았지만 난 결코 울지 않았다. 하지만 오늘 밤 난 눈물을 멈추지 못할 것 같다.

내일이면 다른 얼굴들을 마주보게 될 것이다. 내일 나는 더 많은 일을 해야 한다.

이제 더 쓸 수가 없다. 멀미가 솟구치는 기분이다.

3.3 SATURDAY

스위스의 취리히로 가는 길이다. 다음 방문지는 탄자니아지만, 코트디부아르에서 거기로 바로 갈 수가 없어서 취리히에 들러 이틀을 묵게 된다. 보안검색대가 다섯 개는 되는 것 같다. 불을 환히 밝힌 활주로 옆의 탁자 위에서 모든 이들의 가방을 샅샅이 뒤지고 있다. 금속탐지기로 몸을 훑기도 했다. 무슨 보안문제가 있었던 건지 궁금해진다.

3.4 SUNDAY

취리히 호숫가의 돌더 그랜드 호텔에 묵고 있다. 이곳 공기는 오렌지와 바닐라 향을 머금고 있다. 눈이 내렸나보다. 아직 땅 위에는 잔설이 남아 있다.

로비에서 한 꼬마를 보았다. 문득 먼지를 흠뻑 뒤집어쓰고 머리 위에 물통을 나르던 아프리카 소년이 떠올랐다. 땀을 뻘뻘 흘리면서도 물통을 떨어뜨리지 않으려고 신경을 곤두세운 채 애를 쓰던 그 모습이….

두 소년 모두 순박하고 귀엽고 어리다. 단지 세상의 다른 부분에서 살아간다는 이유만으로 이들은 너무도 다르게 성장하게 될 것이다.

우리가 어디서 태어나고 어떤 인생을 살게 되는지는 대체 무엇으로 결정되는 것일까?

잠이 쏟아진다. 내 몸이 이렇게 피곤해하는 줄 나는 미처 몰랐다.

3.5 MONDAY

오후 8시 40분. 스위스에어 292편. 취리히를 출발해 탄자니아의 다르에살람으로 가는 비행기 안이다.

아프리카로 가다 **75**

3.6 TUESDAY

해 뜨기 전, 우리는 두 번째 비행기를 타기 위해 준비했다. 그런데 안내판이 고장 나서 우리 비행기가 몇 시에 이륙하는지를 확인할 수가 없었다.

탑승을 기다리는 동안 나는 늘 하던 대로 새 얼굴들과 인사를 나누고 있었다. 그때 한 UNHCR 직원이 내게로 급히 달려오더니 "뛰세요, 뛰어!"라고 외쳤다. 탑승권을 받아든 남자는 왜 이렇게 늦었냐며 우리를 엄청나게 질책했다. 저 남자가 우리를 태워주지 않겠구나 싶어 나는 거듭해서 사과했다.

비행기는 낡은 프로펠러기였다. 정상적이라면 30분이 걸릴 비행거리인데 세 시간이나 걸렸다. 믿을 수 없을 정도로 아름다운 초원 한복판의 비포장도로 위에 비행기가 착륙했다. 해가 삐죽 고개를 내밀고 있다.

다음 일정은 난민촌 근처의 본부까지 두 시간 반 동안 차를 타고 달리는 일이다. "안전벨트를 잘 매지 않으면, 길이 험해 몸이 춤을 출 겁니다." 충고인지 협박인지 모르겠다.

오늘은 공휴일이다. 어떤 이유의 공휴일인지는 모르지만, 무언가를 축하한다는 것 자체가 여기서는 참 좋은 생각인 듯하다.

어떤 이들은 이렇게 말한다. 사람들의 생존을 위해 먹고 쓸 물자도 넉넉지 않은데, 대체 왜 자기 물건을 팔아 결혼이나 생일을 축하하기 위해서 쓸모도 없는 것들을 사는지 모르겠다는 것이다. 이들에게는 생존을 위해 꼭 필요한 게 있다. 이들은 저축을 할 수도 없고, 모든 게 확 좋아지는 마술 같은 일이 벌어지기를 기다리지도 않는다. 매일 매일 그저 목숨을 이어가야 할 뿐이다. 우리 모두가 그러하듯.

어디서 묵는지, 먹을 건 어디 준비되어 있는지, 아무것도 모른 채 목적지에 도착했다. 우선 시장에 갔다. 돈으로 음식을 살 수 있다는 게 이렇게 죄스럽다니. 시장은 너무 더럽고 열악했다. 보건 상태가 염려될 정도였다. 이곳에서 파는 먹을거리가 과연 먹을 만한 것들일까? 나는 바나나와 빵을 한 덩이 샀다. 한 남자가 낡은 타이어를 잘라 샌들을 만들고 있다.

사람들이 찌든 가난 속에서 너무나도 익숙하게 살아가는 걸 바라보는 일은 참으로 힘들다.

떠들썩한 소리가 들려 고개를 돌리니 한 남자가 염소 한 마리에 손이 묶인 채 끌려가고 있다. 아이들까지 해서 40명쯤 되어 보이는 사람들이 그를 뒤따른다. 묶인 사람의 양쪽을 그들이 에워싸고 있다. 손을 묶인 이는 피투성이에 지쳐 보인다. 매를 들고 있는 사람들도 보인다. 누군가 그 남자의 등을 때렸다. 사람들이 환호성을 터뜨렸다. 아이들도 웃고 있다. 사람들이 또 그 남자를 때렸다. 나는 토할 것 같았다.

"사람들이 저 남자를 때려요. 대체 왜 저러는 거예요? 무슨 일이지요?" 내 동행은 근처의 주민에게 무슨 일인지를 물었다.

"그 남자가 염소를 훔쳤고, 사람들이 그를 지금 경찰에 데려가고 있는 중이래요."

우리는 걸어서 돌아가기로 결정했다. 우리는 가면서 법에 대해 얘기했다. 사태를 공동체 내부에서 혹은 '부족 법'에 따라 해결하는 게 더 좋을 수도 있지만, 때로는 그런 방식이 더 큰 문제가 될 수도 있다. 내 동행 또한 오늘처럼 그렇게 도둑을 때려대는 광경은 처음 본다고 한다.

∞

지금은 현장 근무자의 아파트이다. 여기서는 아파트 대신 콤파운드라고 부른다. 이 직원의 이름은 알렉산드라이다. 그녀는 콤파운드 안의 한 집에서 살고 있다. 아주 단출한 집이다. 침대 하나와 라디오 한 대, 딱 필요한 것만 갖췄다. 모기 때문에 모기약을 뿌렸다. 강한 냄새가 오래도록 방안에 진동한다.

그녀는 내게 물로 이빨을 닦지 말라고 충고했다. 진흙 성분 때문에 이빨이 갈색이 되어버린다는 것이다. 그런데 샤워를 하는 것은 괜찮다고 한다.

알렉산드라는 다른 이들과 함께 나가면서 내게 워키토키 한 대를 건넸다. "혹시라도 도움이 필요하시면 5354번을 누르세요." 물론 농담이 아니었다. 하지만 이들이 내가 진정 염려된다면 날 혼자 남겨 두지는 않았을 터. 문제는 만약 염려스러운 일이 벌어졌을 때 내가 과연 워키토키를 눌러 통화를 할 만큼 이성을 잃지 않을 수 있을까 하는 점이다.

나는 알렉산드라가 칼을 두는 곳이 어디인지도 미리 알아두었다. 그러나 행여 나를 지키기 위해 그 칼을 손에 쥔다 해도 그냥 칼을 쥔 채로 줄행랑을 치고 말것이다.

3.7 WEDNESDAY

트럭 지나가는 소리도 시끄럽고 닭 울음도 요란하다. 새들도 지저귄다. 결국 나는 잠에서 깼다.

바로 창밖에서 목소리가 들리는 듯하다. 창에는 막 하나뿐이어서 모든 소리가 시끄럽게 안으로 쳐들어온다. 들리는 말이 어떤 언어인지 짐작도 되질 않는다. 해 뜨는 걸 보며 가만히 귀를 기울이는데 누가 문을 두드린다. 일어날 시간이라는 뜻이다.

어떤 난민촌 직원들은 1주일 내내 일한다. 두달에 한 번씩 교대하면서. 현장 깊숙이에서 일하는 UNHCR 직원들 상당수는 난민들을 대하는 일의 절박하고 쉴 틈 없는 성격상 주말도 없이 일한다. 공식적으로는 근무일이 아닌데도 말이다. VARI(고립감 구제를 위한 자발적 휴식) 제도는 아주 고립된 지역으로 파견되어 근무하는 국제단체 직원들의 누적된 스트레스를 덜기 위해 고안되었다. 극단적 요소들이 비정상적으로 겹쳐 발생하면 작업환경 속의 정신적이고 육체적인 스트레스들을 주기적으로 덜어줘야 할 필요가 생긴다. 해외에 파견된 국제단체 직원들의 경우 어떤 곳에서 일을 하든 2개월이 지나면 7일간의 VARI를 가져야만 한다. 보다 위험하고 스트레스가 심한 지역에서 일하는 사람들에게는 MARS(스트레스 구제를 위한 강제적 휴식) 제도가 적용된다.

알렉산드라와 나는 아침을 함께 하며 얘기를 나누었다. 늘 그렇듯이 건조 우유를 넣은 커피와 빵을 먹었다. 그녀는 내게 잼을 건넬 수 있어서 아주 기쁘다고 했다.

알렉산드라는 세 살짜리 여자애가 강간을 당한 얘기를 들려주었다. UNHCR은 그 남자가 확실하게 처벌받을 수 있도록 법적 과정을 모니터 하고 있다. 이렇게 아이들이 피해자인 경우에 범인을 단죄하는 데는 여러 해가 걸린다고 한다. 그야말로 "너무너무 경악스럽다"는 말이 절로 나올 지경이다.

니아루구수 캠프의 콩고 난민들 니아루구수 캠프로 가는 길은 원래부터 엉망진창인데 비까지 내려 더욱 가관이다. 많은 사람들이 캠프로 가다가 바퀴가 빠져 고생하고 있다.

이곳의 53,000명 난민들은 모두 콩고에서 왔다. 매달 두 번씩 주어지는 식량 배급 때문에 이들은 여기 머문다.

이곳에서 태어나는 아이들만 해도 한 달에 250명에 이른다. 쫓겨난 부족들은 모두 이곳으로 들어온다. 가족들도 여기서 상봉한다. 그렇다 보니 수용자들의 숫자는 날마다 늘어난다. 기금 부족 탓에 배급량은 빈번하게 줄어들곤 했다. 이제 각자에게 돌아가는 양은 예전보다 훨씬 적다.

이곳 시스템은 아주 복잡하다. 내 첫 번째 일은 4번 운반로를 작동시키는 것이었다. 그것은 큰 꾸러미들을 대량으로 여러 집단들에게 운반하는 장치이다. 내가 맡은 집단은 5인 가족들. 아이들 나이는 1살부터 10살까지이다. 캠프로 오던 트럭이 비 온 뒤의 진창에 빠져 옴짝달싹 못하는 바람에 오늘 나눠줄 식용유를 줄 수가 없게 되었다.

크리스천봉사개발단CORD 직원들과 함께 점심을 먹었다. 양배추와 물, 밥, 콩이 나왔다. 정말 배가 고프다.

난민들 가운데 악기를 만드는 이들이 우리를 위해 연주하고 싶어 했다. 점심을 먹는 동안 그 연주를 들을 수 있었다. 무리들 속을 들여다보고 싶어 나무 위에 올라선 서너 살의 꼬마 모습이 보인다. 이 캠프 안에는 UNHCR이 운영하는 난민청소년 프로그램도 있다. 그곳에 보통 200명이 넘는 아이들이 있지만, 오늘은 음식 배급일이어서 참여한 아이들이 훨씬 적다.

아이들은 아주 환한 모습으로 나를 반긴다. 아이들이 춤을 추기 시작한다. "얘들은 저렇게 편안하게 하루 종일 춤을 출 수 있답니다." 누군가 아이들과 함께 춤을 추라고 권했고, 나는 그렇게 했다. 아이들은 나를 아주 재미있어 하는 눈치다.

그러다가 난민 어린이들과 UNHCR, CORD 직원들, 그리고 나까지 참여하는 에이즈에 대한 연극이 공연될 것이라는 깜짝 발표가 있었다. 연극이 진행되는 동안 에이즈 홍보관은 아이들에게 콘돔을 나눠주며 말했다. "이걸 쓰지 않으면 피 검사를 받아야 해요. 검사와 콘돔은 모든 청소년센터에서 받을 수 있어요."

머리칼을 하얀 페인트로 칠하고 늙은이 분장을 한 세 젊은이가 나무 지팡이를 짚고 절뚝거리며 걸어 나왔다. 아프고 늙어서 투덜대는 연기를 하는 그들을 보고 모두가 웃었다. 그 모든 걸 바라보고 있자니 가슴이 따뜻해졌다.

연극 속의 한 남자에게는 딸이 있다. 남자는 딸이 남자친구와 데이트하는 동안 조심하라고 말한다. 남자는 딸이 집에 머물기를 바랐지만 그래도 딸은 남자애와 함께 나가버린다. 나중에 딸은 그 남자애와 잤던 다른 여자애가 에이즈에 걸렸다는 걸 알게 된다.

캠프의 난민들은 에이즈 홍보 티셔츠를 손수 디자인해 입고 다닌다. 내게도 하나를 주었다. 내가 머리부터 그 티셔츠를 입으려고 하자 아이들은 웃기 시작했고, 난 입다말고 팔이 꼬여버렸다. 모두들 박장대소를 터뜨렸고, 마침내 내가 옷을 다 입자 나를 안아주었다.

다음 방문지는 진흙과 벽돌로 큰 구조물을 짓고 있는 곳이었다. 나도 거기서 일 하는 남자들을 조금 도우려 했지만, 너무 힘들었다. 일 하는 사람들 중 한 명에게 어떻게 여기서 이렇게 오래도록 일하시냐며 정말 대단하다고 말을 건넸다. "그렇지요. 아주 힘들죠. 하지만 우리 애들을 위해 이렇게 일하는 거니까, 기분은 아주 좋아요."

흙길을 달리는 차 안에서 일지를 적고 있는데, 갑자기 트랙터 한 대가 우리 차를 막아섰다. 트랙터는 오늘 일찍 진창에 빠진 버스를 끄집어내고 있었는데, 트랙터도 그만 꼼짝 못하게 바퀴가 빠지고 말았다.

아이들이 길게 늘어서서 구경한다. 버스는 아예 빠져나올 가망이 없어 보인다. 버스 승객들이 창문으로 기어 나와 덤불 속으로 뛰어내린다. 몇몇은 기다렸다가 버스를 밀고서 돈을 받을 목적으로 거기 머문다.

조심해서 버스를 돌아서 가려고 했던 우리 차도 그만 바퀴가 빠져버렸다.

다른 트랙터가 오고서야 마침내 우리들 모두를 진창에서 빼내주었다.

길가의 히치하이커가 차를 태워달라고 손짓한다. 우리 운전사가 그 남자에게 말했다. "미안해요. 무기를 가진 분은 안 됩니다." 미국에서 히치하이커에게 이런 말을 하는 상황은 그리 흔치 않을 것이다.

난민들을 바라본다. 나는 그들과 얘기하기 시작했고 그들과 어울려 함께 춤도 추었다. 마치 친구를 사귀는 기분이다.

누가 그렇게 말했었다. "누군가와 1년 동안 대화하는 것보다 1시간 동안 연극을 같이 하면 그이에 대해 더 많은 걸 배우게 된다." 내게도 그와 엇비슷한 경험이 있다. 그때도 바로 그런 기분이었다.

이들은 내 주소를 물었다. 우리는 서로 연락하기로 약속했다. 슬픈 사실은 그들이 곧 캠프를 떠나지는 못할 것임을 잘 알고 있다는 점이다.

그렇지만 이 사람들의 기상, 이들의 살고자 하는 의지는 나를 끊임없이 놀라게 한다. 아, 이럴 땐 좀 더 나은 표현을 쓸 수 있었으면 좋겠다. 이들은 내게 영감을 불어넣었고, 나는 이들과 함께 지낸다는 게 영광일 따름이다.

숙소로 돌아왔다. 몸이 무척 피곤하고 지저분해졌다. 이곳의 뜨거운 물은 태양열을 이용한다. 비가 오느라 해가 나오지 않았으니 샤워 물은 서늘할 것이다. 밖은 어두워지고 있지만 저녁 7시 30분까지는 불도 들어오지 않는다. 자정부터 아침 7시 30분까지, 또 오후 4시부터 7시 30분까지는 전기가 끊긴다. 알렉산드라와 나는 그런 얘기를 하며 함께 웃었다. "우리가 너무나 당연시하는 것들인데 말이죠." 그녀 말이 맞다.

오늘 아주 힘든 하루였지만 기분은 참 좋다. 이 나라에서 이 사람들과 함께한 오늘은 내 생의 가장 멋진 날들 중 하루다.

물론 나는 잠시 여기 머물뿐이다. 내게는 돌아갈 곳이 있다. 나는 아주 먼 데서 편안하게 살고 있는 것이다.

경탄할 수 밖에 없다. 여기서 일하는 사람들 모두에 대해, 하나도 빠짐없이! 이곳 사람들 눈 밑에는 짙은 다크서클이 심하다. 그래도 그들은 쉬지 않고 문제해결책을 토의한다. 어떡하면 더 잘 도울 수 있는지에 대해 말이다. 때로는 오늘 밤처럼 자신들이 본 것들에 대해 얘기를 나누기도 한다.

1994년의 르완다 대학살 르완다와 탄자니아를 잇는 다리 위를 수십만의 난민들이 걷고 있었다. 다리 아래로 흐르는 강은 4만 구가 넘는 시체들로 가득했다. 가능한 한 많은 시신들을 물 밖으로 거두려고 사람들은 애를 썼다. 이제 그곳은 하나의 거대한 공동묘지가 되었다.

1994년에 잉글랜드와 미국은 고향으로 돌아가고자 하는 르완다 사람들의 요구를 전폭 지지했다. 이제 르완다에 평화가 찾아왔다는 판단 아래 본국 귀환을 옹호한 것이다.

그러나 그때 고향으로 돌아가던 그 사람들은 어딘지 모르게 떠밀려 간다는 느낌에 께름칙했다. 아무런 해코지도 없으리라고 그들은 믿었지만, 지금 시에라리온에서 벌어지는 자발적 귀국과는 느낌이 같지를 않았다.

르완다로 돌아가는 일은 결코 안전하질 않았다. 그곳에 평화는 없었다. 대학살이 벌어졌고 수백만이 목숨을 잃었다. 그래도 이들은 죽어도 고향땅에서 죽겠다는 기세였다.

알렉산드라는 약간의 야채와 밥을 준비하는 걸 도와주었다. 오늘 그녀는 나와 함께 묵는다. 그녀는 무척 피곤한 상태다. 늘 이곳저곳 여행을 다녀야 하는 처지이기 때문이다. 그녀는 7일간의 휴가가 어서 오기만을 기다리고 있다.

휴가 동안, 이를테면 탄자니아의 다르에살람이나 케냐의 나이로비로 갈 수

아프리카로 가다 83

르완다로 돌아가는 일은 결코 안전하질 않았다. 그곳에 평화는 없었다.

대학살이 벌어졌고 수백만이 목숨을 잃었다.

그래도 이들은 죽어도 고향땅에서 죽겠다는 기세였다.

있다. 7일간의 고립 탈출에 대해 얘기 들었을 때 나는 이들이 고향으로 가거나, 적어도 제대로 고립에서 벗어날 수 있는 곳으로 가겠거니 했다. 그렇지만 알렉산드라는 사무실 근처에 있는 게 좋다고 한다. 아직도 할 일이 있다면서 말이다.

알렉산드라에 비하면 나는 완전 응석받이인 셈이다. 내가 이곳에 온 지 이제 겨우 3주째. 나는 여러 나라들을 다니며 곳곳에서 난민들보다 훨씬 잘 먹고 잘 지냈다. 그런데도 시장에 가면 자꾸 뭘 사고 싶어지고 집에서 누리던 사치가 죄다 그립다. 또 내 가족들은 위험에 처해 있지도 않고 필요한 모든 것을 다 가지고 있지만, 무엇보다 내가 원하는 일은 내 가족과 함께 하고픈 것이다.

아빠나 엄마가, 아니면 남편이나 아내가, 가장 사랑하던 사람들이 고통을 겪고 있을 때, 또 그 고통에 대해 어찌 해볼 도리가 없을 때, 그것이 어떤 느낌일지 나는 잘 모르겠다. 엄마가 아이에게 먹을 걸 주지 못할 때, 아빠가 자기 가족을 부양하지 못할 때, 남편이 자기 아내를 보호하지 못할 때 말이다.

∞

오늘 알렉산드라는 그녀가 돌보는 캠프에서 태어난 400명이 넘는 아기들의 출생신고를 처리하고 있다. 그녀는 국제적십자와 함께 이 일을 처리한다. 그럼으로써 한결 공식적인 결과를 기대하는 것이다.

이제 겨우 오후 8시지만 나는 좀 일찍 자려고 한다. 피곤해서 그렇기도 하지만, 깨어 있어야 할 이유가 별로 없기 때문이다. 이번에 들고 온 것들은 모두 읽어 버렸다. 알렉산드라의 서가는 온통 네덜란드어 책들로 가득해서 읽을 게 없다.

위의 글을 쓰고 나서 벌써 두 시간 반이 흘렀다. 이제 진짜 잠자리에 들려고 한다. 알렉산드라와 나는 그 동안 온갖 얘기를 나눴다. 그녀가 일 때문에 위험한 상황에 빠졌던 경험도 들었다.

오늘도 옷과 신발을 벗지 않은 채 잠이 든다. 여차하면 냅다 달려야 하기 때문이다. UNHCR에서 일하다 죽음을 당한 — 살해당한 — 남자 중 한 명이 바로 알렉산드라의 친구였다. 물자 부족에 대해서도 얘기를 나누었는데, 도대체 왜 난민들이 비누 없이 지내야 하는지 우리는 서로 답답해했다.

이제부터 식품 배급량도 20% 줄어들게 된다. 먹을거리 보급을 담당하는 또 하나의 유엔 기구인 세계식량계획WFP도 예산을 삭감당했다고 한다.

이게 누구 잘못도 아니라는 것을 알지만 절망적이기는 하다. 이제껏 겨우 먹고 살았다고 할 수밖에 없는 사람들에게 그마저도 줄어들게 되었다는 걸 어찌 설명한단 말인가. 건강을 지키려면 정해진 영양소를 공급받아야 하고, 살아남으려면 적당한 칼로리를 섭취해야 하는데, 이제 사람들은 그 양의 80%로 살아가야 한다. 그마저도 얻는 게 다행이라고 여기면서.

여자들의 필수품인 생리대 없이 생활해야 하는 고충에 대해서도 우리는 얘기했다.

알렉산드라의 말로는 이곳의 감옥들 상황은 더욱 열악하다고 한다. 마치 우리에 갇힌 짐승처럼 감금된 채 씻지도 못하고 살아야 한다는 것이다.

3.8 THURSDAY

일어나니 비가 온다. 꿉꿉하고 서늘한 날이다.

도로 사정도 그렇고, 음식 배급도 그렇고, 비가 오면 캠프의 생활은 더욱 열악해진다.

미국에서 진행될 영화개봉행사 및 언론 인터뷰 일정에 맞추어 토요일에 한 영화사의 전용기가 나를 데리러 오기로 되어 있었다. 그런데 막 전해온 소식으로는 개봉행사가 취소되어 비행기도 오지 않을 것이라고 한다.

대체 이런 할리우드를 어찌 사랑할 수 있을까. 난 그 비행기로 집으로 돌아 갈 예정이었는데…. 이제 내 준비물은 거의 동났다. 약은 거의 떨어졌고, 돈도, 깨끗한 옷도 없다. 어떻게 로스앤젤리스로 돌아간단 말인가.

이곳에서 나가는 유일한 방법은 며칠에 한 번씩 뜨는 8인승 비행기뿐인데, 그마저도 여러 군데를 경유해서 가는 것이라고 한다. 단거리 비행인 경우에도 1시간 쉬어간다고 하고 착륙하고선 1시간이 하루가 되는 게 비일비재한 것이다. 내일 비행기에 자리가 있는지 알아봤지만 이미 만원이다. 취리히로, 암스테르 담으로, 또 거기서 로스앤젤리스로 날아가야 한다.

UNHCR은 다르에살람 사무소를 통해 계속 나를 도와주려 하겠지만, 그들 은 더 중요한 일들로 아주 바쁜 사람들이다.

어쨌든, 개봉행사에 내가 필요 없어지니까 갑자기 태도를 돌변해 "당신 맘대 로 알아서 오세요"라고 하다니!

엠타빌라 캠프 이곳의 95,000 난민들은 대부분 부룬디 사람들이다. UNHCR 은 나를 국제적십자가 캠프 내에서 운영하는 영양 및 의료센터로 데려갔다. 오 늘 나의 첫 임무는 치료용 영양실에서 분말 약재의 양을 측정하는 일이다.

5세 미만은 영양분을 좀 더 넉넉하게, 임산부에게는 정확한 분량만큼! 한 숟 가락씩을 뜨면서 혹시나 모자라지나 않을까 나는 신중에 신중을 기했다.

이 영양센터에서는 아이들이 정상적으로 발육하고 저체중 상태가 되지 않도 록 아이들을 살핀다. 신생아는 키와 몸무게를 재고 백신 주사를 맞는다. 한 꼬 마는 너무 겁에 질려 검사용 탁자 위에 오줌을 지렸다. 애 엄마는 자기 옷으로 얼른 그걸 훔쳤다. 이럴 때 쓸 비누조차 없다. 청결과 안전은 여기서 누구에게 나 힘든 문제다.

부엌은 조그만 방인데 장작을 때는 스토브 위에 커다란 진흙 항아리 세 개가 올려져 있다. 자욱한 연기 탓에 앞을 제대로 볼 수도 없다. 연기 때문에 눈이 너무 매워 눈물이 난다.

아기들을 위해 우유를 만드는 엄마들을 도왔다. 우유는 건조된 덩어리로 배급된다. 조그만 플라스틱 주전자로 2리터의 끓는 물(정확히 재려고 엄청 애썼다)을 퍼서 헙수룩한 녹색 플라스틱 물통에 부었다. 자칫하면 손을 델 수도 있으니까 아주 조심스러웠다.

그 물이 식을 때까지, 그래서 우유의 단백질을 파괴하지 않을 때까지, 놔두었다가 우유를 푼다.

소아병동 방 양편으로 열다섯 정도의 조그만 나무 침대들이 줄지어 놓여 있다. 침대마다 모기장을 둘렀다. 모기에 물렸다가는 말라리아에 걸릴지도 모르기 때문이다. 하지만 낡은 모기장들은 온통 구멍투성이다. 이 지역에서 말라리아는 너무나 흔해서 불가피하게 여겨질 정도이다. 설사도 큰 문제이다. 갓난아기나 어린 아이들에게 탈수증상은 치명적일 수 있다.

난 항상 방충제 스프레이를 몸에 뿌렸지만 그래도 모기에 물렸다. 모기는 낮밤을 가리지 않는다. 말라리아 예방약도 가지고 있어서 아주 다행이다. 이 약을 먹는다고 해서 말라리아에 걸리지 않는 건 아니지만 걸려도 그 증상이 심각하지 않도록 해준다.

남자 갓난아기를 자기 무릎에 둔 8살 소녀가 맨 끝 침대에 앉아 있다. 소녀는 아기를 꼭 끌어안고 있었다. 아기 몸무게가 200그램이나 줄었다고 한다. 아기는 설사를 앓고 있으며 기생충에 감염되었을지도 모른다고 말했다.

이 어린 소녀는 자기 부모와 오빠가 무참히 살해당하는 장면을 목격했다.

그녀는 용케 아기를 데리고 도망칠 수 있었다. 처참하게 마른 아기가 목숨을 지킬 수 있을 것 같지 않았다. 소녀는 온통 아기 걱정뿐이다. 아기 동생이 자기의 유일한 가족인 것이다.

이 두 아이들을 만난 사람들은 모두 가슴 아파 했다. 간호원들 중 한 명이 울먹였다. 남자들 중의 한 명이 그녀를 조용히 밖으로 데려갔다.

소녀는 절대 고개를 들어 누군가를 마주보는 법이 없다. 아주 예뻐 보이는 그 소녀는 그저 앉아서 창밖을 바라볼 뿐이다. 아기 동생의 머리에 자기 턱을 찰싹 붙이고서 말이다. 소녀는 울 기운도 없어 보인다.

보호사무소 13세부터 16세 사이 소년들을 만났다.

미사고라는 이름의 한 소년은 2001년 2월 12일 반군이 자기 마을을 공격했던 사연을 얘기해주었다. 많은 사람들이 죽거나 크게 다쳤다. 그들이 들이닥친 건 한밤중이고, 아침 햇볕 아래 드러난 미사고의 마을은 시체들로 가득했다.

아이는 1주일 동안 한 친구와 계속 걸었다. 그리고서야 가까스로 지나가던 군용 트럭이 두 아이를 태워주었다. 병사들이 물었다. "아빠 엄마는 어디 있니?" "반군들한테 살해당했어요."

미사고의 말투는 아주 상냥했다. 아이는 BBC 라디오를 통해 이 캠프 얘기를 들었다.

미사고의 아버지는 2000년 6월에 살해당했다. 어머니는 6개월 뒤인 12월에 목숨을 잃었다. 그들은 어느 군부대에서 함께 살았는데 그곳이 반군들에게 공격당한 것이다. 미사고는 국경을 넘어 이곳으로 왔다. 이제 아이는 난민이 되었다.

미사고는 이곳에서 인터뷰를 거쳐 등록 절차를 밟았지만, 내일이면 다른 캠프로 옮겨갈 것이라고 한다.

이곳에 이런 시설이 있어 이 아이를 도와줄 수 있는 게 나는 너무 기쁘다. 모두 그를 좋아했다. 이 보호사무소에서 그는 번호가 아니라 한 인간으로 대접받는다. 여기서 그는 자신에게 필요한 도움을 구할 수도 있다.

정부는 인력 채용을 위한 캠프들을 세움으로써 사람들을 한 군데로 불러 모았다. 반군이라는 오해를 사지 않으려면 캠프 안에 머물러야만 한다. 여기 사람들은 죄다 전쟁의 틈바구니 속에 갇힌 신세, 끼인 신세인 것이다.

미사고는 또한 자기 형제를 찾기 위해 애쓰고 있다. UNHCR 직원들이 그 아이의 상황을 상의하기 시작했다. 미사고는 다른 소년들과 함께 딴 캠프로 옮긴 뒤 거기서 자신들의 집을 지을 예정이었다.

이들 여덟 명의 소년들은 최근에야 뭘 먹을 수 있었다. UNHCR 직원 중의 한 명인 베니스가 그들에게 자기 주머니를 털어 돈을 건넨 덕분이다. 소년들은 사무실 바닥에서 잠을 잔다. 아직 등록이 되지 않은 탓에 이들은 음식을 배급받을 수 없다.

다른 어린 소년이 들어왔다. 14살에서 16살쯤으로 보인다. 그는 혼자 길을 가다가 국경을 건너려고 하는 다른 소년을 만났다.

그 소년은 나를 계속 쳐다본다. 아마 처음 보는 얼굴이라 그런가 보다. 아니면 울지 않으려고 애쓰는 내 모습이 신기했는지도 모르겠다. 내 눈에는 눈물이 그렁그렁했다. 내가 이런 이야기들을 얼마나 더 들을 수 있을지 나도 잘 모르겠다.

"아빠는?"

"돌아가셨어요."

그는 할머니와 함께 살았다. 밤에 공격을 받았을 때 할머니는 너무 늙어 도망갈 수도 없었다.

두 소년 모두 몸에 걸친 거라곤 온통 누더기다. 더러운데다 구멍투성이고, 너무 커서 줄줄 흘러내린다. 소년은 금세라도 울음을 터뜨릴 듯한 표정이다.

"UNHCR이 널 위해 뭘 해줬으면 좋겠니?"

"할머니를 찾을 수 있게 도와주세요."

나는 아이가 먹을 거나 잠 잘 곳을 얘기할 줄 알았다. 그게 아이한테 꼭 필요한 것이니까. 그런데 소년이 원하는 것은 할머니의 안전이다. 소년은 할머니가 그립다.

이 소년이 나가자 다른 소년이 또 들어온다. 손을 다리에 붙인 채 눈은 바닥만 응시할 뿐이다. 14살쯤 된 듯하다.

UNHCR 직원들은 보호사무소의 대표를 설득해서 이 소년들을 모두 이 캠프에 수용하기로 결정했다.

아이들 중의 셋은 다른 어느 캠프에 가면 친척들을 볼 수 있을 거라고 말했다. 이들이 만약 그 친척들과 다시 만나려면 그때까지 아이들은 반드시 이 캠프에 머물러야만 한다. 친척들이 다른 곳으로 옮기지 않았는지부터 알아봐야 하니까 말이다. 이 여덟 소년들은 아직 아이들이다. 이곳에다 아이들이 묵을 곳을 마련해 주어야 한다. 다른 캠프로 옮겨서 등록절차를 다시 밟아야 한다는 건 말도 안 된다.

직원들은 나머지 소년들을 인터뷰하지 않기로 결정했다. 지금 막 들어온 셋째 소년에게 이제 인터뷰를 하지 않아도 된다고 얘기했다. 그러자 그 아이는 서서히 뒤로 물러나 방을 나가면서 고개를 꾸벅했다. 그 동작의 무언가가 나를 너무 슬프게 했다. 그 몸짓은 공손함이라기보다는 절망에서 오는 굴복의 느낌이었다.

그 아이는 틀림없이 최근에 학대를 당하거나 정신적 충격을 받은 것이라고 나는 생각했다. 어린아이가 어쩌면 저렇게 축 늘어져서 저토록 슬픈 얼굴을 할 수 있단 말인가.

이 소년들이 모두 무사하기를 나는 기도했다. 이 여덟 명의 아이들 같은 전쟁의 피해자들이 2,000만이 넘는다고 생각하니 까마득해진다. 도대체 이들에게 무슨 희망이 있을까?

오늘의 다른 인터뷰들은 대부분 등록 인터뷰거나 최근 인터뷰의 후속편, 혹은 얼른 조치되었으면 하는 필요들을 얘기하는 자리였다. 이들이 자기 목소리를 누군가에게 들려줄 수 있는 사무실이 있다는 게 참 다행이다. 난민들은 너무도 많다! 그런 상황 속에서 얼마나 많은 것들이 묵살되고 잊혀질지 상상해 보라.

바로 그런 곳에서 UNHCR은 난민들의 인권을, 가장 기본적인 인간으로서의 권리를 보호하기 위해 존재한다.

원상회복 난민들은 다른 나라의 구성원이 되기 위해 자신의 처지를 입증하여야 하므로 인터뷰를 한다. 새로운 삶을 시작하기 위해 이들에게는 안전한 장소가 필요하다. 대부분의 사람들은 계속 캠프에서 살아갈 것이다. 언젠가 평화가 돌아와 자기 나라로 돌아갈 수 있기만을 바라면서 말이다.

원상회복이 없다면 이들은 허방에 빠진 기분이 들 터이다. 장차 그들이 살아갈 곳에서도 그곳의 시민이 되기를 허락받지 못하는 채 말이다

열아홉 살의 소녀가 들어왔다. 그녀의 사연은 받아 적기에 너무 벅찰 만큼 복잡했다. 말을 하면서 소녀는 연신 눈물을 훔쳤다. 아이는 자기 가족을 찾고

싶어 했다. 가족들과 함께 난민촌에서 살았는데 그만 가족들과 떨어져 홀로 남았다는 것이다. 그녀는 자기 가족이 캐나다로 가서 정착했다고 믿고 있다.

한 남자가 들어와서 자기 아내와 아이들과 다시 만나고 싶다고 했다. 그도 한 캠프에서 식구들과 헤어졌고, 그 식구들은 캐나다로 보내졌다고 한다. 그는 기어이 식구들의 소재지를 찾아냈지만, 그렇다고 해서 그에게 그들을 찾아갈 여력이 있는 것은 아니다.

그는 자기 아내가 자신에게 보냈다는 낡은 사진을 꺼냈다. 사진 속의 그들은 새 집에서 행복해 보였다. 제발 그들과 다시 함께 살 수 있게 해달라고 간청하면서 그는 손가락으로 한 명 한 명을 가리켰다. 내 아내⋯. 내 아들⋯. 내 딸⋯. 내 아기⋯.

여러 행정 서류와 절차가 제대로 갖춰지지 않으면 이 남자가 자기 가족들과 다시 합칠 수 없으리라는 걸 나는 알 수 있었다.

다음 행선지로 이동하는 차 안에서 나는 아까 보았던 어린 소년들이 먼지 속에 모여 앉아 있는 걸 보았다. 모두 입을 굳게 다문 모습이다. 그들은 그저 도로 쪽을 망연자실 쳐다보고 있을 따름이다.

이 일을 도대체 어찌 한단 말인가. 이 사람들을 돕기 위해 난 뭔가를 해야만 한다. 만약 당신이 이들을 만나더라도 틀림없이 나와 똑같은 생각을 할 것이다.

'쉐라톤 인'에서의 점심 알렉산드라, 그리고 다른 몇몇 현장 직원들과 함께 점심을 먹었다. 그들이 "카수루 쉐라톤 인"이라고 말했을 때 난 농담인 줄 알았다. 알고 보니 그건 흙바닥의 조그만 오두막이었다. 어김없이, 우리는 밥과 콩을 먹었다.

나는 이곳의 현장 직원들이 너무 좋다. 이들은 이곳의 '미친 듯한 상황'에 대해 얘기하지만 간간이 웃기도 한다. 안 그랬다가는 이들도 미쳐버릴 것이다.

사실 이들이 처한 상황은 많은 부분 아주 위험하다. 적어도 편안하고 태평스러운 삶과는 거리가 멀다. 그런데도 이들은 이 난민들을 너무나 끔찍이 아끼기에 다른 어디로도 가고 싶어 하지 않는다.

어느 순간 그들은 '그 교회'와 '그 다리' 얘기를 꺼냈다가 황급히 말을 삼켰다. "그 얘기를 꺼내선 안 됩니다." 아직도 그 이미지들이 눈에 선하다고 한다. "때론 그냥 마구 눈물이 나온답니다."

이 남자들 및 알렉산드라와 함께 앉아서 나는 생각한다. 내가 이 사람들을 알게 되어서 얼마나 다행인가. 이들이 존재한다는 걸 알게 되어서 얼마나 행복한가. 선의의 조직에서 일하는 선한 사람들을 만나기를 나는 바랐다. 배우고 돕는 일을 거기서 시작할 수 있겠거니 싶었다. 그리 보자면 이들보다 더 나은 모임을 만날 수는 없었을 것이다.

나중에 나는 '그 교회' 이야기가 무엇인지 알게 되었다. 당시에는 그들에게 묻지 않았다. 그들이 떠올리고 싶어 하지 않는 기억임을 알 수 있었기 때문이다. 집에 돌아와서야 나는 알렉산드라에게 조심스레 그 얘기를 꺼내보았다.

알렉산드라는 바로 양손으로 머리를 감싸 쥔다. 그리고는 나를 쳐다본다. 그녀는 '그 교회'의 학살이 벌어졌을 때 이곳에 있지 않았지만, 그 이야기만으로도 학살의 공포가 머리에서 떠나지 않는다고 한다.

위기 상황이 벌어졌을 때 사람들은 반군의 총끝을 피해 한 교회 안으로 몸을 피했다. 안전한 곳이라고는 신의 집밖에 없다고 생각했던 것이다. 되도록 많은 사람들을 구하기 위해 교회측도 발 디딜 틈도 없을 지경까지 사람들을 안으로 들어오게 했다.

반군들은 주민들이 거기 숨었다는 걸 알고서 가차 없이 폭탄을 던져넣었다.

그리고는 죽은 사람들의 시체를 짓밟아가며 하나하나 칼을 찔러 확인사살 했다.

오늘 오후에 내가 만났던 UNHCR 직원들이 그 피해자들을 찾아낸 최초의 발견자였다고 한다. 그 참사의 현장에서도 생존자가 있었다. 그 여인은 시체 더미에 깔려 자기 몸을 숨길 수 있었다고 한다.

직원들이 거기 도착했을 때, 피투성이의 그녀는 미친 듯 시체들을 뒤지고 있었다. 자기 남편과 여섯 아이들도 거기 함께 있었던 것이다. 하지만 살아남은 가족은 없었다. 만약 내가 그녀 입장이었다면 차라리 나도 죽여주기를 바랐을 것 같다. 그렇게 살아남아서 어쩌란 말인가?

∞

부룬디 북을 연주하는 사람들과 우연히 마주쳤다. 남자 셋에 아이들이 다섯이다. 남자들이 다음 세대들에게 북 치는 걸 가르치기 시작했다. 이들은 자신들의 소중한 문화가 사라지지 않기를 바란다.

우리 차가 그들 쪽으로 가까이 가는데, 환상적인 소리가 들려왔다. 빠르고 힘차며 열정이 넘치는 소리였다.

남자와 소년들은 서로 번갈아가며 앞으로 나와 북을 치다가 춤을 추다가 했다. 그들이 외치는 게 무슨 뜻인가 했더니, 세상에, 그들은 내게 행복한 삶을 축복하고 있었던 것이다! 그토록 수많은 난관을 뚫고 여기까지 온 이 난민들이 나를 축복하고 있는 것이다. 웃고 춤추면서 이들은 내 삶이 행복하기를 기원하고 있다!

내 삶은 그들의 삶보다 훨씬 안락하다. 이런 축복을 받는다는 게 아주 이상한 느낌이었지만, 그래도 나는 그 축복을 가슴 깊이 새기고 더 깊이깊이 감사했다.

오늘에야 드디어 비행기 편이 마련되었다. 나는 내일 집으로 돌아간다.

3.9 FRIDAY

나는 지금 차 안이다. 다르에살람으로 가는 비행기를 타러 막 떠나려는 참이다. 운이 참 좋았다. 이 비행기를 탈 수 있다니.

새벽 6시 20분에 일어났다. 전기는 들어오지 않는다. 플래시를 켜서 마지막 짐을 쌌다. 어둠 속에서도 나는 아주 잽싸게 움직였다. 오늘 떠난다니까 마음이 저만치 훌쩍 앞서가는구나, 나는 그렇게 생각했다.

아침 날씨가 제법 쌀쌀하다. 손수 지어올린 조그만 진흙집에서 생활하는 난민들은 얼마나 추울지 염려스러웠다.

그들에게는 전기도 없다. 식량배급일에 음식이 얼마나 많이 주어질지 그들은 알지 못한다. 밤이면 아주 추울 수도 있다. 그럴 때면 밤새도록 불을 지펴야 한다.

애들이 걸친 옷은 죄다 넝마조각이다. 어떤 아이들은 조그만 붉은 천 조각을 걸쳤을 뿐이다. 생리대 예산이 삭감됐을 때, 최소한의 생리대 대용품으로 붉은 천이 나눠졌다. 그거라도 둘둘 감고서 생리기간을 지내라는 것이다. 하지만 여인들은 그것도 쓰지 않았다고 한다. 그렇다면 대체 어떻게 한 건지 나로서는 알 수가 없다. 어쨌든 여인들은 그 천을 아이들이 조금이라도 따뜻하게 지내도록 하는 데 썼다.

추운데다 안개까지 자욱하다. 그래서 내가 탈 비행기는 착륙을 세 차례나 시도해야 했다. 가방을 풀밭 위에 부려놓고 먼지 날리는 활주로를 쳐다보며 마냥 기다렸다.

정말 배가 고팠다. 문을 열고 달려 나오면서 난 마지막 빵조각을 씹어 먹었다. 전기가 없어서 아침에 커피도 마시지 못했다.

겨우 내 비행기가 착륙했고 우리를 싣고 다시 이륙했다. 딱 시간에 맞춰 다음 비행기로 갈아탈 수 있었다.

너무 피곤하고 정말 배가 고프다. 하지만 적어도 난 다음 끼니를 언제 먹을 건지 알 수 있다. 그리고 머지않아 뜨거운 샤워를 즐기고 김이 모락모락 나는 음식을 맛볼 것이다.

내가 얼마나 많이 배웠는지 절대 잊지 않아야 할 텐데…. 내가 가진 모든 것들에 나는 늘 감사하며 살 것이다. 나는 세상 사람들이 어떤 역경 속에서 살고 있는지 아무것도 몰랐었다. 실태는 상상했던 것보다 더욱 처참했고, 내가 보았던 것은 작은 일부일 뿐임을 잘 안다. 나는 이제 막 이해하기 시작했을 따름이다.

이곳 다르에살람에 도착한 지 몇 시간째다. 여기서 런던으로 가서 다시 로스앤젤리스까지 가는 비행기 편이 제대로 예약된 건지 확인하는 중이다. '끊임없이 움직인다'는 느낌뿐 다른 생각은 할 수가 없다.

런던까지 가는 비행기는 브리티시 에어웨이즈다. 가만 보니 내가 이 비행기에서 가장 더러운 사람인 듯하다.

"신문 보시겠습니까? 잡지도 있습니다. 〈보그〉나 〈베니티 페어〉 드릴까요?"

"아뇨. 됐습니다."

그런데 먹을 걸 권할 때는 무조건 다 받아먹었다. 캐슈 열매, 프레첼 비스킷, 레몬과 콜라 등. 이런 건 사실 내가 늘 먹던 게 아니다. 마치 어린 아이가 된 기분이다.

돌돌 말린 채 리본까지 단 수면 양말, 수면안대, 여행자용 봉투, 수면 담요도 건네준다. 이 더러운 겉옷을 벗어야겠구나 생각하니 갑자기 맘이 불편해진다. 이 옷은 내 담요나 다름없었다. 내 기억 속의 이곳을 나는 털어내지도 씻어버리지도 않고 싶다.

이 3주 동안의 여행은 내게 새로운 세계를 보여준 특별한 시간이었다. 나는 변했다. 여기서 바뀐 뒤의 내 모습이 나는 맘에 든다.

그럴 이유는 전혀 없겠지만, 난 이 겉옷을 벗으면서 이곳 사람들과 이곳으로부터 나를 떼어내는 듯한 느낌을 받았다.

자기 다리를 들고서 진흙바닥 위에 앉아 있던 소년. 아기 동생을 품에 안고 있던 8살 소녀. 내 눈을 들여다보며 자기 얘기를 들려주던, 팔다리 잘린 사람들의 캠프에서 만난 남자. 이런 이미지들이 슬라이드 쇼처럼 펼쳐진다. 그들의 얼굴, 그들의 맨발이 번쩍번쩍 섬광 속에 펼쳐진다.

이런 느낌을 뭐라고 해야 할까? 이렇게 강한 느낌은 진정 처음이다. 이곳을 떠나며 이토록 죄스러운 맘이 들다니, 어쩔 수 없다고 생각하면서도 힘이 든다.

지금 이 순간부터 나는 어디를 가든 이들이 있는 곳을 기억할 것이다.

2001. 7. 16 ~ 7. 27

2장 캄보디아로 가다

저는 UNHCR을 대표해 캄보디아를 방문하였습니다.

7.16 MONDAY

　　다시 길에 올랐다. 이번에는 제네바를 거쳐 캄보디아로 간다. 집을 떠난 지 이제 겨우 30분째.

　　내 집이 얼마나 편안한 곳이었는지 문득 깨닫는다. 이번 여행길은 내가 뭘 보게 될지 미리 알고 간다. 물론 미처 몰랐던 것을 새로이 발견하게 될 일도 많다는 것 또한 나는 잘 안다.

　　아프리카 방문 후 일상으로 되돌아가는 내 능력의 발견은 (그리고 그걸 인정하는 일은) 당혹스러웠다. 내가 언뜻 보아 쉬이 일상으로 돌아갔던 것은 그들과 연락을 유지하며 멀리 떨어져서라도 계속 도움을 주고자 애썼기 때문이었음을 잘 안다. 아늑하고 안전한 자기 집에서 전화를 건다거나 편지를 보내 기금 마련을 돕는 일은 결코 어렵지 않다.

　　실은 죄스러워해야 하는지도 모른다. 나는 이런 곳들로 오고갈 수 있지만, 그들에게는 아무런 선택권도 없으니까 말이다. 내게 일어난 한 가지 확실한 변화는 내가 모든 걸 더 감사하며 누리고 있다는 점이다. 내 삶이 나는 너무 기쁘다.

　　세계 곳곳의 그이들에게 내가 진 빚은 계속 늘어만 간다. 나는 그들을 돕고 싶었고, 그들이 나를 얼마나 많이 도와주고 있는지 날마다 더욱더 절실하게 깨닫는다.

　　이제 막 깨어나는 새벽빛을 받으며 이 글을 쓴다. 다른 창문 덮개는 모두 내려져 있다. 모두들 잠든 비행기 안. 미안한 맘에 내 창도 찔끔 조심스레 올렸을 뿐이다. 모두들 잠들었지만 난 잘 수가 없다. 취리히까지 다섯 시간 넘게, 또 거기서 제네바까지 몇 시간을 더 가야 한다.

100 Amazing Survivors

도착한 뒤 몇 시간 후에는 고등난민판무관을 만날 예정이다. 내게는 큰 영예가 아닐 수 없다. 다른 이들을 돕는 데 자신의 삶을 바친 누군가를 만난다는 뜻이니까 말이다. 그것이 세계 여러 나라에서 수백만의 사람들을 돕는 누군가이든, 혹은 한 아이에게 멋진 부모, 자기 학급을 잘 돌보는 여선생님, 그냥 단순히 좋은 친구든 간에, 이 모두가 이 생에서 똑같이 중요하다. 그들이 "모든 사람은 저마다의 가치를 지니지요"라고 말할 때, 나는 그 말이 깊은 진심에서 우러나왔음을 믿는다.

판무관께 물어볼 질문이 참 많다.

"오늘날, 사태의 심각함이 널리 알려지고 문제를 해결할 능력도, 자원도 넘치는데 대체 왜 8억의 인구가 날마다 굶주린 채 잠자리에 들어야 하는 거죠?"

"르완다에서 난민 문제가 불거진 게 대체 언제부터입니까? 그 동안 수십만이 강제로 집을 떠나야만 했는데, 왜 적절한 보호와 피난처가 제공되지 못한 걸까요?"

그에게 대답을 듣고자 이런 질문을 던지려는 건 아니다. UNHCR이 쓸 수 있는 돈이 제한적임을 난 잘 안다. 내가 꺼낼 얘기가 그가 낙담하는 대목이기도 하다는 것 역시. 그래도 그의 도움을 빌어, 시에라리온의 반군은 왜 그렇게 무자비한 공격을 퍼부어대는지, 수천 명의 팔을 자르고 수만 명의 사람들을 집에서 몰아내는지 더 잘 이해할 수 있으리라 믿는다.

반군들의 위협이 아주 심각하며 아예 싹을 잘라버려야 할 정도라고 여기지는 않는 까닭은 과연 무엇일까? 몇몇 조치가 취해졌지만 앞으로도 여러 해가 더 걸릴 듯하고, 그 동안 수많은 무고한 사람들이 난민 상태로 남겨질 터이다.

많은 난민들은 (정치적 혹은 종교적) 전쟁, 혹은 다른 형태의 박해의 피해자들이다. 애당초 다른 나라로 안전을 찾아 떠나는 난리통에 대부분의 난민들은 거의 모든 권리와 소유물을 잃는다. 집, 개인적 소지품, 교육과 보건, 절친한 가족과 친구들, 심지어 자신의 신분 증명까지도 잃어버리니, 여느 문명사회의 필수품은 죄다 잃고 마는 셈이다.

캠프는 아무리 좋아 봤자, 죽음에 직면한 사람들에게 생존의 가장 기본적인 요건만 충족시켜줄 따름이다. 보라, 그들은 집이 아니라 수용소에 있는 것이다.

그들을 보호하는 담장은 또한 그들을 가두기도 한다. 그들이 머물려고 잠시 빌린 땅은 대개 현지 주민들에게 둘러싸여 있으며, 이들은 난민들을 짐이라고 여겨 반기지 않기 일쑤다. 때로는 난민들이 다른 곳으로 옮겨야 할 만큼 인근 주민들의 반발이 거세고 폭력적이기도 하다. 그래서 아직 위험천만인 자기 고향으로 떠밀리다시피 되돌아가는 일도 벌어진다.

7. 17 TUESDAY

제네바에서 호텔 창밖의 하늘은 투명하게 푸르다. 호텔로 들어오는데 마침 팩스가 도착했다고 한다. 루옹 웅 여사가 보낸 것이다. 캄보디아를 아끼는 마음과 그곳의 지뢰 현황에 대한 참담한 심정을 피력한 이후, 루옹은 내게 편지 한 통과 그녀의 책 『먼저, 그들이 아빠를 죽였어요』를 보내왔다. 그 책을 읽고서 나는 꼭 루옹과 얘기를 나누고 싶어졌다. 루옹은 내 영웅이 되었다. 루옹이 '지뢰 없는 세상 만들기 운동'CLFW의 대변인으로 활약하고 있는 기관인 전미베트남전참전용사재단VVAF으로 먼저 연락을 취했다. 팩스에는 키엔 클레앙 재활병원을 함께 방문할 수 있겠다는 내용이 담겨 있었다. 또한 내일 방콕에서 프놈펜으로 갈 때 나와 같은 비행기를 타고 간다는 얘기도 있었다.

"태국의 관문에서 처음으로 만난다니, 정말 신나는 일이지요." 그녀는 그렇게 썼다.

그녀는 바탐방 지역에 대해서도 얘기했다. 할머니의 고향인 그곳에서 그녀의 어머니뿐만 아니라 수많은 삼촌, 숙모, 조카들이 태어났다. 서너 살 무렵 이래 그녀는 그곳으로 돌아가지 못했다.

그녀는 또한 내가 '위험지역생명보존운동'HALO을 방문할 때 나와 함께 하고 싶다는 뜻도 전했다. HALO 트러스트는 정치나 종교와 무관한 비정부기구로서 전쟁의 잔해를 제거하는 데 특화한 단체이다.

지난 8년 간 43명의 HALO 직원들이 죽거나 불구가 되었다. 수천의 생명을 구한 데 따른 희생이었다. 이 단체는 오로지 설치된 지뢰의 제거에만 관심을 가질 뿐, 이를 제조하고 판매하는 회사들과 관계된 정치적으로 민감한 반대운동엔 손을 대지 않는다.

UNHCR 본부에서 두어 시간을 보내고 나니 막 오후 7시를 넘는다. 맡은 일에 대한 UNHCR 사람들의 헌신은 계속해서 나를 놀라게 한다.

함께 지하실로 내려갔다. 비상사태 시 모든 사람들이 그곳으로 집결한다고 한다. 최대한 빠른 시간 내에 문제를 해결해야 할 필요가 있을 때 모이는 곳이기도 하다. 수많은 사람들을 구해낼 결정을 불과 몇 시간 안에 내려야 하는 경우가 이들에게는 너무나 자주 벌어진다.

∞

UNHCR 본부에서 엘바를 만났다. 다섯 달 전 나는 그녀를 시에라리온에서 처음 만났다. 당시 그녀는 자기 가족의 사진을 보여주며 그들과 좀 더 시간을 보내고 싶다고 말했다.

어느 해 크리스마스를 앞두고 엘바는 본부의 연락을 받았다고 한다. 아프리

캄보디아로 가다 **103**

카에서 비상사태가 벌어졌으니 즉시(72시간 안에) 그곳으로 가서 구호프로그램 기획을 맡아주겠느냐는 것이다. 엘바는 그렇게 아프리카에서 크리스마스를 맞게 된다.

이제 그녀는 제네바에서 다음 임무를 기다리고 있다. 비상사태가 또 벌어지고 그 경우 자신이 어떤 도움이 될 것인지를 아는 한, 그녀는 외면하지 않을 것이다. 그녀가 집에서 그리 오래 머물지 못하는 이유다.

제네바의 UNHCR 사람들은 모두 그렇게 생각하고 행동한다. 다른 사람들을 돕기 위해 세계 어느 곳으로 가는 것도 마다하지 않는 그들이다. 구타와 강간, 심지어 살해의 위험 속으로(실제로 목숨을 잃은 직원도 있다) 자신을 기꺼이 던지는 것이다.

그들이 내게, 또 서로에게 보여준 친절함에는 부드러움과 애잔함이 묻어났다. 지상 최악의 참상을 직접 목격하여, 상실과 죽음을 몸으로 아는 그들. 그들은 또한 우정과 희망의 가치도 뼈저리게 알고 있다. 인생의 가장 두려운 시간 동안 그들은 서로에게 기대야만 했기 때문이다.

유엔 사무총장이던 코피 아난을 만났는데 그가 유엔 생활 초기 UNHCR에서 일했다는 걸 알았다. 그는 무척 온화한 사람이었다.

오늘 아침 내가 도착하기 전 코피 아난이 그곳의 모든 직원들에게 연설을 행했다고 한다. 못 들어서 참으로 아쉽다. 다들 그 연설을 듣고 얼마나 기분이 좋아졌는지 얘기하느라 바쁘다. 코피 아난의 정직함, 자신들의 질문에 직설적이고 분명하게 대답하던 그의 태도를 묘사하면서 말이다.

누군가 그에게 UNHCR이 얼마나 어려운 시기에 닥쳤는지 아느냐고 물었다. 예산이 20% 삭감되었다(원래 유엔 전체 예산 가운데 2%에 불과했다)는 걸 잘 안다고 그는 답했다. 지난 몇 년 동안은 난민뿐만 아니라 국내실향민까지 원조 대상에 포함되어 사태는 더욱 어려워졌다.

코피 아난이 사태의 개선을 약속한 건 아니었다. 그는 UNHCR이 애쓴다는 걸 잘 안다면서 이렇게 말했다. "UNHCR은 예전에 어려운 시기를 겪었고 앞으로도 그럴 공산이 큽니다. 하지만 그 모든 역경 속에서도 항상 선한 일을 하는 데 끊임이 없었습니다."

저녁 식사는 고등판무관 루드 루버스 및 그의 비서실장인 쇼코 시모자와 자문단장 야쿱 알리 엘히요, UNHCR의 민간홍보팀장 피에르-베르나르 르 바스와 함께 했다.

처음엔 아주 어색했다. 그러나 나는 곧 깨달았다. 내가 나보다 훨씬 뛰어나거나 혹은 아주 심각한 사람들을 만나리라 기대했었다는 사실을 말이다. 놀랍게도 루버스 고등판무관은 아주 재미나고 퍽 인간적인 분이었다. 그는 자기 가족과 관련된 개인적인 얘기뿐만 아니라 자신의 정치 얘기도 우리에게 들려주었다. 1939년 로테르담 태생인 루드 루버스는 경제학자로서 1973년부터 경제부처장관을 지냈고, 1982년부터 12년간 네덜란드 총리를 지낸 인물이다.

가장 인상 깊었던 점은 그가 우리들에게 내보인 호기심이었다. 그는 섣불리 상대를 판단하는 법이 없었다. 각자의 차이와 의견을 진정 높이 평가했다.

난 참 많은 것을 배웠다. 다 적을 수도 없을 만큼. 놀라웠던 것은 그가 저녁 테이블에 초대한 사람들의 면면이었다. 그 절묘한 구성을 그는 의도한 바라고 했다.

나는 미국인이다. 그날 밤 나는 그 점이 자랑스러웠고 그렇지 않기도 했다. 다른 이들도 자기의 출신국에 대해 엇비슷하게 느끼는 듯했다. 그 자리의 누구도 자기가 옳다고 우기는 이는 없었다. 정답은 바로 이것이라며 아는 척하는 이도 없었다. 상대적으로 낙관적인 인물이 몇 있었지만 우리 모두는 서로 경청하고 서로 배웠다. 만약 이것이 이 기구의 요체라면, 아니면 유엔 전체의 요체라면, 오늘 밤 나는 정답이 이러해야 함을 목격하고 있는 셈이다.

오늘 나눈 얘기 가운데 최근 다들 너무 스스로에만 치중한다는 지적이 있었다. 사람들도 정부들도 점점 국내에만 초점을 맞춘다. 우리는 국제 수준에서 사고해야 한다. 범지구적으로 말이다.

7.19 THURSDAY

오늘이 며칠이더라? 아침 일찍 제네바를 떠나 취리히로 향했다. 취리히에서 아홉 시간 넘게 비행하여 이제 막 방콕에 내리려고 한다. 현지 시간 오전 6시 5분이라고 한다. 여기서 UNHCR 담당자들이 나를 맞을 테고, 그들의 도움으로 루옹도 만날 수 있으리라 기대한다.

방콕에서 두 시간 체류, 그리곤 프놈펜으로, 다시 시엠레아프까지 간다. 비행기에서 내리자마자 자한샤와 마리-노엘이라는 두 UNHCR 현지 직원을 만났다. 그들은 내게 오늘이 7월 19일이라고 말해주었다. 그러니까 앞의 이틀간 기록은 날짜를 잘못 적은 것이다. 로스앤젤리스 시간으로 기록을 한 것인데, 캄보디아는 로스앤젤리스보다 14시간이 더 빠르다.

한때 캄보디아 난민이었다가 이젠 UNHCR에서 일하는 라부트도 만났다. 그들과 두어 시간쯤 얘기를 나눴을까. 한 남자가 와서는 내게 쪽지를 건넸다.

"루옹 씨가 오셨습니다."

나는 그 방을 나와서 응접실로 향했다. 방에 들어서자마자 우리 둘의 눈은 서로 만났다. 상대를 향해 걸으며 우리는 마주 웃었고 마치 오랫동안 알고 지낸 사이처럼 그윽하게 포옹했다.

캄보디아 사람들은 모두 평화를 지키고 싶어 한다. 그들은 너무 많은 역경을 거쳤다. 이 나라 사람들은 '할 수 있다'는 말의 놀라운 사례이다. 모두가 난민들의 용기가 대단했음을 치하한다. UNHCR 사람들도 한결같이 이 난민들을 존경하며 그들과 함께 일한 데 자부심을 느낀다.

자한샤, 마리-노엘, 그리고 나는 케이티의 아파트에서 점심을 같이 했다. 케이티 또한 UNHCR에서 일하며, 특이하게도 크메르 말을 할 줄 안다. 크메르 말은 아름답다. 듣는 것만으로도 나는 벌써 그 말이 배우고 싶어졌다.

그날 늦게 우리는 다른 비행기를 타고 HALO를 방문하기 위해 루옹을 다시 만났다. 루옹은 자기가 "너무 운이 좋았다"고 말한다. 내가 이제껏 만난 그 누구보다도 더 지독하게 힘든 삶(가장 도전적이지는 않았지만), 더 끔찍한 삶을 살아온 여인에게서 이런 말을 듣다니!

시엠레아프의 HALO 트러스트에 도착해서 다시 도로로 세 시간 반 동안 달렸다. 이제 겨우 사흘째인데, 한 일 주일은 돌아다닌 기분이다.

한 친구가 날 위해 준비해준 테이프 보따리를 꺼냈다. 케이티는 〈비틀즈, 1967-1970〉을 집어들었고, 라부트는 산타나를 좋아한다고 했다. 우리는 함께 웃었다. 세계 어딜 가도, 누굴 만나도 크게 다르지 않다.

차 안에서 그들은 캄보디아에서 한창 유명했던 가수들에 대해 얘기하기 시작했다. 누군가의 이름을 들먹이며 말했다. "그는 당신네 엘비스 프레슬리 같은 가수였죠. 그런데 폴포트가 죽였어요."

길가의 조그만 오두막들에서는 어린 닭들이 천지사방 뛰어다니며 놀았다. 오늘처럼 화창한 날에는 어린 꼬마들이 노는 모습을 보며 웃음 짓기 딱 좋다. 물을 지고 가는 사람들도 보인다. 목과 어깨 위에 긴 막대를 걸치고 물통을 양 끝에 매달아 균형을 잡았다.

이 나라는 마치 신이 의도했던 낙원처럼 보인다. 하느님과 알라, 부처와 [아메리카 인디언의 신인] 주신까지 모든 신들이 말이다. 하지만 서서히 깨닫게 된다. 콧구멍만한 오두막에서 그들이 살고 있음을. 그게 그들이 가진 모든 것이며, 그들을 둘러싼 아름다운 정글은 온통 지뢰밭임을.

우리가 달리는 이 길은 앙롱벵까지 이어진다. 두 해 전까지만 해도 이곳은 폴포트가 살다가 죽은 곳이었다. 그의 무덤도 멀지 않다. 1998년 5월이 되어서야 이곳은 다시 사람들의 것이 되었다.

HALO 본부에서 마치 군대 막사 같은 곳이다. 앙롱벵 사무소의 대표인 매튜가 우리를 맞았다. 그는 우리가 묵을 숙소가 어디인지 일러주었다. 우리는 여자 넷이다. 우리에겐 작은 방 네개가 각각 주어졌지만, 라부트와 마오, 그리고 다른 12명의 남자들은 야전침대가 줄지어 놓인 큰 방에서 자게 된다. 그게 이곳의 최고 시설이라는 것인데, 생각보다 훨씬 좋은 편이다. 늘 그랬던 것처럼, 인도주의 활동가들은 그 지역의 보편적 생활수준을 크게 벗어나지 않는 환경에서 기거함을 다시 확인한다. 현지인들과 다른 것이 있다면 화장실과 샤워 시설이 갖춰진 정도이다.

저녁으로 흰 쌀밥과 고기를 먹는데 전깃불이 나갔다. 전기를 병원과 함께 나눠쓰는데, 아마 병원에서 수술 중인가 보다고 했다. 잠시 동안 깜깜한 어둠 속에서 쥐죽은 듯 앉아 있으니까 누군가 라이터를 켠다. 어디선가 천둥소리가 들려왔다. 여기로 오는 차 안에서도 들렸던 소리다. 곧 비가 내리려나 보다.

우선 내 방으로 갔다. 정말 피곤하다. 2번 방 모기장 아래 누워 이 글을 쓴다. 이 지역에서는 모든 휴대폰이 불통이다. 집으로 전화를 하려고 했는데… 적어도 여기 안전하게 잘 도착했다는 메시지라도 남기려 했는데… 위급한 경우라면 내일 위성전화를 쓸 수는 있다고 HALO 직원이 설명해 주었다. 다른 방법은 없을까. 그렇게 번거롭게 하고 싶지는 않으니….

손님 숙소 아랫방은 마치 회의실 같다. 내 방으로 오는 길에는 폭탄 껍데기들이 즐비했다. 그 폭탄들의 생김새로 보아 이 지역 내에서 만들어진 게 아님을(실제 그렇게 만들어 쓰기도 하지만) 단박에 알 수 있다. 이런 무기와 폭발물들은 애초에 미국 정부와 같은 국가가 운영하는 공장에서 만들어진 것들이다.

7.20 FRIDAY

갈라진 나무 벽의 긴 틈으로 새어 들어오는 빛을 이용해 글을 적고 있다. 몇 시쯤 된 걸까? 일어난 지 한 시간쯤 된 것 같다. 발이 가려워 미치겠다. 발이 모기장 밖으로 나갔는지 어땠는지 양쪽 발바닥 여러 군데를 모기한테 물렸다. 신발 신을 일이 끔찍하다.

아침을 깨우는 소리들이 들려온다. 오토바이 소리, 트럭 소리, 호루라기 소리. 달그락달그락 그릇 소리. 한참 후에야 수탉이 울기 시작한다.

샤워물은 뜨겁지도 차지도 않다. 그냥 물 끼얹어주는 펌프와 다름없다.

아침으로는 즉석커피와 생선 샌드위치를 먹었다.

위험지역생명보존운동 HALO의 목표는 지뢰 지역의 땅을 지역사회가 개발할 수 있도록 되돌려주는 것이다. HALO는 런던에 본부를 둔 영국의 비정부기구이다. 이들은 전 세계에 걸쳐 지뢰와 터지지 않은 폭탄을 제거하는 일을 한다. 이들은 정치나 종교적 동기 없이 중립적이다. 이들은 현지인들과 아주 긴밀하게 어울려 일을 처리한다. 캄보디아에만 900명의 현지인들이 HALO를 위해 일한다.

캄보디아로 가다 109

정부가 이곳에 학교를 지었을 때 인근은 온통 지뢰투성이었다.

HALO가 아이들의 통학로를 점검해 보니 그 길에서

한 발짝 떨어진 곳에서만 다섯 개의 폭탄이 발견되었다.

오늘 발견된 지뢰는 두 개. 그 중 하나를 TNT로 폭파시켜 보겠냐고

내게 제안했다. 누군가를 다치게 하거나 심지어 죽일 수도 있었던

물건을 파괴할 때는 그야말로 속이 시원했다.

지뢰 피해자의 50%는 폭발 현장에서 혹은 출혈 과다로 인해 추후에 사망한다. 살아남은 50%도 아주 심각한 장애를 안고 살아가야 한다.

HALO의 랜드로버를 타고 토울프라삿으로 갔다. 대단위로 지뢰를 제거한 그곳엔 이제 학교 하나와 우물 둘이 마련되었다.

우리는 파란 방수포 아래 있는 나무 벤치 두 개에 나눠앉았다. 중앙에 지도 한 장이 펼쳐졌다. HALO에서 일하는 세 명의 캄보디아인들이 지도를 보면서 이미 제거된 곳이 49,268m², 제거되어야 할 곳이 56,593m²이라고 설명해주었다.

지도에서 제거가 완료된 곳은 녹색으로, 아직 위험한 곳은 희게 표시되어 있다. 이미 발견된 지뢰를 표기한 붉은 점이 72개이고, 폭탄도 40개가 넘었다.

십자 뼈와 해골 표시는 사고가 난 곳을 표시하는데, 세 개나 되었다. "그는 여기서 다리를 잃었어요." 해골 하나를 가리키며 말했다. "다른 사람은 여기서 눈 한 쪽과 팔을 잃었어요." 다른 걸 가리키며 말했다.

푸른 원은 우물이다. 한 남자가 안전 문제에 대해 우리에게 일러주었다. 말을 하는 그의 뒤로 오렌지색 플라스틱 들것 하나가 놓여 있었다.

막대기 네 개에 대한 설명이 이어진다. 빨간 막대기를 꽂아 폭발물이 발견된 곳을 표시한다. 우리가 앉은 곳에서 3미터 앞쯤에 빨간 막대 넷이 꽂혀 있다. 붉고 흰 막대기는 경계선을 표시한다. 푸른 색은 제거가 완료되었음을, 흰 색은 아직 제거되지 않았음을 뜻한다.

부상자 치료용 도구함에 대한 설명이 이어지더니, 아주 심각한 경고도 주어졌다. "지뢰밭에 있는 동안 폭발 소리를 듣더라도 절대 움직이지 마세요." 이 지뢰밭은 HALO가 캄보디아에서 제거작업을 펼치고 있는 47곳 가운데 하나이다.

지뢰밭에 인접한 어느 학교에 들렀다. 이 학교는 1, 2학년 과정만 가르친다.

아이들은 여섯 살부터 열네 살까지 240명이 넘지만 선생님은 네 분뿐이다. 이들 선생님은 이제껏 보수도 받지 못했다고 한다. 제대로 받아도 한 달에 15달러에 불과한데 말이다.

정부가 이곳에 학교를 지었을 때 인근은 온통 지뢰투성이였다. HALO가 아이들의 통학로를 점검해 보니 그 길에서 한 발짝 떨어진 곳에서만 다섯 개의 폭탄이 발견되었다.

나는 지금 가만히 서서 주위를 둘러본다. 환한 얼굴들이 나를 올려다본다. 수많은 아이들이 나를 둘러싸고 있다. HALO가 이곳으로 오기 전까지 이들은 어쩔 수 없이 이 지뢰밭 속에서 살아야 했다.

오늘 발견된 지뢰는 두 개. 그 중 하나를 TNT로 폭파시켜 보겠냐고 내게 제안했다. 누군가를 다치게 하거나 심지어 죽일 수도 있었던 물건을 파괴할 때는 그야말로 속이 시원했다.

폭파 후에 루옹은 미국 독립기념일에 깜짝 놀랐던 사연을 들려주었다. 자신을 포함해 많은 난민들이 미국에 가서 독립기념일 불꽃놀이를 처음 보았을 때 그 폭발음 때문에 기절초풍하고 놀랐다는 것이다.

점심으로 흰 쌀밥과 고기, 야채를 먹었다. 그리고는 저녁의 일정을 위해 짐을 쌌다. 루옹과 매튜와 함께 나는 오늘 밤 묵게 될 작은 마을로 오토바이를 타고 가야 한다.

이 땅과 여기 사람들을 이해하게 되는 최고의 길은 제거완료지역이 어떻게 변할 수 있는지를 살피고 주민들과 함께 시간을 보내는 일이다. 우선 HALO가 작업을 마치고 재정착이 완료된 곳으로 갈 것이다. UNHCR은 거기서 지역사회의 재통합 작업을 도왔다.

애들 여덟 명과 여인 둘이 우물을 쓰고 있는 데서 우리 일행은 멈춰섰다.

놀라운 점은, HALO 같은 비정부기구, 유엔 기구, 그리고 다른 정부 단체들의

도움이 한 데 모인 지 겨우 2년 만에 이곳이 완전 탈바꿈에 성공했다는 사실이다.

이 지역에 뿌리내리고 살던 가족들이 구슬땀을 흘렸음은 물론이다.

그렇게 난민들에게 새로운 삶의 터전이 열렸다.

이들 중 다수가 집을 잃어버린 지 25년째를 맞았을 즈음이었다.

2000년에 UNHCR이 마련해준 우물이라고 한다.

놀라운 점은, HALO 같은 비정부기구, 유엔 기구, 그리고 다른 정부 단체들의 도움이 한 데 모인 지 겨우 2년 만에 이곳이 완전 탈바꿈에 성공했다는 사실이다. 이 지역에 뿌리내리고 살던 가족들이 구슬땀을 흘렸음은 물론이다. 그렇게 난민들에게 새로운 삶의 터전이 열렸다. 이들 중 다수가 집을 잃어버린 지 25년째를 맞았을 즈음이었다.

다시 오토바이로 달리다가 멈춘 곳은 트라페앙 프라삿이다. 앙코르 와트와 비슷한 시기에 지어진 불교 사원이다. 대부분 폐허가 되어 잡초만 무성하지만, 향과 초는 아직도 불타고 있다.

다른 거의 모든 절들과 마찬가지로 이곳도 지뢰로 뒤덮였다가 최근에야 제거가 완료되었다. 이곳에서 불교가 다시 허용된 건 겨우 2년 전, 바로 이 땅이 크메르루주로부터 수복되었을 때이다.

권력을 잡은 폴포트는 불교를 금지시키고 승려들을 죽이려고 했다. 겨우 40명만 변장을 해서 살아남았다고 한다.

옛 사원 뒤쪽에 새로 세운 탑이 있다. 탑 꼭대기에는 밝은 노랑과 귤빛 수도승의 깃발들이 바람에 펄럭이고 있다. 우리는 신발을 벗고 사원 안으로 들어갔다. 나는 이렇게 들어가도 괜찮은 건지 물었다. "그럼요. 누구든 들러도 괜찮아요."

내 발이 부처님을 향해서는 안 된다는 말을 들은 기억이 났다. 방석 위에 무릎을 꿇고 앉으면서 내 발이 부처상과 다른 쪽으로 향하도록 신경을 썼다. 향내와 독경 소리로 정신이 몽롱해진다. 전통적 귤빛 장삼을 걸친 젊은 수도승들이 호기심을 참지 못하고 뒷방에서 삐죽 고개를 내밀고 우리를 훔쳐본다. 미소가 저절로 떠오르는 풍경이다.

이 근처의 학교는 학생 1,057명에 선생님이 27명이다. 이 아이들이 뛰어 노는 곳 바로 옆의 지뢰밭은 최근 들어서야 제거되기 시작했다. HALO의 지뢰제거 전문가인 데이비드가 애들이 노는 곳 너머를 가리킨다. 그 길로 100미터만 내려가면 지뢰밭이다. 현실은 그렇게 냉혹하다.

HALO 직원이 모는 오토바이 뒷자리에 앉아 루옹과 나는 1시간이 넘게 달렸다. 지금 이 길은 태국 국경에 아주 가깝다. 길은 참으로 형편없다. 차는 아예 다닐 수도 없는 길이다.

여긴 참 아름다운 곳이다. 희망이 피어나는 게 눈에 보이는 곳이다. 아이들의 영양 상태도 그리 나빠 보이지 않는다.

오는 길에 팔다리를 잃은 사람들을 보긴 했지만, 그들은 엉성하나마 휠체어를 타고 있었다. 다리 하나를 잃은 어떤 남자가 오토바이를 타고 있었다. 오토바이 앞쪽에는 목다리가 달려 있었다. 꽤 위험해 보이는 다리를 건너며 — 그저 나무 조각들을 덕지덕지 이어붙인 것이어서 다리라고 부르기 좀 무엇하지만 — 균형을 잡으려고 목다리를 빼서 걸어둔 것이다. 팔다리를 잃는다는 건 여기서 분명 삶의 슬픈 풍경 중 하나이다. 하지만 이곳 사람들의 긍지와 강인함에 난 거듭하여 놀라고 있다.

계속 오토바이를 타고 가며 우리는 집에서 우리를 내다보는 많은 사람들을 지나쳤다. 남자 여자 할 것 없이 모두 아이들에 둘러싸여 있다. 그들은 우리를 향해 손을 흔들거나 웃음을 보였다. 어떤 이들은 그냥 쳐다보고 있다가도, 우리가 손을 흔들거나 웃어 보이면 그들도 어김없이 호감 어린 반응을 보여주었다.

그 중 어떤 사람들은 우리가 HALO 일행임을 알고서 그랬을 것이다. 그들은 HALO가 이곳에 베푼 도움을 잘 알고 있을 터이다. 나머지는 단순한 호기심으로 방문자에게 친절하고 싶은 것이었으리라. 정글에서 혹은 작은 마을에서 우리가 누군가를 지나칠 때마다 우리는 눈길을 맞추고 친근함의 인사를 건넸다. 답변의 표시가 돌아오지 않는 경우는 한번도 없었다.

이런 게 우리 일상에서도 벌어지는 걸 상상이라도 할 수 있을까? 길에서 지나치는 사람들이 서로에게 미소 지으며 아는 척하는 게, 서로를 존중하는 맘을 내비치는 게 과연 가능하겠는가?

아주 일찍 저녁을 먹었다. 해가 지면 침대에 들고 해가 뜨면 일어나야 하기 때문이다. 한 여자가 우리 주문을 받았다. 동네 사람 한 명이 깡마른 닭을 쫓아가다 잡는 모습을 지켜보았다. 다리를 쥐고서 대롱대롱 닭을 든 그 아낙은 다른 손에 자그만 푸줏간 칼을 들고 곁방으로 사라졌다.

여기는 정말 파리가 많다. 벌레 퇴치용 스프레이를 두텁게 뿌렸는데도 대화를 나누는 동안 연신 손사래를 쳐서 파리를 쫓아야 한다.

마실 것은 미지근하고 얼음도 없다. 식당 바닥은 허술하고 주인 없는 나그네개들이 맘대로 들락날락한다. 화장실에서 쓰는 동그란 휴지가 식탁 위에 놓여 있다. 저녁 테이블의 냅킨으로 그걸 쓰는 데 이젠 나도 제법 익숙해졌다.

이제 저녁이 나오기를 기다린 지 한 시간쯤 되어간다. 아무런 준비도 없던 상태에서 죄다 새로 만들어야 하기 때문이다.

정말 날씨가 덥다. 모두 땀을 줄줄 흘린다. "바깥이 완전 깜깜해지기 전에 해먹을 걸고 모기장을 쳐야 합니다." 탁자 위에 그런 안내문이 붙어 있다.

내가 보기에 여기는 화장실도 전기도 없는 곳이다. 밥집을 나오기 전에 사람들이 내게 플래시와 여분의 건전지를 건넸다. 나는 도시에서 자랐고 야영을 해본 적도 없다. 그러니 오늘 밤이 과연 지낼 만할지 슬슬 걱정되기 시작한다.

내가 몰랐던 미지의 것들이 나를 자극하기는 한다. 그렇지만 물 위에 지어진 나무집에서 묵는다는 건 상상 밖이다. 밤에 자다 말고 화장실에 가고 싶어지면 어떡한담?

7. 21 SATURDAY

아침이다. 해 뜨기 전인데도 새벽 어스름은 차츰 환해지고 있다. 간밤의 해먹 설치는 생각만큼 쉽질 않았다. 오토바이의 전조등을 켠 것으로도 모자라 나무판 사이 틈에 양초 세 개를 밝혔다.

루옹과 나는 선창을 따라 육지와 맞닿는 데까지 함께 걸었다. 플래시는 내 손에 있었다. 그녀는 양 손에 화장실 휴지 적당량을 들었다. 어둠 속에서도 우리는 서로가 웃고 있는 걸 볼 수 있었다. 어디선가 아이들이 노는 소리가 들린다.

우리는 서로 3미터쯤 떨어진 곳에 자리를 잡았다. 도로에서 조금 떨어진 곳이었다. 내가 플래시를 껐다.

돌아오는 길에 난데없이 번개가 쳤다. 검던 하늘이 순간 환해진다. 그 갑작스런 순간은 마치 보름달 아래만큼 밝았다. 모든 게 눈에 확 띄더니, 금세 칠흑 같은 어둠이 다시 찾아왔다. 천둥소리는 들리지 않고, 번개만 몇 차례 더 번쩍번쩍했다.

이내 소나기가 쏟아졌다. 남자들이 분주하게 나와 루옹을 도와 해먹을 보트의 다른 쪽으로 옮겨주었다. 맞바람이 거셌다. 지붕이 금방이라도 떨어져 나갈 기세다. 모든 게 순식간에 일어났다. 놀라운 폭풍이었다.

밤새도록 비가 내리고 추웠다. 아침에도 비는 그치지 않았다. 사람들이 모여 도로 사정을 걱정하고 있다.

그 순간 난 이곳에 사는 사람들을 생각하기 시작했다. 그들의 집은 얼마나 허술해 보였던가. 초가지붕 사이로 비가 샜을 텐데. 그럼 흙바닥은 진창이 되었을 테고. 내겐 모기장이 있는데도 — 그들에겐 사치품이다 — 이렇게 많이 물렸는데.

비옷을 입고 달릴 준비를 한다. 이 비에 만약 다리가 사라져버렸으면 헬리콥터를 불러야 할지도 모른다고 한다.

비는 그칠 기세가 아니다. 모든 난관을 헤치고 우리 일행은 계속 달렸다. 거의 5분마다 한 번씩은 오토바이를 멈추고 걸어야 한다. 다리가 너무 약해 보여서, 혹은 물웅덩이가 너무 깊어 보여서 무작정 달릴 수가 없는 것이다. 내가 맨 앞장서서 가니까 첫 웅덩이는 내가 처음 만났다. 아주 깊어 물이 허벅지까지 찬 웅덩이도 있다. 한번은 루옹이 신발을 벗더니 개구리를 잡는다고 법석을 떨기도 했다.

다시 비가 내리기 시작한다. 비가 눈앞을 가려 뭘 내다보기도 어렵다. 빗물이 얼굴을 타고 내리는데 렌즈를 끼고 다니는 건 그리 현명한 일이 아니었다. 내가 만약 여기 살았더라면 콘택트렌즈 같은 사치를 부릴 일이 없었겠지, 또 이런 날씨에 내가 안경을 썼더라면 아무것도 볼 수 없었을 거야, 나는 그런 생각들을 하며 갔다.

길가에 작은 판잣집들이 보인다. 꼬마아이들이 개와 닭과 어울려 놀고 있다. 아이들이 우릴 보고 환히 웃는다. 티 없이 맑은 웃음이다.

짐보따리를 너댓 개나 이고 진 여인이 목다리의 남자와 함께 간다. 그들이 이 진흙탕을 걸어가는게 정말 용하다 싶다.

누가 말했다. "거머리에 물리신 분 없죠?" 루옹은 샌들을 신고 있다 벗어버려 지금 맨발이지만 물리진 않았다고 한다. 매튜는 목에 거머리가 붙은 것 같다고 호들갑을 떨었지만 허풍이었다. 신발을 벗기 전에 꼭 발을 살피라고 운전사가 내게 일러주었다.

나는 HALO 사람들이 너무 존경스럽다. 아무리 내가 찬사를 퍼부어도 모자란다. 이들은 심지어 집에서 아기를 낳는 사람들의 출산을 돕기도 한다. 출산을 위해 제 시간에 병원에 도착할 수 있는 임산부가 여기서는 극소수이다.

전쟁이 터졌을 때 이곳에 머문다는 게 얼마나 끔찍했을지는 상상조차 하기 힘들다. 이 사람들은 어떻게 그 시련과 고난을 견뎌냈을까?

오토바이를 타고 두 시간쯤을 달리니, 랜드로버 한 대가 우리를 기다리고 있었다. 하지만 우리는 이미 흠뻑 젖어 있었다. 길은 마구 요동치는 롤러코스터 같았다. 그렇게 달리는 도중에도 난 이 메모를 썼다.

춥고 피곤하고 완전히 젖었지만, 나는 한 시간이면 몸을 말린 수건과 음식과 침대가 있는 곳으로 갈 수 있다. 이 또한 거의 나만이 누리는 사치이다. 나는 그저 고마워 할 수밖에 없다.

국경없는 의사회 케이티, 미미, 라부트, 마오 등의 UNHCR 직원들이 나를 국경없는 의사회MSF가 운영하는 지역 병원으로 데려갔다. 국경없는 의사회는 크메르루주가 퇴각한 직후인 1998년에 이 지역으로 들어와 의료 서비스를 제공하기 시작했다. 지금의 병원은 버려진 옛 병원을 뜯어고치고 새로 단장한 것이다.

국경없는 의사회는 이 지역의 수복 이전에도 곳곳에서 활동을 펼치고 있었다. 1999년 한 해 동안 그들이 치료한 말라리아 환자만 3,000명에 이른다. 이제 상황은 많이 진정되었다고 한다. HALO나 다른 기구 사람들과 마찬가지로 이들 또한 현지 주민들을 가르치기 위해 애를 쓴다.

캄보디아로 가다 **119**

주민들을 가르쳐 자립할 수 있도록 하는 것은 아주 중요하다. 다른 곳에서 비상사태가 벌어져 이들이 이곳을 떠나 옮기게 될 때, 이들은 자신들이 개척한 프로그램이 더 이상 운영되지 못하도록 남겨두고 떠나지 않는다. 사람들이 자급자족할 수 있도록 해 두고서 떠나는 것이다.

그렇지만, 지뢰를 몰래 캐내 물고기를 잡는 데 쓰려고 하다가 그만 사고가 일어나는 등의 일은 간간이 일어난다.

이곳 의사들에게 제대로 된 외과 수술 장비가 갖추어져 있는 건 아니다. 약품도 지극히 최소한의 것들뿐이다. 심각한 중증 환자인 경우 다른 병원으로 이송해야 하는데, 도로 사정이 오늘 같을 경우 — 우기는 여러 달 동안 계속된다 — 사람들을 도로로 옮기는 건 거의 불가능에 가깝다.

자원과 자금 부족 때문에 항공 이송은 거의 드물다. 다른 유일한 대안이 될 수 있는 것으로서 태국의 병원 얘기도 나왔지만 거기까지 가기란 정말 어렵다.

에이즈 바이러스 얘기도 나왔다. 에이즈에 대한 인식은 이제 갓 생겨나기 시작했다. 여러 단체들이 콘돔을 나눠주며 사람들에게 그 심각성을 일깨우고자 노력하고 있다.

에이즈 문제가 새로운 초점이 된 시점에 의사들은 아직도 돌봐야할 다른 질환도 많다는 것 역시 꼭 상기해야 함을 지적했다. 물론 이 지역의 결핵 문제가 여전히 남아 있긴 하더라도 초점은 에이즈에 맞춰질 것이다.

어느 병원(이들은 헬스센터라고 부른다)에서 보았던 조그만 응급수술실은 나무 탁자 위에 푸른 비닐 덮개를 씌운 게 전부다.

이곳에서는 수혈을 하지 않는다고 한다. 여기서 마지막으로 큰 수술을 했던 건 한 환자의 팔을 잘라내던 때라고 한다. 그때 환자에게 주어진 건 아주 기본적인 진통제뿐이었다.

우리는 병원 주위를 걸었다. 네 살쯤 되어 보이는 한 소녀를 만났다. 아이는 한 눈을 붕대로 가리고 있다.

영양실조인 한 소년도 보았다. 이 아이의 형이 해먹에서 녀석을 발로 걷어차 떨어뜨리는 장난을 친 바람에 소년은 비로소 병원에 오게 되었다. 너무 바싹 말랐던 아이는 그만 엉덩이를 다친 것이다. 병원에서 아이는 엉덩이 안에 고인 피를 제거하는 수술을 받았다.

이곳 의사들은 얼마 남지 않은 마취제를 아끼고 아껴 아이들한테 쓰고자 갖은 애를 기울인다. 한 의사의 말로는 영양실조 탓에 한 세대 구성원 전체가 작은 체구를 갖게 되었다고 한다. 사람의 키는 그 부모의 키뿐만 아니라 부모의 건강 상태, 또 자랄 때의 영양 상태에 따라서도 결정된다는 것이다. 이 또한 전쟁이 미래 세대들에게도 지속적으로 영향을 미칠 것임을 보여주는 사례이다.

그로부터 몇 시간 뒤, 우리는 어느 귀환 가족을 만나기 위해 차를 멈췄다. 무작정 어느 한 집을 골라 들어가도 좋을지를 물었다. 갑작스런 방문에도 그들은 아주 반갑게 우리를 맞는다.

그들은 우리에게 방석을 내주었다. 이 조그만 오두막 안에 엄마, 아빠, 다섯 아이가 할머니 한 분과 함께 살고 있다. 한 아이는 귀머거리에다 벙어리이다. 이들의 작은 집은 크게 비가 내릴 때에 대비해 나무 기둥 위에 올려져 있다. 홍수에 견딜 수 있도록 세워진 것이다.

아이들은 UNHCR이 본국송환 시기에 세운 학교에 다닌다. 이들은 조그만 땅덩이를 일구어서 캐슈 너트와 벼를 기른다. 아빠는 이웃에게서 고기 잡는 그물을 빌렸지만, 홍수 때문에 고기를 잡을 수가 없다.

이들과 함께 하며 느낀 점 가운데 가장 놀라웠던 것은 다른 보통 가족들을 방문하는 것 같았다는 사실이다. 오히려 이 사람들이 더 각별하게 서로를 돌보고 아낀다는 게 눈에 보였다.

고맙게도 이제 평화가 찾아왔고, 이제 이들의 생존문제는 음식과 보건에 달렸다. 적군과 전쟁이 끊임없는 약탈과 피난으로 이어지던 시기는 지난 것이다.

그들과 함께 있는데 삼촌, 숙모, 조카, 이웃들이 들어와 구석에 웅크리거나 벽에 기대어 우리를 지켜봤다. 모두들 상냥한 사람들이다. 누구와 눈이 마주쳐도 웃어준다. 하다못해 눈으로라도 웃는다. 어떤 때는 우리가 뭘 묻기도 전에 사람들이 걸어 나와 중간에 앉아서는 자기들끼리 질문을 던지기도 했다.

캄보디아지역재건프로젝트 캄보디아지역재건프로젝트CAReRe에서 나온 스코트를 만나 그들이 세운 학교를 보러 갔다. 그 학교가 있는 마을도 둘러보고 그 과정 전체가 어떻게 진행되었는지도 배우게 될 것이다.

아이들이 학교를 쉬는 대신 오늘은 마을사람 스무 명 정도가 교실에 모였다. 그들은 학교의 발전을 위해 무엇이 필요한지 얘기한다.

이 마을사람들은 학교와 관련된 모든 과정에 깊이 참여한다. 지금은 좀 더 많은 학생들을 받을 수 있도록 교실 수가 늘어나길 바라고 있다.

우리 일행들 앞에는 빨대 꽂힌 코코넛 하나씩이 놓여 있다. 우리가 와서 감사하다면서 우리의 건강도 빌어주었다. 내가 지금 미국에서 영화배우를 하고 있어서 이 학교를 도울 형편이 된다는 게 나는 너무 다행스럽고 감사하다.

세계적 수준에서의 기금 불균형은 진짜 답답한 노릇이다.

담당자는 이 학교가 두 마을의 1,290명을 맡고 있다고 한다. 6세에서 10세 사이 아이들 숫자는 590명이지만 교실은 370명 규모밖에 안 된다. 220명은 단지 교실이 충분치 않아서 학교를 갈 수 없는 실정이다. 50명씩 들어가는 교실이 셋. 그러니까 시간대별로 교실을 쪼개 써야 한다.

현재 370명의 학생들 가운데 여자아이는 101명뿐이다. 학교가 너무 붐비니까 각 가정에서 여자아이들은 집에서 일을 하게 한다. 우선 아들부터 먼저 교육시켜야 한다는 생각 때문이다.

교실뿐만이 아니다. 재래식 화장실조차도 없고 우물은 하나뿐이다. 이 우물도 너무 오래 되어 아이들에게 안전하지 않으면 어쩌나 걱정이라고 한다.

7.22 SUNDAY

닭울음 소리에 잠이 깼다. 마침내 비가 그친 듯하다. 부디 그래야 할 텐데. 오늘 아침 바탐방[캄보디아 제2의 도시]까지 세 시간 동안 배를 타고 가야 하기 때문이다. 비가 와도 어쩔 수 없긴 하지만.

거듭 얘기하지만 HALO와 UNHCR 사람들과 함께 지낸다는 건 참으로 멋진 일이다. 이들은 맡은 바 임무를 수행하기 위해 온갖 고초를 참고 견디면서도, 불평불만을 쏟아 내긴커녕 입만 열었다 하면 이곳 사람들의 강인함을 칭찬하기 바쁘다. 이들이 생존을 위해 얼마나 많은 시련을 견뎌냈는지 말이다. 이 국제단체 직원들은 난민들이 그런 극심한 난관을 이겨내도록 돕기 위해 여기 있다. 그리하여 난민들이 일어섰을 때 그로부터 보상받는 느낌이란 참으로 클 것이다.

어제 만났던 스코트는 이곳에 온 지 20년째이다. 그는 캄보디아지역재건프로젝트와 더불어 일한다. 그는 여성문제와 관련해 정부와 함께 일하는 한 캄보디아 여인과 결혼했다. 이들 사이엔 세 아이가 있다.

스코트가 이곳에서 일하는 이유는 오로지 교육 때문이다. 당장 도움이 필요한 몇몇 학교에 건물을 지을 수 있는 방법을 찾을 수 있도록 그는 나를 도와줄 것이다. "저는 세상에서 가장 위대한 직업을 가졌답니다." 스코트는 이곳 아이들의 미래를 위해 일하는 자신을 그토록 자랑스러워한다. 이들 원조 활동가들은 불평불만을 늘어놓지 않을 뿐만 아니라, 자신이 도움을 베풀 수 있어서 아주 운 좋은 사람이라고 말하기도 한다.

발바닥을 열 군데는 물린 듯하다. 아마 거미한테 물렸나 보다. 자꾸 부풀어오르는 걸 보니 틀림없이 그렇다는 생각이 든다. 분명 모기한테 물린 건 아닌데, 연신 가려운 증상은 비슷하다. 다리 뒤쪽에 보이지는 않지만 뾰루지도 일어났다.

이곳 음식은 희한하다. 배부른 느낌이 들질 않는다. 어떤 때는 일과가 너무 바빠서 마침내 음식을 먹게 되어도 늘 충분치를 않다. 잠도 잘 자질 못했다. 아마 너무 자주 비에 젖어 그렇지 않나 싶다.

이렇게 불평을 늘어놓는 듯 보여도 사실 나는 내 생에서 이보다 더 멋진 기분을 느껴본 적이 없다. 이 사람들과 함께 하는 게 내겐 너무나 큰 영광이다. 내 인생이 얼마나 행운으로 가득 차 있었는지, 나는 여기서 날마다 더욱 절실하게 그 사실을 깨닫는다.

이것만은 절대 잊지 않고 절대 다시는 무엇에 대해서도 불평하지 않았으면 좋겠다. 아아악, 그런데 발은 진짜 가렵다.

바탐방까지의 보트 여행 어촌 마을들을 지나 계속 비포장도로를 달렸다. 이곳 사람들은 너무나 가난하게 살아가지만 그래도 아름다운 영혼을 가졌다. 모두 부지런하게 일하고 있으며 아이들은 참 행복해 보인다.

어떤 가족은 조그만 보트를 집 삼아 산다. 다른 이들은 물이 차오를 때를 대비해 기둥 위에 작은 오두막을 짓고 산다.

배를 타고 가면서도 여러 마을을 지났고 많은 어부들을 보았다. 한번은 우리 배가 마구 속도를 내기 시작했다. 난 꼭대기에 앉아 있었는데, 내 앞의 사람이 꽉 붙잡을 데를 일러주었다.

시간이 지날수록 이곳의 모든 사람들과 나 사이의 애정은 깊어만 간다. 이들은 우리가 잊어버린 무언가를 알고 있다. 그것은 공동체의 정서이다. 이들은 (오랜 고통 끝에 마침내 찾아온) 자신들의 평화와 자유를 가슴 깊이 감사하며 누리고 있다.

세 시간 뒤, 우리는 햇볕에 타고 바람에 쓸린 채 배에서 내렸다. 마오가 랜드로버를 몰고 와서 우리를 맞았다. 그는 일정을 맞추기 위해 하루 먼저 출발했다고 한다. 잠깐 차를 타고 가다 점심을 먹기 위해 차를 세웠다.

주문을 마치고 나니 요리사가 채소가 없다면서 얼른 시장에 다녀오겠다고 한다. 식당에 우리만 남겨두고 그는 자전거를 몰고 근처의 시장으로 달려갔다. 내가 왜 그런 생각을 했는지는 모르겠지만, 난 이런 상황이 진짜 대단히 멋지다 싶었다.

점심을 먹으며 난 케이티에게 캄보디아 말인 크메르어를 배우는 데 얼마나 걸렸는지 물었다. 그녀는 여기 산 지 이삼 년밖에 안 되었으며, 그저 귀 기울여 잘 듣고 아주 잠깐 선생을 두고 배웠다고 한다. 그러니까 그녀 스스로 아주 열심히 노력한 결과인 것이다. 케이티는 사람들과 의사소통할 수 있다는 게 무척 중요하다고 지적한다. 그들의 언어로 말할 수 있을 때, 그들이 정말 원하는 게 뭔지 단순히 짐작하지 않고 제대로 이해할 확률이 더 높아진다.

만약 우리가 사람들과 뚜렷한 관계를 쌓지 못했다면 어떻게 그들에게 가장 필요한 게 뭔지를 아는 척할 수 있겠는가?

바탐방에서의 이탈리아 의사들 이탈리아 비정부기구인 이머전시[비상사태란 뜻]
에 들렀다. 전쟁에 따른 민간인 부상자들을 위한 병원으로서 지뢰 피해자들의
치료와 재활을 돕는 곳이다. 또한 아이들을 위한 학교 하나도 운영한다.

이머전시는 아프가니스탄의 두 곳에서 활동하였지만, 탈레반이 이미 한 곳
을 폐쇄했다고 한다.

아이들 교실의 벽에는 온통 직접 그린 그림들이 가득 붙었다. 꽃, 나비 등의
그림인데, 휠체어에 앉은 자기 모습을 그린 자화상도 두 개 보인다.

병원 안내를 맡은 이머전시 의사의 이름은 마르코였다. 이들은 혈액도 어느
정도 확보하고 있었다. 물론 늘 모자라지만. 혈액보관실의 공기는 아주 차다.
방이 통째로 냉장고인 것이다.

"혹시 거북하세요?" 마르코가 내게 물었다. 괜찮다고 했다.

중환자실에 들렀다. 이런 병원이 있다니, 이런 의사들이 있다니, 그저 감사
할 일이다. 거기서 몇몇 지뢰 피해자들을 만났다.

한 남자는 자기 집 정원을 괭이로 파다가 지뢰가 얼굴 바로 앞에서 터졌다
고 한다. 그 결과 한쪽 눈을 잃고 경미한 뇌 손상도 당했다. 지난 두 달 동안
이곳 의사들이 그의 턱을 고치고 있다. 덕분에 다시 정상적으로 먹고 말할 수
있게 되어 너무 좋다고 그는 말했다.

다른 남자는 잠자는 듯 보였다. 하지만 혼수상태라고 한다. 머리에 총알이
박힌 채로 말이다.

임신한 상태였던 현지 직원 중 한 명이 총에 맞아 살해당했다고 한다. 그녀
의 남편도 이 병원에서 일했다. 총상을 입은 그녀가 병원에 왔을 때 그녀의 남
편이 처음으로 그녀를 살폈다. 그녀는 결국 출혈 과다로 숨을 거두었다.

이곳에도 팔다리를 잘린 사람들이 많다. 지금 어느 지뢰 자문단체에서 온 남

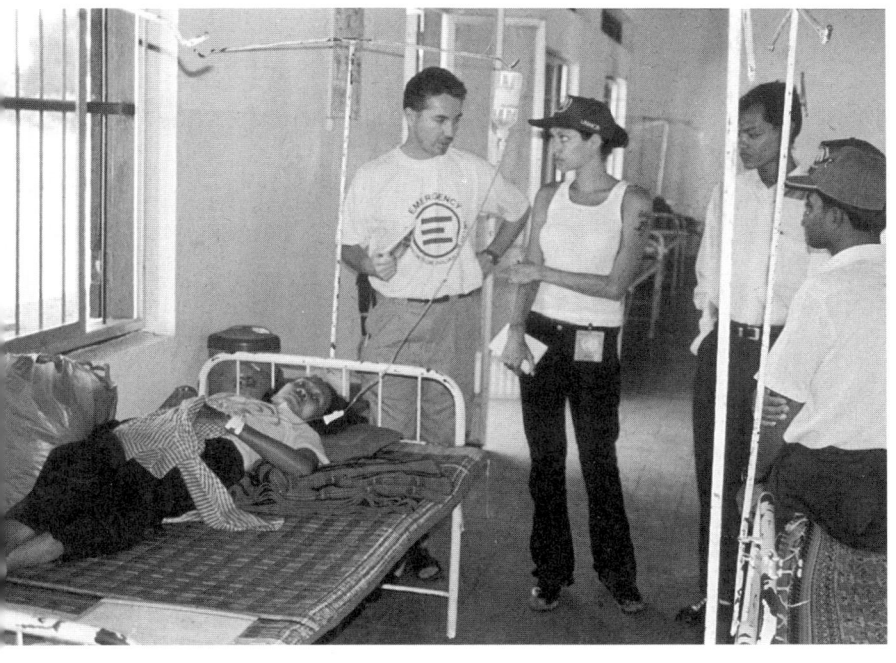

오늘 아침에 나는 발이 가렵다고 투덜거렸었다.

오후에 한쪽 다리를 잃은 남자를 다시 만났다.

그는 웃으며 나를 맞았고 의사선 생에게 농담을 던졌다.

그는 우리 같은 손님들을 맞는 우아한 집주인의 에너지를 갖고 있었다.

자가 팔다리 잘린 아이들의 검진 모습을 지켜보고 있다. 나이 어린 피해자들은 정기적으로 검진을 받아야 한다. 아이들이 자람에 따라 잘린 부위도 계속 문제가 되기 때문이다.

뒤이어 여성 및 소아병동에 들렀다. 조그만 소년은 아빠와 함께 손수레를 타고 가다 그만 대전차지뢰를 건드렸다. 아빠는 목숨을 잃었다. 꼬마가 병원에 왔을 때 뼈도 심각하게 손상되었고 출혈도 심했다. 이머전시는 즉각 아이의 엄마를 찾아 그녀를 간호원으로 채용했다.

부우 초름이라는 이름의 한 남자를 만났다. 우리는 서로 자신의 문신을 보여주며 그 뜻을 설명했다. 그의 문신은 행운과 보호를 위한 것이다. 그런데 그는 한쪽 다리를 잃었다. "문신을 더 했어야 하는 건데 말이죠." 그는 그렇게 농담을 했다.

몇몇 의사들에게 제일 필요한 게 뭔지를 물었는데, 돌아오는 대답은 번번이 똑같다. 병원으로 오는 도로가 새로 뚫려야 한다는 것. 도움을 주려는 여러 기관들이 있지만, 2차선 아스팔트 도로 1킬로미터를 놓는 데 100만 달러도 넘게 드니까 공사비 마련이 쉽지 않다.

오늘 아침에 나는 발이 가렵다고 투덜거렸었다. 오후에 한쪽 다리를 잃은 남자를 다시 만났다. 그는 웃으며 나를 맞았고 의사선생에게 농담을 던졌다. 그는 우리 같은 손님들을 맞는 우아한 집주인의 에너지를 갖고 있었다.

코끼리 목욕 UNHCR 사무실로 차를 달렸다. 거기서 다가올 몇 주 동안을 지내게 된다. 본국송환 시기에 UNHCR은 아주 많은 도움을 펼쳤다. 하지만 이제 이곳 사람들은 더 이상 난민이 아니고, 그래서 이곳에 큰 사무실을 두지는 않고 있다. 우리는 액션노르수트ANS의 방 하나를 사용한다.

접이식 침대 세 개가 놓인 방으로 안내되었다. 모기장이 벽에 못질이 되어 드리워져 있다. 조그만 욕실에는 큰 항아리 하나 안에 조그만 양철 사발이 담겨 있었다. 그걸 사용해 '코끼리 목욕'을 한다는 것이다.

7.23 MONDAY

아침 7시쯤이다. 햇살이 벌써 뜨거운데다 닭도 울어 잠을 깼다. 내가 이 글을 쓰는 동안 미미와 라부트는 나무에서 열매를 따고 있다. 풀쩍풀쩍 뛰면서 애를 쓰는 모습이다.

삼롯 이머전시 보건센터 방문이 오늘 아침의 첫 일정이다. 이 센터는 1999년에 세워졌다. 이곳의 전쟁이 막 막을 내렸을 무렵이며, 이곳에 수백 개의 지뢰가 뿌려져 있을 때이다. 그 때문에 많은 사람들이 목숨을 잃었다.

2001년에 이를 때까지 이런 보건센터가 10개 더 지어졌지만, 위급한 상황에 대처하기 충분할 만큼 물자가 보급되고 있지는 못하다. 그래서 피해자들을 바탐방으로 이송해야 하는 경우도 잦다. 그러나 도로는 차가 달리기 거의 불가능한 지경이다. 때로는 그나마도 홍수에 끊겨버리기 일쑤다.

매달 삼롯에서 말라리아 때문에 병원을 찾는 사람이 1,500명에 이른다. 이머전시 직원 대표가 말했다. "이 사람들에게 줄 수 있는 게 딱 제한되어 있어요. 어떤 때는 마음밖에 줄 게 없죠."

말라리아병동과 결핵병동에 들렀다. 전쟁 기간 동안 사람들은 소아마비 백신 접종을 받지 못했다. 이제 드디어 백신 접종이 가능해져 아이들이 그 때문에 병원을 찾고 있다.

놀이를 통해 거듭나는 아이들 다음 미팅을 위해 장소를 옮겼다. 이제야 길가의 표지판이 내 눈에 들어온다. '위험 – 지뢰'라고 쓰고선 십자 뼈와 해골 그림이 그려져 있다. 너무 많은 땅이 아직 지뢰 제거가 완료되지 못한 채로 남아 있다.

"항상 길을 따라 가세요. 아니면 앞 사람 발자국을 따라가야 하구요. 아무런 경고판이 없더라도 함부로 돌아다니면 큰일 납니다." 우린 늘 그런 경고를 들어야 한다. 지금도 이 세상 어딘가에서는 22분에 한 명꼴로 지뢰로 인해 누군가가 죽거나 불구가 되고 있다.

놀이를 통해 재활을 돕는 센터를 방문했다. 이곳은 전쟁의 고통을 고스란히 겪어야 했던 아이들을 주로 돕는다. 이들은 노는 게 아주 중요하다고 강조한다. 어린 꼬마들에게는 교육도 중요하지만 운동과 춤 또한 아주 필요하다는 것이다.

우리는 거기서 아이들과 함께 즐거운 시간을 보냈다. 마오와 라부트는 함께 축구를 하며 놀고, 케이티와 나는 나무 조각으로 집짓기 놀이를 했다. 옆의 한 꼬마와 누가 먼저 짓나 내기를 했는데, 우리가 졌다.

어떤 아이들은 머리숱이 듬성듬성하다. 영양실조 탓이다. 발이 퉁퉁 부은 한 꼬마가 낡은 축구공을 갖고 놀고 있다. 여기서 내가 본 유일한 장난감은 나무 조각들과 낡은 축구공 두 개 뿐이다. 그런데도 아이들은 그걸 가지고 노는 게 마냥 즐겁다.

어떤 아이들은 1년도 훨씬 넘은 낡은 UNHCR 가방을 메고 있다. 아마도 자기 걸 늘 지니고 다니고 싶어서 저걸 메고 뛰어노는 것 같다. 아이들은 자기 것을 다시 잃어버리지 않을까 두려워하고 있는지도 모른다.

지금 이 글을 쓰는 동안 나를 둘러싼 꼬마들이 열다섯은 되겠다. 아이들은 호기심 그득한 눈빛으로 내가 글 쓰는 걸 지켜본다. 모두 미소 짓거나 킬킬대면서 말이다. 애들은 내 살색을 보는 걸까? 내 문신을? 뽀얗고 깨끗한 내 티셔츠를? 연한 내 눈을 보나? 아니면 내가 왼손잡이라서 웃으며 쳐다보는 걸까? 나는 새로 온 손님이고, 여기 아이들은 지극히 정상적인 호기심 많은 꼬마들이니까, 아마 나랑 재미나게 놀고 싶어서 그러는 것이리라.

차를 몰고 다른 마을로 갔다. 거기서는 삼롯 보건당국에서 일하는 지역주민들을 만났다. 이들은 이머전시로부터 백신 접종법을 배웠다.

점심으로 밥, 고기, 그리고 적록색 줄기 끝에 달린 희한한 과일을 먹었다.

미미의 몸이 좋지 않다. 나도 몇 분 정도 낮잠을 잤는데 깨어보니 기분이 좋질 않다. 이곳에서는 누구든 약간의 증세를 보이면 증상을 묻는 여러 가지 질문들을 받아야만 한다. 아마도 말라리아나 다른 심각한 질환이 염려되어서 그런 듯하다.

내 경우는 그저 피곤 탓인 것 같다. 이렇게 낮에 오래 일하는 데 나는 익숙지를 않다. 그래서 여기서 일하는 사람들을 나는 더 존경하는 건지도 모른다.

지뢰금지운동을 위하여 캄보디아발전전망CVD의 대표인 사라를 만났다. 이들은 송환 난민과 국내실향민들 가운데 취약층을 대상으로 원조를 베푼다. 그들이 자립할 수 있도록 돕는 것이다.

캄보디아발전전망과 함께 있을 때 나는 팔이 하나뿐인 맹인을 만났다. 그는 정원을 꾸미고 있었다. 그가 몸짓으로 무언가를 가리키자 한 남자가 다가와서 그를 도왔다. 이 남자는 두 팔을 모두 잃었지만 그래도 볼 수는 있다. 두 남자는 그렇게 함께 일했다. 장애자와 다른 '취약층'이 서로 도움으로써 각자의 필요를 채워주고 있다.

팔이 없는 그 남자는 여섯 아이를 먹여 살려야 한다. 남자는 벼를 많이 심을 수 없어서 속상하다면서도 활짝 웃는다. 너무 선한 얼굴이다. 8년이 넘도록 태국에서 난민으로 생활하다 이곳으로 다시 돌아왔을 때 그는 자기 가족의 거처를 세우고 다시 시작하겠노라고 이를 악물었다. 그렇게 땅을 치우다가 그만 지뢰가 터진 것이다.

커다란 갈색 눈을 가진 작은 꼬마인 그의 아들이 팔이 없는 아빠의 어깨를 붙잡는다. 아빠는 아이 쪽으로 몸을 기울이며 웃음 짓는다. 당장은 여섯 아이 가운데 셋만 학교에 갈 수 있다고 한다. 모두 학교에 보낼 만큼 형편이 넉넉지를 않은 것이다. 아이 하나마다 한 달에 1,500리엘이 든다는데, 미국 돈으로는 30센트에 해당하는 액수다.

그는 계속 말을 하고 나는 계속 받아 적으며, 그저 노트만 뚫어져라 보고 있다. 금방이라도 눈물이 터질 것 같아서이다. 내가 그를 동정한다거나 그의 처지에 당황해하는 모습을 그에게 보여주고 싶지 않다.

그가 내게 웃음 지으며 작별의 인사를 건넨다. 통역자는 이렇게 말했다. "이제 분명하게 전달을 못하겠어요. 걱정 때문에 당신 마음이 약해질 것 같아요."

다음에 만난 남자는 밭에서 일하다 말고 앞으로 나섰다. 두 다리를 잃은 남자다. 그는 모자를 벗고서 웃음으로 우리를 맞았다. 그는 소달구지를 써서 일하러 나간다. 아이들이 있는지 물어보았다. 그는 잃어버린 하반신 쪽을 가리켰다. 그의 몸은 말 그대로 반쪽이 되었다. 웃음 짓는 얼굴은 이렇게 말하는 듯하다. "괜찮아요. 걱정 말고 물어보세요."

들판을 따라 좀 더 걸어갔다. 한 맹인을 만났는데 그의 양쪽 팔은 팔꿈치 아래가 없다. 그는 발을 이용해 땅을 고르고 있다. 그의 아내는 정신 장애를 앓았는데, 아내가 그를 떠날 때 아기도 데려갔다고 한다. 다른 아이 다섯 명과 함께 말이다. 봉사자들이 그의 가족을 위해 요리를 해주어야 한다. 그는 틈만 나면 입을 이용해 낚시질을 한다. 살아보겠다는 이 사람들의 의지는 끊임없이 나를 놀라게 한다.

이 남자에게는 작은 꼬마 하나가 있다. 다섯 살쯤 되었으려니 했는데, 소년은 아홉 살이라고 한다. 아이는 학교에 갈 수가 없다. 아이는 아빠의 눈 노릇을 해야 한다. 이 지역에만 이 남자와 엇비슷한 경우가 800명에 이른다. 대부분 지뢰 피해자들이다. 개인이든 정부든 나는 지뢰금지협약을 훼방 놓는 이들이 진짜 너무 싫다.

다른 곳으로 이동하기 위해 다시 차에 올랐다. 라부트는 저 사람들이 고르고 있는 뒷마당이 지뢰 제거가 완료된 땅인지 물었다. 그렇지 않다는 대답이다. 하지만 아직 폭발한 사례가 없기에 안전하다고 여겨질 따름이라는 것.

"왜 지뢰를 없애지 않는 거지? 지뢰를 못 없앤다면, 왜 꼭 그런 데 사는 거야?" 이런 이야기를 듣고 사람들은 이렇게 따질지도 모른다. 하지만 이들에게는 다른 대안이 없다.

전쟁은 모든 곳을 휩쓸었고, 모든 땅의 지뢰가 제때 제거될 수는 없었다. 예산도 모자랐고 시간도 모자랐다.

더 중요한 사실은 이런 일이 되풀이되어서는 안 된다는 점이다. 지뢰의 제조와 사용은 즉시 금지되어야 한다. 사람들이 이 글을 읽고서 지뢰금지운동을 도왔으면 한다.

또 다른 취약층의 사례를 들었다. 다리가 없는 이 남자에게는 딸이 둘 있다. 하지만 비 때문에 도로 사정이 너무 좋지 않아 이들을 방문할 수는 없다. 우기는 이제 막 시작이다. 이곳 사람들은 더 이상의 비상사태가 벌어지지 않기를 기도할 따름이다. 그랬다가는 도움을 얻을 방도가 없을 테니까 말이다.

누군가가 우리 차 안의 한 남자에게 물었다. "당신도 난민이었나요?" 남자는 웃으며 "그렇다"고 대답했다. 우리들 사이에서 그는 당당하고 존경받을 만한 존재이다. 그는 1989년에서 1992년까지 태국의 난민촌 제2단지에서 생활했다고 한다.

라부트도 2단지에 있었다고 거들었다. 마오도 그랬다고 한다. 2단지에 머물렀던 난민만 12만 명이었다.

난민촌 제2단지는 국경에서 구호활동을 펼치던 유엔 단체에서 붙인 이름이다. 이 난민촌은 프놈펜을 제외하고 가장 많은 캄보디아인들이 모여 산 곳이 되었다. 폴포트와 크메르루주의 통치기에 사람들은 이런 캠프에서 난민 신세가 되었다. 그 난민촌은 4평방마일이 채 안 되었지만, 그곳을 거쳐 간 캄보디아인은 22만에 이를 것으로 추정된다. 제2단지는 태국에서 가장 인구밀도가 높은 캠프였다.

야간 학교의 완벽한 선생님들 오후 6시. 삼롯의 야간학교 교실을 찾았다. 액션노르수트는 이곳에서 초저녁에 성인들을 대상으로 글읽기 교실을 연다. 그 중 하나에 들른 것이다. 프랑스에서 온 앤이 우리 가이드를 맡았다. 그녀는 액션노르수트의 대표이기도 하다. 액션노르수트는 10개가 넘는 학교를 운영하고, 26명의 선생님들을 고용하고 있다. 유네스코는 사전 조사와 교과과정 개발을 맡았다. 유엔아동기금UNICEF은 사전 교육 및 교본의 제작, 배급을 도왔다.

선생님들이 대부분 여성이라고 한다. 수업은 밤에 진행되는데 엄마들은 수업에 아이들을 데려온다. 아이들은 수업 중인 어른들 사이를 왔다 갔다 한다.

오늘 밤은 읽기 수업 중이다. 읽고 있는 내용도 그들을 도와줄 정보를 담고 있다. 그들은 선생님을 따라서 자기네 말로 책을 읽는다. 그렇게 무지막지한 일을 겪고서도 캄보디아 말은 아직도 그들에게 소중한 문화로 남아 있다. 오늘의 읽을거리는 자연 속의 약재를 다룬 것으로서, 자연 약재가 화학 약품보다 얼마나 더 좋은지를 소개하는 내용이라고 한다.

저녁으로 우리는 고기와 밥, 바나나를 먹었다. 한 남자가 1975년부터 1979년 사이의 '폴포트 시절'에 대한 얘기를 들려주었다.

난민촌에서 생활하며 그들은 영어를 배우고 문법을 공부했다. 그들은 심지어 내게 양이 얼마나 많은지를 묻는 "하우 머치?"와 수가 얼마나 많은지를 묻는 "하우 매니?"의 차이를 설명해주기도 했다. 오늘 밤 그들은 내게 완벽에 가까운 선생님들이다.

라부트는 아내를 만난 얘기를 했다. 그들은 난민촌에서 결혼했다. 그녀는 지금 미국대사관에서 일한다 . 그들은 10살, 5살 난 두 아이를 두고 있다.

문득 하늘을 올려다보았다. 여기서 보는 별들은 너무나 맑고 밝다. 달은 초승달인데, 똑바로 서 있지를 않고 기우뚱 누워 있다. 거의 등을 기대고 누운 것처럼 말이다.

7. 24 TUESDAY

아침 7시이다. 우리 모두는 일어난 지 제법 되었다. 아침에 눈을 뜨고 새로운 하루가 시작되는 것을 지켜보는 일이 이토록 특별하다는 걸 나는 미처 몰랐다.

막 아침을 먹었다. 무척 배고픈 아침이었다. 네스카페와 밥, 말린 고기와 생선이 나왔는데 마치 기름 바른 소고기와 생선포 같았다.

난 단지 고마워서 이 글을 쓰는 게 아니다. 이 놀라운 현장 직원들에 대해 뭔가를 알려줄 수 있겠기에 쓰는 것이다. 그들은 이런 지역에 한번 들어오면 몇 달씩 살게 된다. 그들은 자기 나라의 수많은 안락함을 다 버리고 여기서 생활한다. 이를테면 펑펑 쏟아지는 샤워 같은 것 말이다.

오늘 아침도 '코끼리 목욕'을 했다. 아직도 물을 퍼서 몸에 제대로 끼얹는 게 영 서투르다. 물을 낭비해서는 안 되는데 말이다. 어제는 내 잔에서 얼음을 꺼내 버리려고 하는데, 라부트가 나를 말렸다. "여기 얼음은 아주 비쌉니다. 차라리 주방에다 돌려주지 그러세요."

천국의 학교에서 오늘의 첫 일정은 학교 방문이다. 난민들이 처음 돌아왔을 때 학교도 선생님도 없었다. 여러 해 동안 이들은 거의 아무런 교육도 받지 못한 채 살아야 했다. 그래서 이들은 얼른 교육을 실시하기 위해 즉각 교사를 양성하기 시작했다.

액션노르수트와 UNHCR은 정부를 설득하여 이렇게 양성된 선생님들을 정식 교사로 인정하도록 했다. 그래서 이곳 선생님들이 다른 곳의 선생님들에 견주어 정식 인정을 받고서 보수를 받기 시작했다. 쥐꼬리 만큼밖에 안 되지만, 그래도 대단한 것이다.

이 학교의 아이들은 전부 예닐곱 살이다. 세계 어딜 가나 아이들은 다 똑같다. 귀여운 아이들! 그렇게 아름다운 모습으로 여기서 이렇게 뭔가를 — 특히 자신들의 말과 자신들의 문화를 — 배우고 있는 모습은 참으로 기특하다.

오늘 아이들로 가득 찬 이곳의 교실에서 가르치는 선생님 가운데 한 분은 어제 어른들을 가르치는 데서 보았던 분이기도 하다.

선생님이 크메르어로 뭐라고 외치자, 세 반의 아이들이 모두 활짝 웃으며 뛰어나왔다. 아이들은 줄을 서기 시작한다. 이제 막 아침 체조를 시작한다고 한다. 라부트, 미미, 마오, 액션노르수트의 앤, 캄보디아발전전망의 사라, 그리고 나는 아이들 곁에 따로 줄을 맞춰 섰다.

체조가 시작되자 아이들은 제법 일사불란하게 움직였다. 우리? 우리는 정말 엉망이었다! 아이들과 반대편으로 돌기 일쑤인데다, 서로 팔을 부딪치고 야단이었다.

아이들이 그런 우리를 보고 웃었다. 어떤 아이들은 부끄러워하며 호기심 어린 눈으로 우리를 곁눈질한다. 그런 아이들은 고개를 숙이고 있어서 잘 보이진 않지만, 아마도 웃음을 감추고 있는 것이려니 짐작했다.

아이들의 눈빛은 행복해 보인다. 아이들에게서 행복의 기운을 느낀다는 건 멋진 일이다. 그러나 지난 세월 동안 이 아이들의 모습을 담은 사진은 너무나 슬프고 끔찍했다. 그 사진 속의 아이들은 늘 울거나 배고픈 모습이었고, 눈에서는 아무런 희망의 기운도 느껴지지 않았다.

오늘 아침 나는 푸르른 하늘 아래 싱싱한 초록의 나무들에 둘러싸인 채 이 아이들과 함께 놀았다. 그 아이들을 너무나 끔찍이 사랑하는 사람들에 의해 지어지고 운영되는 학교에서 말이다. 아름다운 학교, 이곳이 바로 천국이다.

작은 꼬마소년의 머리칼이 바람에 날린다. 가늘게 뜬 아이의 눈에 햇살이 부딪쳐 반짝인다. 꼬마는 내 눈과 마주치자 얼른 친구 뒤로 숨는다. 그러고는 빼꼼 내다본다. 내 얼굴에서는 미소가 떠나질 않는다.

우리는 원을 그리며 돌았다. 아이들은 노래를 부르기 시작한다. 어떤 노래인지 알 수는 없지만 아주 감미롭게 들린다. 나중에 그 노래가 무슨 내용인지를 들었다. "땅은 아름다워요. 잘 돌봐야 해요. 땅은 우리한테 잘 하니까요. 하지만 조심해야 해요. 땅에는 위험한 지뢰도 있어요. 지뢰를 보면, 절대 만지지 말아요."

음악소리가 들려오는 곳으로 우리는 자리를 옮겼다. 실외에서 무용 수업이

아이들의 눈빛은 행복해 보인다.

아이들에게서 행복의 기운을 느낀다는 건 멋진 일이다.

아름다운 학교, 이곳이 바로 천국이다.

진행 중이다. 애들은 모두 고무 슬리퍼를 신고 있다. 어떤 슬리퍼는 10㎝도 채 안 되는 크기이다.

아이들과 잠깐 어울려 놀고 나자 좀 더 가까워진 듯한 기분이다. 아까보다 덜 부끄러워한다. 편안해하는 듯 보이기도 한다.

다른 학교에 가니 아이들이 교실에 앉아 있다. 차로 들어가는 동안 아이들이 선생님을 따라 읽는 소리가 운동장까지 들려온다. 선생님은 다리를 잃은 분이다. 한쪽 다리가 없는 그 선생님은 칠판에 분필로 뭘 쓰면서 목발을 짚고 움직인다.

69분의 선생님들 가운데 29분이 장애인이라고 한다. 그래도 그토록 힘들었던 시기를 거치고서 이렇게나마 학교를 갖게 된 것에 대해 사람들은 모두 행복해한다.

누군가 삼롯에 남은 지뢰가 100개쯤이라고 내게 말했다.

다른 선생님이 우리 쪽으로 천천히 걸어왔다. 그녀는 웃고 있다. 그녀가 앤에게 종이 한 장을 내민다. 선생님은 한쪽 발에만 샌들을 신었다. 그리고 보니 다른 쪽 발은 나무이다. 팔다리를 잃은 경우가 너무 많고 지뢰 피해자도 너무 많다 보니, 이젠 아주 자연스러워 보인다. 여기서는 그게 지극히 보편적인 생활의 한 단면인 것이다.

그 종이는 조그만 책방을 꾸몄으면 하는 요청서이다. 교육용 서적은 너무 적고 도서관은 아예 없다.

어느 방에서는 풀을 잘라 묶어놓고서 셈을 배우는 데 쓰고 있었다.

어느 선생님이 자기 교실로 돌아가는 게 보인다. 아마도 의족이 불편해서 그러는 것 같다. 하루 종일, 어떤 때는 밤늦도록, 의족을 하고서 서서 가르치는 걸 상상해보라! 겨우 몇 시간째 다니고 있는데도 난 벌써 더위에 지쳐 몸이 아

천국의 학교에서

천사들을 만나다

주 불편한데 말이다. 이 선생님들은 아주 형편없는 길을 오래도록 걸어서 학교에 온다.

보건서비스의 폭도 아주 제한적이다. 특히 의족이나 의수는 구하기도 어렵고 매우 비싸다. 또 몇 년마다 갈아 끼워야 하고. 비록 조악하게 나무로 깎아 만든 것이고 아귀가 잘 맞지 않아도 여전히 그것들은 사치품인 것이다.

가령 프놈펜 같은 다른 지역에서는 서비스가 좀 낫다. 그렇지만 이런 생활을 한다는 건 쉽지도 옳지도 않다. 이 사람들은 너무 오래도록 너무 심하게 고통을 겪고 있다.

우리는 거의 여덟 시간을 달려 바탐방으로 돌아왔다.

모든 걸 가슴으로 하라 바탐방에서 화요일 저녁을 맞는다. 미미와 나는 예수회 신부님인 엔리크 피가레도 S J 주교를 만났다. 모두 그를 키케 신부님이라고 부른다. 그는 바탐방 주교의 신분이다.

키케 신부님은 1984년에 태국의 캄보디아 난민들을 돕기 위해 난민촌으로 들어갔다. 지금은 주로 지뢰 피해자들을 돕지만, 소아마비 환자들도 돌보고 있다. 그는 아주 자상하고 매력적인 어른이다.

키케 신부님은 주머니에 평화의 비둘기가 새겨진 푸른 체크무늬의 짧은 소매 셔츠를 입고 있다. 신부님은 자랑스레 그 비둘기를 가리켰다. "어린 소녀가 이걸 새겨줬어요."

난민촌에서 그는 장애인들을 위한 프로그램을 짜는 일을 맡았다. 그는 장애인들에게 고향으로 돌아갈 때를 대비해 갖가지 기술을 가리켰는데, 시간이 얼마나 빨리 흘러가버렸는지 모른다고 말하며 웃었다. 마침내 10년이 흘렀고 사람들은 너댓 가지 기술을 익히게 되었다.

우리가 만난 곳은 작은 식당이다. 아이스크림이 나왔다. 아이스크림을 본 내 눈은 동그래졌다. 키케 신부님과 내 것은 초콜릿 알갱이가 박힌 아이스크림이다.

머지않아 그는 니카라과로 가서 지뢰금지협약에 서명한 사람들의 모임에 참석한다고 한다. 내게 이머전시로 가서 무슨 일이 벌어지고 있는지를 살펴보라고 권했다. 그들은 날마다 지뢰 피해자들을 치료한다. "처참한 곳 한복판에서 아름다운 일이 벌어지고 있는 것이지요." 신부님의 말 그대로다.

신부님은 아빠의 농사일을 돕다 그만 다리를 잃게 된 한 소녀의 이야기를 스페인 억양이 섞인 영어로 내게 들려주었다. 이야기를 하다 말고 "너무 끔찍하고, 정말 울고 싶어요"라며 고개를 젓는다.

미미와 나는 키케 신부님이 주교 임명을 받던 때의 이야기를 들었다. "로마에서 전화가 왔다는 거예요. 아차, 무슨 문제가 생겼구나, 대체 무슨 일일까 싶었죠."

그는 계속 말을 잇는다. "저는 삶이 교회 안에만 존재하는 건 아니라고 믿어요. 신은 만물 속에, 어디에든지 계시단 말이죠." 그는 이런 말도 했다. "저는 춤추기를 좋아해요. 아주 좋아하죠. 그래서 전통 캄보디아 춤을 교회 안으로 끌어들이기도 했지요." 키케 신부님은 훌륭한 사제이다. 자신의 삶에 대해 물었을 때 신부님은 아주 겸손했다.

그는 우리가 꼭 만나야 할 사람이 있다고 했다. "그는 영어를 못해요. 하지만 그가 뭘 하는지 지켜볼 수는 있을 겁니다. 그의 가족들을, 그의 삶을 보는 거지요. 그는 자기 가슴으로 모든 걸 느낀답니다. 그게 최고죠. 모든 걸 가슴으로 하라!"

그는 자기 종교를 강요하지 않는다. 그는 캄보디아 사람들이 이미 아름다운 신앙을 갖고 있다고 믿는다.

1980년에 다른 대주교가 피살당했다. 키케 신부님은 그 자리에 자기가 임명되자 목숨을 잃을까 두려워졌다. 틀림없이 자기도 죽을 것 같았다는 것이다.

키케 신부님은 팔꿈치 아래가 없던 그 글읽기 선생님 얘기를 했다. 그 선생님은 팔 윗부분을 서로 꼬아서 분필을 잡고 글을 쓴다고 한다. 신부님은 그 선생님을 생각하며 자랑스러운 미소를 짓고 말했다. "놀랍지 않나요? 이곳 사람들은 너무 온화해요. 금세 이들을 사랑하게 된다구요."

대화를 나누는 동안 나는 이곳 사람들이 왜 죄다 키케 신부님을 존경하고 있는지도 알 수 있었다. 그들은 신부님의 교회에 와서 도움을 바라기 위해 굳이 가톨릭을 믿어야 하는 건 아님을 잘 알고 있었다.

∞

미미와 나는 오늘 호텔에 묵는다. 우리는 함께 방으로 돌아왔다.

'총기 휴대 금지, 두리언 반입 금지'라는 경고판이 호텔 안에 걸려 있다. 두리언은 강한 치즈향이 나는 나무 열매이다.

우리 가방에는 오늘 일찍 시장에서 샀던 두리언이 있었다. 마오, 라부트, 마라-노엘, 그리고 나는 작은 플라스틱 의자에 앉아 그걸 먹고 가기로 했다. 마오는 그걸 맛보더니 다른 캄보디아인들처럼 아주 좋아했다. 크림 맛이 나서 좋다면서. 그게 다 익은 거였는지 그는 어떻게 알았을까 싶다.

호텔 방으로 계단을 올라가는데 복도에 두리언 향이 가득하다. 누군가 몰래 갖고 들어왔나 보다. 우리는 같이 웃었다.

7. 25 WEDNESDAY

아침 7시. 호텔 안에 전화는 없지만, 휴대전화는 작동한다. 드디어 신호가 잡히기 시작한 것이다. 우리는 퀵 커피를 마셨다. 우유는 감미용 시럽처럼 죄다 농축된 제품들이다. 사실 이제 농축 우유가 슬슬 좋아지기 시작했다.

프놈펜 행 8시 30분 비행기를 타기 위해 공항으로 출발했다. 거기서는 우선 캄보디아지역재건프로젝트의 스코트와 조앤을 만날 것이다. 이 둘은 함께 새 학교들이 들어갈 건물을 지을 프로그램을 구상 중이다.

그 뒤 나는 교육부장관 겸 부수상을 만났다. 그는 유엔과 모든 비정부기구들에게 감사의 뜻을 전했다. 특히 모든 당사자들이 함께 일하는 게 중요하다고 역설했다. 부자나 가난한 사람이나, 여자아이나 남자아이나 평등한 교육기회를 누리는 데 초점이 맞춰져야 한다고 믿고 있다.

부족한 것들은 너무나 많다. 이들은 국제사회로부터 되도록 많은 도움을 받아야만 한다.

프놈펜에서 1991년에 문을 연 퇴역군인재활센터도 찾았다. 루옹은 전미베트남전참전용사재단에서 '지뢰 없는 세상 만들기 운동'의 대변인으로 일한다. 그녀는 현관에서 우리를 만나 래리를 소개해주었다. 그는 미국인이지만 이곳에 살면서 이 센터를 운영하고 있다. 래리는 두 명의 아름다운 캄보디아 아이들을 입양했다. 소녀와 남동생인데, 이 두 아이도 우리와 자리를 함께 했다.

미국무성의 추정에 따르면 전 세계에 6,000~7,000만 개의 지뢰가 설치되었는데, 지구상 1/3의 나라들이 지뢰밭인 셈이다. 민간인과 전투 병력에 상해를 입힐 목적으로 길가에, 학교

캄보디아로 가다 **145**

근처에, 또 농지에 지뢰가 설치되는 경우도 많다.

이 재활센터의 목표는 이렇게 요약된다. "전쟁의 고난을 이겨낸 사람들에게 우리는 평화를 누릴 기회를 선사한다."

캄보디아 주재 미국대사인 켄트 위드만 씨가 오늘 오후에 재활병원에서 우리와 합류했다. 그는 이제 미군들이 정신적 외상을 입은 피해자들을 돕는 방법도 훈련받고 있다고 말했다.

예닐곱의 의사와 간호사가 한 팀을 이뤄 이곳을 견습 중이다. 그들은 약칭을 즐겨 쓴다. 가령 BK는 무릎 아래below the knee, AK는 무릎 위above the knee를 가리킨다. BK 의족은 만들기 쉽다고 한다. 래리는 자기 아들이 BK라고 했다. 그제야 나는 그 소년의 한쪽 스니커즈가 나무다리에 신겨져 있음을 깨달았다.

이 센터에는 의족을 만들고 장착하는 시설도 갖추고 있다. BK는 150달러, AK는 200달러이다. 손 갈고리와 나무손은 팔을 잃은 사람들에게 쓰인다.

최근에 의족을 한 남자가 축구공을 앞뒤로 차는 연습을 하고 있다. 세 살짜리 여자아이는 감염 때문에 다리를 잃었다. 아이의 뼈가 계속 자람에 따라 새로 의족을 맞춰달아야 하기 때문에 늘 정기적으로 검진을 받아야 한다.

지뢰 때문에 시력을 잃은 두 명의 맹인이 이 센터에서 의족 만드는 일을 돕고 있다. 그들은 휠체어 바퀴에 살을 끼우는 작업도 한다. 그렇게 만들어진 휠체어는 무상으로 나눠진다. 어린 부상자들을 위한 보행기도 있다. 세계식량계획은 음식을 나눠줌으로써 이 센터를 돕고 있다.

이들은 날마다 현장에서 활동도 펼친다. 길은 늘 보수되어야 하고 장애인용 램프 건설도 필요하다. 미국은 HALO나 MAG(지뢰자문단), CMAC(캄보디아 지뢰액션센터) 등의 지뢰제거 전문 단체를 지원하기 위해 매년 300만 달러를 쓴다. 이들 단체는 재활 프로젝트를 위해 매년 100만 달러를 쓴다.

캄보디아는 세계 10대 빈국 중 하나이다. 아시아에서 유아의 에이즈 사망률이 가장 높은 나라이기도 하다. 위드만 미국 대사는 이곳 사람들에게 깊은 애착을 갖고 있다. 그는 빈곤문제 해결을 위해 우리가 이들을 꾸준히 도와야 한다고 강조했다.

프놈펜의 대학살박물관　그날 오후 나는 라부트, 미미, 마오와 함께 '툴슬렝' 대학살박물관을 방문했다. 과거에 이곳은 학교였다. 폴포트가 학교를 감옥으로 바꾸고는 '5-21'이라고 불렀다. 크메르루주의 5-21 감옥이었던 곳이 지금은 대학살박물관이 된 것이다.

이곳에서만 수천 명이 목숨을 잃었다. 나는 (해골들로 가득한 벽면의 승려들 사진 바로 옆에 걸린) 폴포트의 사진을 보았다. 흑백사진 속의 폴포트는 무언가 명령을 내리고 있다. 그 명령이 어떤 종류의 것인지를 아는 나로서는 그 사진을 쳐다보기가 너무 힘들었다.

크메르루주가 쫓겨나기 직전에 살해한 14명의 무덤을 보았다. 몇 시간만 더 살아 있었더라면 그들도 해방을 맞았을 텐데….

감방 안으로 걸어 들어갈 수도 있다. 감방은 예전 모습 그대로 보존되어 있다. 각 방마다 고문당하는 사람들의 사진이 걸려 있다. 그 사진도 해방군에게 발견된 그대로 계속 걸려 있는 것이다. 처참한 사진은 끊임없이 이어지고, 읽어야 할 기록도 엄청나다. 이곳에서 벌어졌던 일은 상상을 초월할 만큼 끔찍하다.

내가 지금 뭘 하나 싶다. 어떻게 여기 이렇게 서 있을 수가 있담? 갑자기 숨이 막힌다. 글 쓰는 것도 관두고 싶다. 귀신을 믿지는 않지만, 아, 나는 이 그림들과 이 감방을 어떻게 묘사할 수가 없다. 말문이 막히고 마구 답답하다.

너무 경악한 나머지 어지럽기까지 한데, 갑자기 어디선가 향내가 풍겨온다.

승려들이 기도를 하는 중이라고 한다.

우리는 계속 감방을 둘러보았다. 사람들을 침대에 묶어둔 체인도 보았다. 그 녹슨 쇳덩이들은 아직도 그 자리에 그대로다. "저렇게 묶어놓으면 화장실에 어떻게 가요?" 난 그렇게 물었다. "묶인 채로 그냥 그대로요." 세상에나!

이제 이 느낌이 무언지 알겠다. 그건 바로 몸서리 날 정도의 공포인 것이다. 나는 이곳이 너무 겁난다.

신분증 사진들로 가득한 방으로 들어갔다. 사람들을 고문하고 죽이기 전에 그들에게서 뺏어둔 신분증들이다. 라부트가 말했다. "이제 그만 볼래요. 아버지 사진을 볼까봐 겁나요. 그 자들이 아버지를 어디로 끌고 가서 살해했는지 잘 모르지만, 왠지 바로 이 근처일 것 같아요."

사진 속의 얼굴들은 겁에 질리고 피곤한 모습이다. 얼굴 측면을 찍은 사진들도 보인다. "저기 머리에 붙어 있는 게 뭐죠?" 라부트가 내 질문에 대답했다. "드릴입니다. 조금씩 머리에 드릴을 박아 결국 죽이는 겁니다."

젊은 사람, 늙은 사람, 남자, 여자, 아이들 사진도 많다. 심지어 갓난아기들 사진도 있다. 고문도구와 고문하는 법을 보여주는 사진도 있다. 그런 도구로 죽은 사람의 모습을 보여주는 사진도 함께 걸려 있다. 어떻게 사람을 죽였는지 너무나 적나라해서 섬뜩하다.

여기서 15분 거리에 '킬링 필드'가 있다고 한다.

검은 X표시를 뒤집어 쓴 폴포트의 반신상도 있다. 검은 X표는 어느 캄보디아 말 위에 스프레이로 그려져 있는데, 라부트는 그 말의 뜻이 '만세'라고 말해주었다. 폴포트가 자신을 위해 만든 동상이 틀림없다.

감옥의 발코니는 철조망으로 덮여 있다. 고문을 못 이긴 사람들이 스스로 목숨을 끊지 못하도록 한 장치인 것이다.

원래 컸던 방을 1m×2m 크기의 감방으로 나누어 벽돌과 시멘트로 벽을 쌓았다. 먼지투성이의 거친 벽은 아직도 선명한 핏자국을 보여준다.

정말 이곳에서 얼른 나가고 싶다. 다른 방에 들어가니 폴포트와 그의 가족, 그의 군대 모습을 보여주는 사진들이 걸려 있다. 폴포트의 모습을 보고 싶지 않아 나는 얼른 되돌아 나왔다.

라부트는 지도를 보며 그가 대학살을 시작한 곳과 매년 어디서 어디로 옮겨 갔는지를 일러주었다. 라부트가 '캄보디아의 엘비스 프레슬리'라고 얘기했던 그 유명한 캄보디아 가수의 사진도 보았다. 폴포트가 죽인 사람들 중의 한 명이다.

고문도구를 설명하는 그림들로 가득한 전시함 앞에 우리 모두 멈춰 섰다. 한참이 흘렀다. 모두가 말이 없다. 엄마의 품에서 아이들을 떼내는 장면들…. 아이를 무릎에 품은 채로 죽음을 당하는 엄마들의 모습…. 어느 한 사진의 엄마는 머리에 드릴을 박은 채로 아이를 품에 안고 있다.

한 벽에는 해골로 만든 캄보디아 지도가 있다. 처절한 파괴의 기록들을 읽다 나는 그만 지쳐버렸다. 갓난아기들을 공중으로 높이 던졌다가 떨어질 때 총검으로 찔러 죽이는 장면을 찍은 사진도 벽에 걸려 있다. 아기들 다리를 잡고서 거꾸로 드리운 채 머리를 나무에 짓이기는 남자들 사진도 보았다.

여기서 얼른 나가야겠다. 밖으로 나가야만 한다. 도무지 숨을 쉴 수가 없다.

프놈펜의 친구들 수요일 밤이다. 마리-노엘과 나는 라부트와 마오에게 그들의 가족을 만나보면 너무 좋겠다고 부탁했었다. 그들 이야기를 너무 많이 들었기에 말이다. 오늘 밤 우리는 라부트가 집으로 우리를 초대했다. 참 아름다운 가족이다. 사랑스런 아내와 6살, 11살짜리 두 딸. 마오도 우리와 함께 갔다.

자기 아내와 세 아이를 데리고서. 마오의 아이들은 3살, 1살 반, 그리고 너무나 어여쁜 7달밖에 안 된 남자아기이다.

이 사람들을 알게 된 건 내게 영광이랄 수밖에 없다. 자주 왕래하고 나면 우리들이 언젠가는 절친한 친구가 될 것이다. 함께 나누고 함께 웃는 우리들은 어쩌면 벌써 친구일 수도 있겠다.

라부트는 집에 법이나 역사책, 불어 및 영어 사전 등 책을 많이 가지고 있다. 그 중 많은 책들은 그가 난민촌에 있을 때 공부한 것들이다. 두 여인도 일을 하고 있다. 저녁 식탁에 둘러앉은 사람 모두가 비정부기구나 행정부처에서 일하는 듯하다. 멋진 두 여인은 훨씬 많은 면에 있어 나보다 정통하다. 그들이 만약 나와 같은 교육기회를 누렸더라면 얼마나 더 큰일을 했을까, 문득 그런 생각을 했다. 정말 한 순간도 놓치지 않고 그들은 자신을 갈고닦았을 것이다.

에어컨을 트는 건 너무 비싸서 그들은 선풍기를 사용한다고 했다. 잠시 동안 정전이 되어 촛불을 밝히기도 했다.

아름다운 밤이었다. 처음에는 다들 조용했지만, 머지않아 박장대소하느라 의자에서 굴러 떨어지는 지경이 되었다. 아이들도 모두 함께 어울려 행복하게 논다. 이곳에 내가 있다는 게 너무 감사하다.

7. 26 THURSDAY

간밤에는 워낙 악몽에 시달리느라 거의 한숨도 자질 못했다. 오늘은 예수회난민서비스JRS를 방문한다. 차에서 내리자 송 코살이라는 이름의 다리가 하나뿐인 소녀가 우리를 맞았다. 소녀는 평화의 새를 조각한 나무 열쇠고리와 함께 선물꾸러미를 건넸다. 그녀는 다섯 살 때 다리를 잃었다. 엄마와 함께 장작을 줍고 있을 때였다.

툰 차나렛 씨도 크게 웃으며 우리를 반겼다. 그는 휠체어에 앉아 있다. 늘 그와 함께 다닌다는 친구 역시 의존을 하고 있다. 다리가 하나뿐인 것이다. 그들이 내게 농담을 던진다. "우리 둘은 다리 하나만 가지고도 잘도 돌아다녀요."

대부분의 장애인들은 다른 장애인들과 함께 다니며 일한다. 가슴이 훈훈해지는 모습이다. 예수회난민서비스의 신부님과 수녀님들은 아이들을 병원으로 데려오는 일부터 모기장을 만드는 일까지 가능한 모든 일을 다 한다. 이들은 또한 지뢰금지협약의 진행상황을 평가하는 데이터를 분석하는 일도 맡고 있다.

이곳의 벽에는 아름다운 그림들이 많이 걸려 있다. 따뜻한 인간미와 깊은 연민의 정, 수도자들의 명상 등을 묘사한 그림들이다. 하지만 이곳의 봉사자들은 대부분 종교와 무관하게 일한다. 난민서비스에서 일하는 사람들은 모두 한결같이 자상하고 온화하며 아주 겸손하다.

우리는 예수회난민서비스의 주요 활동무대 가운데 하나인 반테니 프리엡 재활센터로 차를 타고 갔다. 이곳의 '비둘기관'은 지뢰와 전쟁, 소아마비 등으로 장애인이 된 사람들을 위한 배움의 터전이다. 원래는 군대 통신시설이었다고 한다.

이곳에는 공작실이 많다. 한 달이면 휠체어를 80개씩 만든다고 한다. 다리 없는 남자가 탁자에 앉아 부품을 만들고 있다. 휠체어 수요는 너무나 많다. 아무리 만들어도 넉넉하지를 않다.

다음 공작실에서는 바느질이 한창이다. 두 여인이 커다란 나무 베틀에서 스카프를 만드느라 열심히 일하고 있다. 다른 여인들은 재봉틀에서 휠체어 등받이를 만드느라 바쁘다.

한 스페인 신부님이 마치 농담처럼 수학을 진짜 못하던 한 학생 얘기를 들려주었다. 그 학생은 보통 창문의 너비가 125m라고 생각하는 아이였다는 것이다. 그런데 그는 이제 이 근방에서 최고의 사회복지사로 일한다. 지뢰 때문에 새로 다친 피해자를 싣고 응급 수송을 맡아 그는 병원에 들르기도 한다.

목공예실에는 17명의 학생이 있다. 그들이 깎아 만든 작품들은 죄다 아름답다. 이들은 그 작품들을 생계의 수단으로 내다 파는 법도 여기서 배운다. 한 여학생은 키케 주교님을 위해 영성체에 쓸 빵을 담을 나무 성배를 만들고 있다. 그녀 옆으로 몇몇 남학생 여학생들은 불상을 깎는 중이다. 일하는 모습이 너무 흐뭇해 보인다. 아주 평범한 조각 도구를 가지고 일하지만 이들의 장인다운 풍모는 매우 놀랍다.

이곳의 모든 건물 입구에는 장애인용 경사로가 마련되어 있다. 다른 공작실로는 전기반, 농업반, 용접반 등이 있다. 용접반에서는 병원용 침대 틀을 만드는 법을 배운다. 읽기와 쓰기, 수학 등 통상적 교육을 받을 수 있는 교실도 있다.

비둘기관은 참으로 대단한 곳이다. 이곳이 없으면 여기 사람들이 대체 어찌 되었을까 싶다. 모든 과정들이 장애인으로 하여금 진정한 미래를 일구어낼 수 있도록 하는 데 초점을 맞추고 있다. 그런데 이곳 부지가 정부 소유인지라, 임대기한이 끝나가고 있다고 한다. 그러니까 다음 해에 정부가 높은 임대료를 요구하면 이 모든 프로그램이 난관에 부딪힐 수도 있는 것이다.

UNHCR 직원들과의 저녁식사   이번 여행 동안 나는 UNHCR 친선대사로 일해 줄 것을 제안 받았다. 그 제안을 듣고서 내가 얼마나 행복했고 얼마나 큰 영예를 느꼈는지 모른다. UNHCR 현장 직원들은 내게 말했다. "UNHCR 친선대사가 되신 걸 제일 먼저 축하드릴 수 있어서 우리도 너무 기뻐요. 기억하세요, 우리는 120개 나라에서 활동해요. 어딜 가시든 당신 가족이 있는 거라구요."

너무나 아름다운 생각 아닌가! 세상이 정녕 그렇게 돌아간다면 참으로 대단하지 않겠는가?

이곳 사람들에게 작별을 고하고 캄보디아를 떠나는 일은 내게 쉬운 일이 아니다. 이들 모두가 한결같이 아름답고 따뜻하며 열심히 일하는 사람들이었다. 여기서 만난 모든 사람들을 나는 그리워할 것이다.

이제 방콕으로 가는 길이다. 그곳의 한 공항 호텔에서 오늘 밤을 지내고 내일 아침 일찍 로스앤젤리스로 돌아간다.

7.27 FRIDAY

끊임없는 악몽의 연속이다. 떨고 땀 흘리다 잠이 깬다. 프놈펜에서와 똑같은 악몽들…. 대학살박물관에서 보았던 기억이 악몽으로 나를 짓누르는 것이다. 그 감방들 안에서 내가 숨이 찼던 것처럼, 너무나 겁나고 불편하여 숨을 쉴 수 없을 지경이 되어서야 잠이 깬다. 마리-노엘도 그곳을 방문했을 때 같은 느낌이었다고 말했다. 그 감옥에서 보낸 오후 한때가 우리를 끊임없이 따라다녔다.

이 모든 것을 다 기억하는 캄보디아 사람들은 아주 많다. 잠깐의 기억으로도 이렇게 힘든데, 그들은 대체 어찌 살아가는지 알 수가 없다. 하지만 그들은 잘 살고 있다. 강한 의지와 영혼의 힘으로 말이다. 그들은 우리 모두에게 좋은 모범이다.

캄보디아로 가다 153

매덕스와 함께 캄보디아로

이 사진은 내가 캄보디아 일지를 쓴 지 2년 뒤에 찍은 사진이다. 내 인생이 바뀌었다. 이 나라 캄보디아는 내게 너무나 큰 영향을 미쳤다. 이 사진의 나와 내 아들 매덕스는 고향인 캄보디아로 돌아가고 있는 중이다.

이 글을 쓰는 지금 우리는 삼롯에 살고 있다. 캄보디아발전전망의 사라와 나는 야생동물보호구역 사업을 시작했다. 그가 내게 소개한 지뢰 피해자들은 나와 친한 친구가 되었고 지금은 좋은 이웃으로 어울려 살고 있다. 아이들도 함께 어울려 논다. 우리는 주택 건설 및 농장 프로젝트에서도 함께 일한다.

1년 전이었다. 태국의 난민촌에서 결혼했던 문과 그의 아내가 캄보디아에서 다시 결혼식을 올리기로 했을 때 나는 너무 큰 영광을 누렸다. 그들은 전쟁 때문에 부모를 잃었고, 문은 내게 예식에서 그의 엄마 역할을 맡아 주기를 청했다. 내게는 너무 큰 영예였고 그 식장에 참석하는 게 한없이 자랑스러웠다. 아름다운 날이었다. 캄보디아의 결혼식은 전통적으로 떠들썩하고 아주 길게 진행된다. 가장 가난한 마을에서도 결혼식만큼은 굉장히 정교하고 복잡하다.

식순 가운데 하나는 신랑 신부의 팔에 실을 두르는 일이다. 지뢰가 터지면서 팔꿈치 아래와 시력을 잃은 신랑 문은 내내 검은 플라스틱 선글라스를 쓰고 있다. 사람들이 신랑의 팔뚝과 신부의 손목을 실로 엮으려고 하자 아이들의 웃음이 터져오른다.

슬픔과 자기연민을 딛고 일어선 이들은 자기 삶의 현실을 받아들이고 가진 모든 것들에 감사하며 살아간다. 이 사람들을 친구라고 부르는 게 나는 정말 자랑스럽다. 내 아들 매덕스를 기르는 게 너무 신나고, 그의 사람들이 자랑스럽고, 한 명의 캄보디아인이 된다는 게 진정 뿌듯하다.

캄보디아로 가다 **155**

슬픔과 자기연민을 딛고 일어선 이들은

자기 삶의 현실을 받아들이고 가진 모든 것들에 감사하며 살아간다.

이 사람들을 친구라고 부르는 게 나는 정말 자랑스럽다.

내 아들 매덕스를 기르는 게 너무 신나고,

그의 사람들이 자랑스럽고,

한 명의 캄보디아인이 된다는 게 진정 뿌듯하다.

2001. 8. 17 ~ 8. 26

3장 파키스탄에 가다

저는 UNHCR을 대표해

파키스탄의 아프가니스탄 난민들을 찾았습니다

8.17 FRIDAY

내일 나는 파키스탄으로 떠난다. 일부러 미루고 미뤘다 오늘에야 나는 파키스탄에서 또 그 이웃의 아프가니스탄에서 무슨 일이 벌어지고 있는지 깊이 있게 읽기 시작했다.

왜 아프가니스탄 사람들은 살아남기 위해 고향을 떠나 도망쳐야만 했던 것일까?

집에서 편안히 있는 동안 그렇게 쉽사리 세상의 온갖 문제들에 귀를 막고 살았다니, 부끄러운 일이다. 몇몇 신문에서 읽었던 기사들이 떠오르긴 하지만, 그것들은 주로 최근의 비상사태에만 초점을 맞춘 것이었다. 해묵은 문제들에 관심을 기울이진 않는 것이다. 기자들이 보기에 오랜 문제들은 가망 없어 보이거나, 그다지 다급해 보이지 않는 모양이다. 무엇보다 뉴스로 다룰 만하지는 않은 것이다.

낡은 이야기들은 불가피한 현실이 되어버린다. 어쩔 수 없다고 받아들여진 상황이 되어버리는 것이다. 이런 나라들의 사람들은 이런 끔직스런 상황 속에서 평생을 살다가 그 때문에 죽는다. 파키스탄에서 난민으로 살아가는 사람이 200만에 이른다고 한다. 이들은 국경 부근에 모여 산다. 아무것도 없이 그들은 살아가야 한다.

독일 출신의 어느 구호단체 근무자 24명이 탈레반에 체포되었다고 한다. 그 사무실은 물론 문을 닫았다. 그들은 난민을 도우려고 그곳에 갔지만, 그리스도교를 전파한다는 누명을 썼다.

외국인 8명을 포함한 이들 24인의 운명은 아직 알려지지 않았다. 독자들이 이 글을 읽을 즈음에는 그들이 부디 죽지 않고 사태가 평화로이 해결되었기를 나는 희망한다.

이번 여행에는 처음으로 비디오카메라가 나를 취재할 것이다. 카메라가 있으면 나로서야 아주 불편하지만, 몇 차례의 난민촌 방문에서 내가 목격한 온갖 것들을 꼼꼼이 묘사하기에 내 펜은 너무 무기력했음을 인정한 것이다. 굶주림에 지쳐서도 마지막 남은 자긍심과 자존심, 희망을 버리지 않고 기어이 살아남고자 애쓰는 부상당한 남자, 버려진 여자, 그리고 아이들과 함께 앉아 있는 게 대체 어떠한지를 난 사람들에게 제대로 전달할 수가 없다. 위급함을 호소하던 사람들, 우리에게 강인함을 선사하는 그 사람들을 곧이곧대로 세상에 알렸으면 좋겠다.

우리들 가운데 상당수는 결코 이해하지 못할 생의 측면들을 그들은 이해한다. 우리가 잊어버리고 사는 많은 것들에 그들은 집착해야 한다. 그들은 무엇에 감사해야 할지 잘 안다. 가족과 공동체의 중요성을 뼛속 깊이 공감하며, 믿음과 사랑의 힘을 이해하는 그들이다.

이제 막 보다 많은 사실들을 읽기 시작했다. 이런 느낌으로 뭘 써야할지 막막하다. 내가 읽고 있는 것들을 믿을 수가 없어서다. 우리와 같은 하늘 아래에서 대체 어떻게 이런 일들이 가능한지 난 도무지 이해가 되질 않는다.

8. 18 SATURDAY

오후 8시 40분, 런던으로 출발한다. 10시간을 날아가야 한다. 거기서 두 시간 정도 기다릴 것이다. 뒤 이어 이슬라마바드까지 다시 8시간 반 동안 날아가야 한다.

8. 20 MONDAY

비행기가 고도를 낮춰 이슬라마바드로 내려가는 중이다. 방송이 울린다. "말라리아 예방약을 드시기 바랍니다. 파키스탄 상공에서 사진을 찍으시면 안 됩니다. 알콜 반입도 금지되어 있습니다."

오전 4시 32분. 나는 파키스탄의 이슬라마바드에 도착했다.

출구에서 UNHCR 직원인 유수프 핫산을 만났다. 그는 케냐 출신이다. "남자는 여자와 악수를 하지 않습니다. 당신은 여자니까 남자와 눈을 마주치는 건 피하셔야 합니다. 숄로 머리를 가리세요. 당신에게 맞는 옷을 사러 저희가 같이 나갈 겁니다. 총기를 휴대한 평상복 차림의 직원이 늘 우리와 함께 다닐 겁니다."

이런 지시사항을 들으며, 스스로에게 묻지 않을 수가 없다. '내가 대체 여기서 뭘 하는 거지?' 하지만 난 그 답을 안다. 더 잘 알기 위해서, 그리하여 더 널리 실상을 알리기 위해서 난 이곳에 왔다.

아프가니스탄의 UNHCR은 여성을 고용할 수 없다고 한다. 또 남자가 여자와 접촉할 수 있는 경우는 거의 없다고 한다. 따라서 도움을 주기가 아주 어렵다는 것이다. 지금 나는 베일을 쓰고 사람들에 둘러싸여 보호를 받고 있다. 그들이 나를 지키는 방식이 아주 친절하긴 하지만 난 이미 불편해지기 시작했다. 호위대에 둘러싸인 공주님이 딱 이렇지 않을까 싶다. 독립적인 자유에 익숙했던 나로서는 더더욱 편치 않다.

이슬라마바드의 UNHCR 사무소 UNHCR 사무소의 모든 이들은 친절하게 우

160 Amazing Survivors

리를 반긴다. 이 건물은 한때 창고였다고 한다. 난민들 통계로 그득한 서류상자가 헤아릴 수 없이 많다. 지금 현재 파키스탄에는 200만의 아프가니스탄 난민들이 있다. "눈에 보이는 그 어디에도 평화는 없다." 사람들은 내게 그 점을 명심하라고 했다.

이들 난민 가운데 많은 이는 러시아가 아프가니스탄을 침공한 1979년 이래 무려 22년 동안 파키스탄에 머물렀다. 창고 사무실 뒤쪽을 철조망 담장이 에워싸고 있다. 출입이 허용되는 사람은 극소수다. 여인들이 길게 줄지어 조용히 기다리는 모습이 보인다. 남자들은 고함을 지르고 있다. 그 중 한 남자와 눈이 마주쳤다. 그의 얼굴이 노여움으로 이글거리는 듯하다. 좌절하고 화난 난민들이 사무소로 들이닥친 경우가 여러 차례 있었다고 한다.

UNHCR 직원들이 하루에 면담할 수 있는 난민 숫자는 20명으로 제한되어 있다. 이 나라 안의 난민 숫자가 230만에 이른다는 실정을 두고 볼 때 이는 너무 적은 듯하지만, 매일 스무 가족을 구한다는 것은 위대한 일임에 틀림없다.

이곳에 와서 등록하는 것, 바로 이 절차로부터 누군가가 그들의 이야기에 귀를 기울이고 더 나은 삶의 기회가 주어지는 놀라운 일이 시작된다.

미국의 바깥　오전 10시. 내가 여기 머무르는 동안 꼭 입어야만 할 옷들을 사기 위해 차를 타고 시장으로 가는 중이다. 세계 여러 곳에서와 마찬가지로 이곳의 난민 아이들도 뭔가 쓸 만한 것을 찾아 쓰레기 더미를 뒤지고 있다.

빨간 불에서 정차했을 때다. 여섯 살쯤 되어 보이는 소년이 내 창문을 두드렸다. 아이가 들어 보인 팔이 싹둑 잘려 있다. 구걸하는 사람 그 누구에게도 돈을 주지 말라고 그랬다. 할 수 있으면 돈 대신 먹을 걸 주라고 했다. 많은 아이들이 부모에게 떠밀려 구걸하러 나선다. 파키스탄 전체 인구의 절반 정도가

파키스탄에 가다 **161**

아직도 굶주린 채 잠자리에 든다.

창밖의 아이가 내 눈을 들여다본다. 아이는 조그만 소년일 뿐이다. 창문을 살짝 열어 아이에게 뭔가를 건넸다. 다음 신호등에서는 목다리를 한 나이 든 남자가 우리 차로 다가왔다.

뜨거운 길거리는 사람들로 붐빈다. 이런 날씨에 어떻게 바깥에서 일을 하는지 모르겠다. 그것도 저렇게 열심히 말이다. 이토록 뜨거운 폭염 속에서 물 없이 일하는 건 내게 상상도 어려운 일이지만, 최근 4년간 이곳과 인근지역을 휩쓴 가뭄 탓에 많은 사람들이 물이 모자라 ─ 또는 아예 없어서 ─ 고통을 겪었다.

파키스탄 문화는 아주 장식적이다. 버스를 수놓은 형형색색의 정교한 장식물들은 놀라울 따름이다. 그림과 금속 조각품이 곳곳에 붙어 있다. 몸을 가리는 비율에 있어서는 이들의 옷이 아주 정숙하지만 그 색깔은 내가 생각했던 것보다 훨씬 화려하다.

우선 신발 가게에 들렀다. 신발은 수제품인데, 오른발 왼발을 좀체 구분할수가 없게 생겼다. 어떤 신발은 금빛 은빛의 발끝이 위로 꼬부라져 오른 게 마치 『알라딘』 이야기에서 금방 꺼내놓은 듯하다.

쇼핑에서 돌아온 뒤 나는 샤워를 하고 잠시 낮잠을 청했지만 잠들지는 못했다. 미국의 집으로 전화를 걸었지만, 아무도 받질 않았다.

탈레반 때문에 아프가니스탄을 돕겠다고 나서는 나라가 없다고 한다. 극심한 빈곤 상태의 무고한 시민들에게 물자가 전달되려면 탈레반을 거쳐야만 하는데, 이 또한 쉽지 않다. 식료품과 물 문제 말고도 지뢰 제거 문제도 있다. 죄없는 사람들이 너무나 많이 오래도록 고통을 겪고 있다.

파키스탄의 난민문제 담당 장관인 압바스 사프라즈 칸 씨를 만났다. 어디

앉아야 할지, 머리를 덮어야 하는 건지 아닌지 알 수가 없었다. 듣기로는 칸 장관이 미국의 보스턴에서 대학을 다닌 서구화된 인물이라는데. 또 런던에서 살기도 했고. 그는 내게 마실 것을 권했다. "아뇨, 감사합니다." 내가 그렇게 말했더니, 옆에 있던 UNHCR 직원인 몬세랏이 내게 "뭐든 시키세요. 녹차 드시죠?"라고 귀띔한다.

칸 장관의 이야기: 여러 세대에 걸친 교육의 결핍, 서방세계에서 경각심의 부재, 기부자들의 피로.

떠날 때 그가 먼저 손을 내밀어 악수를 청했을 때 내 맘은 느긋해졌다. 악수를 해도 되는지 어떤지 망설이던 중이었기 때문이다.

미국인인 나는 미국 바깥의 세계를 심각하게 생각하도록 길러지지 않았다. 다른 문화를 이해하고 이들에 대해 배우고자 하는 동기부여가 없었던 것이다. 하긴, 미국만 그렇다고 할 수는 없겠다. 다른 많은 나라들에서도 학생이나 국민들에게 다른 문화에 초점을 맞추라고 하지는 않을 테니까 말이다.

탈레반이 두려운 사람들　막 정오를 넘긴 시간. 지금 파키스탄과 아프가니스탄 여인들을 위한 보호시설로 가는 길이다. 이들이 가정폭력 관련 상담을 받을 수 있는 곳이기도 하다. 천막들은 막대기 몇 개를 꽂고 그 위에 천을 덮어씌웠을 뿐이다. 임시구역, 즉 난민뿐만 아니라 모든 빈민층을 대상으로 쓰이는 곳이다. 보호시설에 이르러 안내를 받아 어느 방으로 들어가니, 모두 머리를 덮고 신발을 벗은 여인들이 방안을 가득 메우고 있었다.

우리는 자크Sach도 방문했다. 자크는 여성인권의 개선을 위해 힘쓰는 여인들의 단체이다. 자크는 우르두 말로 진실을 뜻한다. 지금껏 100명의 여인들이 자크에서 교육을 받았으며, 그들 모두가 일요일 시장에서 조그만 사업을 시작

파키스탄에 가다 163

했다.

아프가니스탄 여인들에게 물어보았다. "아프가니스탄에 돌아가 다시 자리 잡고 살고 싶으세요?"

"우리는 안전하고 자유로운 곳에서 살고 싶어요. 그런 데가 대체 어디죠?" 한 여인은 그렇게 대답했다. 다른 여인은 사진 한 장을 내밀었다. "내 아들이랍니다. 탈레반이 이 애를 죽였어요."

젖은 눈의 한 여인이 떨리는 목소리로 앞으로 나왔다. 이름은 약속했던 대로 밝히지 않기로 한다. 그녀는 안전 문제를 염려스러워했다. 그녀의 오빠는 탈레반 무리에게 마구 몰매를 맞고서는 그만 불구가 되었고 더 이상 가족의 생계를 책임질 수 없었다.

다른 여인은 무슨 서류 같은 걸 보여주었는데, 총 네 자루의 영수증이라고 한다. 탈레반의 전쟁을 지지하려면 그런 세금을 내야 한다는 것이다. 그녀는 자신이 가진 모든 것을 팔아 탈레반에게 내놓았는데, 그것으로도 총 네 자루 값으로 충분치 않았다고 한다.

의사였던 한 여인의 집으로 어느 날 밤 탈레반이 들이닥쳤다고 한다. 그녀는 이웃으로 몸을 피했지만 그녀의 아버지는 체포되어 감옥에 갔혔다. 그녀 혼자 남겨진 것이다. 아버지의 생사 여부도 모른다. 또한 그리스도교로 개종했는데, 이로 인해 그녀는 탈레반이 더더욱 두렵다. 그들에게 잡히면 그녀는 비난 속에 사형에 처해질 것이다. 아직도 그녀는 수배 중이다. 탈레반이 그녀를 찾지 못하도록 자꾸 거처를 옮겨 다녀야 한다. 비록 지금 그녀는 파키스탄에 있지만 여전히 목숨을 잃을 위험에 처해 있다. UNHCR 직원 한 명은 왜 그녀가 UNHCR 사무소로 오지 않았는지 궁금해 했다. 즉시 연락을 취해달라는 게 사무소 측의 바람이었다.

남자 한 명이 그 방으로 들어왔다. 그도 실태를 함께 나누고자 했다. 영양실조를 견디다 못한 그는 자기 부인과 아이들을 이 센터로 데리고 왔다. 말을 하는 그의 몸도 떨리고 있었다. 그의 눈매는 아주 선했다. 하지만 그 눈빛은 슬프게도 샛노란 색이었다. 그도 탈레반에게 심하게 두드려 맞았다고 한다. 다리에 부분적인 마비가 왔고 신장도 크게 손상되었다고 한다.

도시의 난민들　버스터미널과 과일시장 근처의 빈민가로 차를 몰았다. 빈민들이 이곳에 모여 사는 이유는 이미 상했기 일쑤인 음식 쓰레기라도 뒤져 먹고살기 위해서다.

이곳은 또한 어린이들을 성적으로 착취하는 상행위가 성행하는 슬픈 곳이기도 하다. 어린이들이 몸을 팔면 겨우 5센트를 받는다고 한다.

자크는 여기서 어린이들도 돕고 있다. 아이들 가운데 어린 경우는 여섯 살도 있다고 한다. 이런 아이들이 성매매와 여타의 학대가 빈발한 상황 속으로 끌어들여진 것이다.

어린이의 권리를 가르치는 프로그램은 이밖에도 여기에 여럿 있다고 한다. 한 여인이 내게 말하기를, 성매매 일을 하는 여섯에서 열두 살의 아이들을 둔 엄마들이 많다고 한다. 이런 부모들의 처지는 절박하다. 아이들에게는 학교교육도 없고 어린 시절도, 아무런 보호도 없다.

조금 걷자 조그만 진흙집들 사이로 먼지 날리는 골목길이 나 있다. 네 살쯤 되어 보이는 소녀가 머리에 커다란 나무 짐을 이고 가는 게 보인다. 다른 어린 여자애들도 자기 동생들을 엉덩이에 걸치고 다닌다. 이 소녀들 중 몇몇은 한눈에 보아도 피부병을 앓는 듯하다. 어느 교실을 지나치는데 전등이 아예 없다. 이 진흙동네 그 어디에도 전기는 없다.

아무도 여기서는 에이즈 얘기를 입에 올릴 수 없다. 이곳에서 에이즈는 얘기 조차 금지된 터부다. 여러 단체들이 에이즈에 대한 경각심을 일깨우고 성교육을 도입하기 위한 활동을 펼치고 있다.

자흐재활훈련센터에서 자흐재활훈련센터SRTC는 곧 재정착될 여인들을 위한 곳이다. 누군가 말하기를 그들은 행운아라고 한다. 심각한 성폭력을 당했거나 남편이 없기 때문에 선택된 이들이라는 것이다.

이들은 하루 종일 의료 서비스를 받는다. 센터의 보안 책임은 브링크스 시큐리티Brinks Security에서 맡는다.

이 프로그램을 운영하는 여성은 아주 강인해 보인다. 그들이 학교를 짓겠다고 했을 때 돌팔매가 날아들었다고 한다. 작은 방 아주 조그만 침대 하나에서 엄마가 애들 두셋을 돌보고 있다. 내가 만난 한 여인은 심리치료를 받고 있었다. 그녀는 탈레반에 의해 강간당한 뒤 심하게 얻어맞았다. 기억조차 거의 잃어버린 그녀. 그녀의 애들도 셋이다.

벽에 붙은 어느 포스터에서는 실종된 여인들과 어린이들의 성적 인신매매를 얘기하고 있었다.

인도, 파키스탄, 필리핀, 이들 남아시아 나라들에서

7,400만의 여인들이 실종되었습니다

캄보디아의 어느 자매단체에서 보낸 한 포스터에는 이렇게 쓰여 있다.

여인들의 있을 자리는 철창 안이 아닙니다

투옥된 여성들의 80%가 가난과 관련된 범죄로 감금되어 있습니다

원주민 인구의 90%, 투옥 여성의 82%가 근친상간과 강간, 폭행의 피해자들입니다

"우리 모두가 조금씩만 하면, 우리는 큰 걸 이룰 수 있습니다." 알림판 한 구

석에는 이렇게 적혀 있었다.

이곳의 가족들 중 소수는 미국에 정착할 기회를 얻겠지만, 우리는 이들이 새 삶을 시작하려는 시도에 앞서 기대수준을 낮춰놓아야 한다. 어린 아이들의 얼굴을 들여다본다. 이들이 과연 미국에서 환영받을까? 온갖 놀림에 시달리진 않을까? 만약 당신이나 내가 다음 달에 이들을 미국의 어느 거리에서 본다면 이들이 대체 어떤 역경을 헤치고 거기까지 다다랐는지 상상하거나 이해할 수 있을까?

서로를 고무하며 배우다 오후 7시, 몬세랏 씨의 집에서 저녁을 먹었다. 일행은 15명 가량이었는데, UNHCR, 미국대사관, 파키스탄 행정부처의 근무자들과 BBC 여직원 한 명 등이었다. 이와 같은 저녁 자리에 앉으면 나는 끊임없이 놀란다. 늘 새 힘이 솟구치는 자리인 것이다. 여기 모인 이들은 범지구적 문제와 인도주의적 관심사들을 밤이 새도록 화제에 올린다. 서로의 정보를 공유하고 해법을 궁리하며 함께 일할 방법을 구상한다. 세계 각지에서 온 이들은, 도움을 필요로 하는 사람들을 도와 더 이상의 고통이 없게 하겠다는 의지 하나로 이곳에 모였다. 진지한 순간도 있었고 크게 웃음 터뜨리는 순간도 있었다. 어떤 때는 죄다 정치 얘기에 열을 올리는 바람에 내가 주눅 드는 경우도 있었지만, 이번 자리는 그렇지 않았다.

오늘 밤 내가 배운 점은, 이해하고자 맘을 열고 애쓰는 개개인의 세심한 관찰과 느낌이 아주 중요하다는 사실이다. 또 내가 말하는 동안 나는 스스로 생각했던 것보다 내가 그 동안 훨씬 많이 배웠다는 걸 깨달았다. 하지만 모든 문제들을 그 누군들 제대로 이해할 수 있을까.

 – 어떤 사람들은 평등하게 다뤄지질 않는다.

파키스탄에 가다 167

- 어떤 사람들은 주린 배를 움켜쥐고 잠자리에 든다.

- 수백만의 사람들이 정치적 박해와 인권 침해, 사상적 충돌의 피해를 입고 있다.

이런 말도 안 되는 말을 어떻게 이해한단 말인가.

8.21 TUESDAY

오전 6시, 잘로자이Jalozai 캠프로 가는 길이다. 오늘 일정 중에 미국 방문단과 마주칠지도 모르겠다는 얘기를 들었다. 왜 그들이 거기까지 왔느냐고 물었더니, 직접 보고서 뭘 계속하고 뭘 추가해야 할지 결정하기 위해서라는 것이다.

아마도 더 많은 사람들의 미국 재정착을 허용할지 말지에 대한 결정인 듯하다고 한다. 오늘날 매년 1,000명이 재정착 허가를 받는다. 그 숫자를 두 배로 늘리는 게 고려 중이라는 것인데, 이는 희망의 씨앗임에 틀림없다. 많은 미국인들은 1,000명이 너무 많다고 생각할 것이다. 그러나 위기에 처한 사람들의 규모가 수백만임을 감안하면 그 숫자는 아무것도 아니다.

해법은 대체 무엇일까? 이 사람들은 대체 어디에 뿌리를 내려야 하는 걸까? 가장 올바른 답은 이들이 고향에서 즉 자기 나라에서 평화를 누려야 한다는 것이다. 하지만 때론 이것이 불가능하다. 수백만의 난민들이 지난 20년 동안 깃들어 생활한 파키스탄과 이란은 아주 가난한 나라들이다.

보다 많은 사람들을 돕기 위해 두 가지가 필수적이라는 설명이다. 1. 보호국에서 받아들이는 난민 숫자가 늘어나야만 한다. 2. 현재의 난민처리속도를 배가시키려면 직원 충원과 더불어 기금과 보조가 확대되어야 한다.

창밖으로 회교사원인 모스크가 보인다. 모스크를 둘러싼 풍경은 온통 폐허와 급조된 천막들, 진흙건물들뿐이다. 그런데도 길가의 소들은 다른 나라에서 본 것들보다 훨씬 토실토실하다.

형형색색의 버스들이 길거리를 달린다. 거리의 선남선녀들이 일상적으로 입는 옷들은 내가 생각했던 것과 사뭇 다르다. 평범하면서도 뭔가 우아한 멋이 느껴지는 차림새다. 어떤 옷들은 작은 유리와 자수를 박음질해 붙여 생동감 넘치는 색상을 자랑한다. 천편일률의 작업복 같은 옷들도 있다.

길은 평탄하다. 도시 하부구조는 아주 빼어나다고 얘길 들었다. 차가 달리는 길을 마차도 함께 달린다. 말들은 작고 바싹 말라 보인다. 동물권리보호 운동가들이 이런 모습에 분통을 터트릴까? 아마 조금 슬퍼하는 정도일 듯하다. 바로 옆에 사는 가난한 가족보다 자기 동물들을 더 극진히 돌보는 사람들을 보면 나는 의아한 마음이 든다.

지금 글을 쓰는 이 차 안에는 나 혼자다. 다른 이들은 뒤쪽의 UNHCR 트럭에 탔다. 경찰이 우리 차를 세우더니 과속이라고 우긴다. 속도제한 표지판은 어디에도 없다. 세워진 우리 차 곁을 씽씽 지나치는 차들은 훨씬 더 빠른 속도로 달리고 있다.

이곳의 경찰은 뒤쪽으로 따라붙어 차를 세우라고 하지 않는다. 그들은 길가에 서서 손을 뻗어 정지하라고 한다. 운전자가 차에서 내려 그들과 얘기하는 동안 난 신경쓰고 싶지 않았다. 다른 경찰관들이 우리를 쏘아보고 있다. 이들이 원하는 게 대체 뭘까? 우리를 겁주려고? 돈을 뜯어내려고? 고성의 말들이 오고갔지만 경찰에겐 별 수확이 없었나보다. 20분이 지나 우리는 다시 가던 길을 갔다. 샴샤투 난민촌에 가까워질수록 아프가니스탄 여인들이 눈에 많이 띈다. 얼굴을 죄다 가린 채 눈 주위만 조그맣게 구멍을 뚫은 옷차림이라서 아

얼굴 모습은 젖먹이가 아닌데 영양부족으로 인해 그렇게 몸집이 왜소한 것이다.

이곳의 보건소가 이 소년을 특별히 돌보고 있다.

주위를 둘러보니 이렇게 보살펴야 할 아이들이 너무나 많다.

프가니스탄 여인들은 단번에 구별된다.

우리는 [아프가니스탄의 수도 카불의 이름을 딴] '리틀 카불'이라 불리는 조그만 시장에 멈췄다. 여기서 사람들이 사업을 펼친 지도 어언 20년이라고 한다.

여기 사람들에게는 뭔가 신비스러운 데가 있다. 마치 수천 년의 시간을 거슬러 올라온 듯한 느낌이다. 성서시대 같은 풍경 속에서 먼지 자욱한 유리병 더미와 미끈한 바퀴와 경적을 단 트럭들 정도가 이질적일 따름이다.

잘로자이 캠프에서 UNHCR이 이 캠프를 세우고 재정을 지원하며, 국경없는 의사회MSF가 의료서비스를 담당한다. 비정부기구인 천주교봉사기구CRS 또한 여기서 의료와 1,000개가 넘는 건식 간이화장실 등 위생시설의 제공을 돕고 있다. 난민들에게 담요와 이불, 매트리스를 나눠주는 일도 이들이 맡고 있다.

아프가니스탄 사람들이 파키스탄으로 도망쳐 난민이 되는 데는 크게 두 가지 이유가 있다. ① 아프가니스탄 북부에서는 탈레반과 북부동맹군 사이의 전투가 벌어지고 있다. ② 3년 동안의 가뭄.

브리핑을 마치고 캠프 안을 가로질러 차로 출구 쪽으로 이동한 뒤 거기서 사람들과 얘기를 나누기로 했다. 어린 소년들 옆을 지나치는데 우리 트럭을 보고 웃으며 손을 흔든다. 유엔이 이곳에 들어온 지도 20년. 이제 유엔을 모르는 이는 거의 없다.

많은 여인들이 몸을 완전히 가린 옷차림이다. 그들은 우리를 보지만, 우린 그들을 보지 못한다. 심지어 아주 작은 여자애들도 완전히 몸을 가렸다. 눈만 빼놓고 말이다. 그래서 그 눈빛에 내 모든 관심이 쏠리게 된다. 대부분 호기심 어린 눈빛이지만, 몇몇 경우 쏘아보는 눈빛도 있다. 비록 어린아이라 해도 이런 경우 위축되는 느낌이 든다. 이들은 확고한 신앙과 강인한 마음가짐으로

파키스탄에 가다 171

살아남은 사람들이다.

지은 지 10년 혹은 15년은 됨직한 조그만 흙집들을 지나치자, 난데없이 천막 바다가 펼쳐진다. 일반 천조각과 캔버스 천, 비닐천막까지 다양하다. 난 순간 집시들이 떠올랐다.

이 지역은 아주 덥고 메마른 곳이다. 해를 가릴 피난처는 거의 없다. 급수트럭이 돌아야만 물 문제가 해결된다. 세계보건기구WHO가 여기서 도움을 펼치고 있다. 7월 18일에는 섭씨 50도가 넘는 갑작스런 이상고온과 탈수 증상 때문에 많은 사람들이 목숨을 잃었다고 한다.

길게 줄을 선 아이들 중 한 소년의 얼굴은 자줏빛 반점과 딱지투성이다. 오늘은 소아마비 백신 접종일이다. 많은 아이들이 천막 안에서 기다리고 있다. 큰 천막의 옆구리를 따라 낡은 군용 야전침대들이 늘어져 있는데 파리떼가 앉아 새카맣다. 이곳의 동네 보건소들은 가진 게 별로 없다. 심각한 처치를 필요로 하는 환자 앞에서 이들은 속수무책이다. 다행히 24시간 문을 여는 큰 병원이 하나 있다고 한다.

"물 공급은 한결 나아졌습니다. 설사와 이질도 크게 줄었구요. 결핵 관리도 잘 되고 있습니다. 하지만 모든 게 잘 통제되고 있다 싶다가도 새 환자들이 끊임없이 들이닥친답니다."

리슈마니아병이라는 증상이 새로 문제가 되어서 제네바로부터 치료약을 구해왔다고 한다. 보건소가 캠프 안에 문을 연 지 아홉 달이 되었지만, 지난 달에야 발전기가 설치된 게 현실이다.

산아제한(가족계획) 시책도 도입되었다. 도시지역에서 산아제한은 거의 통제불능 상태에 가깝다. 그래서 이 캠프에서 이룬 성과가 더 놀랍다는 것이다.

내가 만난 한 엄마는 아이가 네 살이라고 했지만 내게는 젖먹이 아기로 보였다. 아이 얼굴을 보고서야 비로소 그 나이쯤의 소년이라는 걸 알았다. 얼굴 모습은 젖먹이가 아닌데 영양부족으로 인해 그렇게 몸집이 왜소한 것이다. 이곳의 보건소가 이 소년을 특별히 돌보고 있다. 주위를 둘러보니 이렇게 보살펴야 할 아이들이 너무나 많다.

1시간쯤 지나서 다시 차로 왔다. 캠프를 돌아다닐 때 우리를 둘러쌌던 사람들이 이제 우리가 떠나는 걸 지켜본다. 아픈 아이들이 너무 많다. 막 출발하는데 얼굴이 종기투성이인 소년이 보인다. 다섯 살쯤 되었을까. 큰 종기 넷은 거의 골프공 크기에 버금간다. 다음 지역으로 우리와 함께 이동하려고 했던 의사 선생 한 분이 이곳에 남아 당장 그 아이의 상처를 수술하겠다고 나선다.

파키스탄 정부는 이곳에 영구적 구조물을 세우는 걸 일체 불허 했다. 그들도 이제 고통분담이 지긋지긋하다는 것이다. 한 학교에 들렀다. 아이들이 큰 소리로 알파벳을 외운다. 모두 소년들이다. 소녀들은 소년과 다른 자리에 앉아서 크게 숫자를 외우고 있다.

많은 아이들이 기침에 시달린다. 땀띠가 난 아이들도 많이 보인다. 색 바랜 분홍빛의 허름한 옷을 걸친 한 소녀를 만났는데, 통역이 전해주는 그 소녀의 말은 마치 마흔 먹은 여인네의 이야기 같았다.

"그 사람들이 우리 집을 폭파했어요. 총과 폭탄으로 우리 집을 박살냈어요. 삼촌 다리를 자르고 내 사촌 두 명을 죽였어요."

탈레반의 짓이려니 싶었지만 묻지는 않았다. 대신, 그 애가 바라는 게 뭔지를 물었다. 이렇게 어린 나이에 큰 상처를 받은 소녀는 도대체 뭘 필요로 할까?

"저는 평화를 원해요. 아프가니스탄으로 돌아가고 싶어요. 집으로 가고 싶어요."

이곳에 얼마나 오래 있었는지 물었다.

파키스탄에 가다 173

"비닐 천막 아래서 아홉 달째 살고 있어요."

등록자 정보검색소로 갔다. 수많은 아이들이 땅바닥에 누워 그늘을 찾으려고 안간힘이다. 베레모를 쓰고 커다란 장총을 든 사내들이 그 지역을 지키고 있다. 아프가니스탄-파키스탄 국경이 그리 멀지 않은 곳이다. 아일랜드 출신의 한 여인을 만났는데 그녀는 UNHCR에서 난민을 위해 일하는 변호사이다.

거기서 브리핑을 듣고 있는데 한 여인이 들어왔다. 신분증명서를 잃어버렸다는 것이다. 가진 것이라곤 식료품 배급증뿐. 그녀 같은 곤란에 처한 이들을 돕기 위해 UNHCR은 여러 정보들을 검색해 새 신분증을 만들어 주고자 애쓰고 있다.

등록을 시행한 지 이제 3주째. 등록 절차는 아주 체계화된 과정이다. 42,000명, 즉 7,000여 가족들을 검색해야 한다. 본국으로 돌아가는 편을 선호하는지 모든 난민들에게 묻는다. 만약 그렇다면 아프가니스탄으로 돌아갈 수 있도록 도움을 받는다. 150킬로그램의 밀, 미국 돈 90달러에 해당하는 돈과 함께 말이다.

본국 귀환을 선택할 수도 있다는 게 나는 사실 믿기질 않는다. 탈레반이 아직도 북부에서 전쟁 중이고 어디를 가든 온통 지뢰밭인 곳으로 돌려보낸다고? 아프가니스탄은 세계에서 두 번째로 지뢰가 많이 설치된 나라이다.

여기는 한 여인을 인터뷰 하고 있는 방 안. 그녀는 아프가니스탄으로 돌아가길 절실히 원한다. 다른 가족들은 이미 다 돌아갔다는 것이다. 전쟁수행지역이라는 걸 알지만 그녀는 그래도 "여기 혼자 남아 제가 뭘 하겠어요?"라고 말한다. 그녀는 베일을 걷어 올렸다. 아마 방 안에 온통 여자들만 있어서 그렇게 해도 되는 것이리라 싶었다.

지난 3주 동안 검색 절차를 마친 7,000여 가족 중에 단 여섯 가족만 아프가니스탄으로 돌아가는 길을 택했다.

새로 도착하는 사람들은 매일매일 검색 절차를 거친다. 난민으로 인정되면 옆의 캠프로 옮겨진다. 샴샤투 캠프는 1998년에 세워졌다. 원래 300 가족으로 시작하였지만 지금 이곳에는 3,000 가족이 살고 있다.

그곳을 나오는 길에 열 살쯤 된 소년이 직원들에게 다가왔다. 부모도 없이 홀로 말이다. 여동생과 남동생이 있다는 그 소년의 경우처럼, 새로 생긴 잘로자이 캠프에서는 과부와 고아의 숫자가 특히 많다.

이곳은 엄청 덥다. 거추장스런 옷을 당장 벗어버리고 싶다. 조그만 종이컵으로 건네준 물을 마셨지만, 차마 더 달라고 하질 못했다. 우리가 떠나는 걸 보려고 나온 열 명 남짓한 사람들을 뒤로 하고 차가 달린다. 석양빛에 물든 그들의 얼굴이 붉다.

셸터 나우 인터내셔널Shelter Now International, SNI 이 비정부단체는 그리스도교를 전파한다는 누명을 쓰고 직원 24명이 납치되었다는 독일의 구호단체와 같은 곳이다. 납치된 사람들 중에는 아프가니스탄인이 16명, 외국에서 온 구호직원들이 8명이다.

SNI는 여기서 식당을 운영한다. 의료센터와 직업센터, 음식 나눔의 집을 보았다. 이들은 또한 어린이들끼리 서로 가르치는 또래 모임도 운영 중이다.

이 난민촌 직원인 오스트레일리아 출신 피터를 만났다. 피터는 그곳의 소년 소녀들을 내게 소개해 주었다.

아름다운 얼굴의 10살짜리 소년 샤이풀라도 만났다. 그에게 몇 가지를 물어보았다.

"네 동생들에게 가르치기도 하니?"

"그럼요. 가족끼리 먼저 해야죠."

"세상 사람들에게 전할 말이 있다면 무슨 말을 하고 싶니?"

그는 대답하기 부끄러운지 소매로 웃음을 가린다. 그리고는 고개를 들어 "아프가니스탄에 평화를!"이라고 말한다.

세계식량계획은 이 캠프의 난민들에게 한 달에 한 번씩 밀가루와 렌틸 콩, 식용유을 나눠준다.

지금은 캠프 내의 가장 기초적인 의료시설인 보건소 사무실이다. 21일부터 23일까지가 5세 미만의 아이들을 대상으로 한 소아마비 접종일이다. 오늘 현장에 나간 접종팀은 세 팀. 다섯 군데의 보건소가 활동 중인데 모두 UNHCR의 기금으로 움직인다. 백신의 공급은 유엔아동기금에서 맡는다.

직업훈련센터 여기서는 주로 몸이 불편한 난민들을 위한 직업훈련이 제공된다. 각 천막교실마다 반 이름이 붙어 있다. 벽돌반, 목공반, 구두제조반, 양철공반.

구두제조반에서는 어린아이 두 명이 기술을 배우고 있다. 아이들의 아빠는 지뢰사고에서 팔을 잃었고, 그래서 아이들이 가족을 부양할 기술을 배워야 하는 것이다.

신발을 하나 사려고 했는데, 아이들은 한사코 돈을 받지 않고 거저 주려고 했다. "그럼 내 남편 신발 한 켤레는 얼마면 되겠니?" 난 그렇게 물었다. 아이들로부터 뭔가를 꼭 사고 싶었던 것이다. "여기서는 돈을 주고받을 일이 없어요. 친선과 인도주의적 활동만 널리 알려주신다면, 우린 그걸로 충분해요."

이 프로그램들은 UNHCR이 돈을 대고 자말루딘 아프간Jamalludin Afghan이라는 유명한 아프가니스탄의 비정부기구를 통해 수행된다. 훈련과정은 개인

신발을 하나 사려고 했는데,

아이들은 한사코 돈을 받지 않고 거저 주려고 했다.

"여기서는 돈을 주고받을 일이 없어요.

친선과 인도주의적 활동만 널리 알려주신다면, 우린 그걸로 충분해요."

당 6개월씩이다.

청소년클럽 및 여성복지위원회 그 뒤 우리는 마을센터로 가서 여인들과 아이들을 만났다. 우리 일행 가운데 남자들은 밖에서 기다렸다. 마을센터 안에서 "아살라무 알라이쿰"이라고 인사를 했다. "만나서 너무 반갑습니다" 라는 뜻이다. 방 안 가득 웃음이 일어난다. 여인들은 내 이름을 "안젤리나 비비"라고 불렀다. 비비Bibi는 여인에 대한 존경을 나타낼 때 쓰는 표현이다.

이들은 가정폭력을 얘기하며 어떻게 폭력에 대처할까를 궁리 중이었다. 여성과 어린이라는 약자로서 자신들의 인권에 대해 배워가는 중이었던 것이다.

1년 전 이들은 비닐 천막에 살며 오늘날보다 훨씬 많은 문제에 시달렸다. 이제 주거 사정은 많이 좋아졌다. 작은 진흙집도 지었다. 서로 농담도 나눈다. 간혹 음식 배급이 늦어지는 게 걱정이다. "모두 대가족이라 늘 먹는 문제가 절박할 수밖에 없어요."

갓난애를 안은 젊은 엄마 둘을 만났다. 한 아이는 정신지체아였다. 다른 아이도 병을 앓고 있었다. 다른 곳의 여느 엄마들처럼 이들도 자기 아이들을 얼마나 달콤하게 사랑하는지 모른다. 이런 상황에 직면해 그들의 가족 걱정은 아주 심각하다. 잔뜩 겁먹은 것이다.

아픈 아기는 가려움 때문에 온몸에 두드러기가 일어났다. 꼬마 여자애는 커다란 갈색 눈으로 내게서 눈을 떼지 못했다. 애 엄마가 애를 들어올리더니 열기 때문에 생긴 등의 종기를 보여주었다.

어떤 여섯 살 난 소녀는 강간을 당하고 목이 졸린 뒤 간이화장실에 버려졌다고 한다. 애 엄마는 후환이 두려워서 경찰에 알리지도 못했다고 한다. 그 여인에게 내가 미국에 가서 알렸으면 하는 메시지가 있냐고 물었다.

"우리는 아프가니스탄의 평화를 원합니다."

다른 여인은 자기 남편이 열사병으로 죽었다고 한다. 그녀도 내 눈을 빤히 보며 단호하게 뭔가를 말했다. 통역이 뒤따른다. "당신이 이런 일을 겪는다면 뭘 어떡하실 겁니까? 어떻게 하시겠냐구요? 우리 삶은 끝장났습니다. 되찾을 수가 없다구요. 그렇지만 애들에게도 미래가 없어서야 되겠습니까? 우리 애들은 미래를 누려야죠."

이 말을 듣고는 눈물을 떨구지 않을 수가 없었다. 그녀는 이렇게 부탁했다. "우리와 우리 가족을 기억해 주세요."

다음으로 만난 모임은 소녀들이었다. 네 명의 아이들이 내게 구슬로 장식한 핀, 머리띠, 자수를 선물로 건넸다. 손님을 맞는 풍습이 이렇다고 한다. 아프가니스탄 문화인 것이다.

다른 캠프와 마찬가지로 이곳도 매우 덥다. 전기는 없다. 캠프의 보안도 썩 좋지 않다.

여자아이들은 직업훈련을 받지 않는다. 여자들끼리 서로 아주 기본적인 기술만 배울 뿐이다. 당연히 그들은 더 배우고 싶어 한다. 더 배우려는 열의는 아주 높지만 그저 앉아서 자수를 놓거나 바느질을 하고 구슬공예를 할 뿐이다. 그렇다고 돈을 받는 것도 아니다. 이들도 일자리를 구해 가족들을 위해 더 많은 음식을 사고 싶어 한다. 상황이 나아지는 데 자기들도 도움이 되기를 이 아이들은 원하는 것이다.

음식 배급, 주택, 직업훈련, 육아, 이 모든 것에 앞서 우선 보호가 시급하다. UNHCR이 이들에게 필요한 보호 조치를 제공한다. 하지만 기금이 더 확충되어야 하며, 이에 대한 인식 또한 제고되어야 한다.

파키스탄에 가다 179

더위도 추위도 목숨을 노린다 오후 3시다. 인근의 호텔에 체크인을 했다. 내 보안담당관인 아마드 씨가 방을 검사하기 위해 먼저 들어가겠다고 했다. 총을 가지고 다니는 그가 방안을 샅샅이 뒤지고 창밖까지 내다본 뒤에야 됐다는 신호를 보낸다.

아마드 씨는 내가 여기 도착한 뒤로 줄곧 같이 있었다. 급박하게 나를 보호해야 하는 경우가 아니면 그는 대부분 적당히 떨어져 나를 따른다. 우리가 다니는 지역에서 그가 무엇을 둘러보는지 내게는 보이지 않고, 그래서 이해가 되지도 않는다. 어제는 시장 한복판에서 그가 갑자기 차로 돌아가라고 나를 다그쳤다. 난 왜 그러는지 묻지도 않았다. 내가 그에게 묻는 법은 없다. 여기서는 내가 이해 못할 일이 많다는 걸 난 잘 안다. 이방인으로서 나는 눈이 먼 거나 다름없다.

"누가 문을 두드리면 대답하지 마시고, 저를 부르세요. 저는 당신 방 바로 맞은편에 묵을 겁니다."

현지의 UNHCR 직원들과 저녁을 함께 했다. 제복에 총을 찬 남자가 문을 열었다. 방 안으로 들어가기 전 모두가 신발을 벗었다. 우리는 모두 커다란 방석 위에 앉았다.

작은 에어컨과 선풍기까지 돌고 있지만 실내는 아직도 덥다. 이 정도는 사실 그리 더운 것도 아니다. 너무 숨이 막혀 의식을 잃을 것만 같은 경우를 나도 이미 여러 차례 경험했다. 열병 때문에 사람이 죽는다는 게 온몸으로 이해되는 것이다.

겨울이면 비닐 천막 안에서 많은 사람들이 — 특히 어린이들이 — 밤을 못 넘기고 얼어죽는다. 반대로 더운 여름에는 천막 안은 오븐 속이나 마찬가지다. 생각만으로도 끔찍하다.

이곳은 엄청 덥다.

거추장스런 옷을 당장 벗어버리고 싶다.

조그만 종이컵으로 건네준 물을 마셨지만,

차마 더 달라고 하질 못했다.

아침 6시 30분에 일어났다. 첫 방문지는 UNHCR 페샤와 사무실이다. 그곳에서의 브리핑에서 나는 전체 난민의 2/3 가량이 20년도 넘게 난민 생활을 하고 있음을 알았다.

파키스탄은 6월 30일을 기해 이 지역의 대규모 캠프들 가운데 하나에서 많은 난민을 쫓아내겠다고 발표했다. 지금은 파키스탄 정부가 UNHCR과의 협의를 거쳐 그 일자를 9월 30일로 늦췄다고 한다. 20년이 흘렀고 파키스탄 국경 안의 난민 수가 수백만에 이르자 파키스탄은 이제 한시 바삐 그들을 추방하고 싶어 한다. 물론 그것이 탈레반의 지뢰밭으로 밀어내는 조치임을 잘 알면서도 말이다.

신원 검색을 위한 시간을 벌고, 되도록 많은 난민들을 추방 조치로부터 구해내 정착할 곳을 찾아주기 위해 UNHCR은 바쁘게 움직인다.

오늘 우리를 안내해 이곳을 보여주는 이는 로이 헤르만 씨다. 여러 방들을 둘러보았다. 아주 이른 시간인데도 모두들 분주해 보인다. 그들의 일 분 일 초라도 방해하고 싶지는 않다. 원래 오후 4시에 케타 행 비행기를 탈 예정이었지만, 날씨를 봐야 한다고 한다. 행여 비가 오면 비행기가 뜨지 않을 확률이 아주 높다는 것이다.

사무실은 수수하기 그지없다. 각 방은 서류철과 책들로 가득하다. 선풍기가 돌아가는데도 실내는 아주 덥다. 매일 100여 건의 신청서가 밀려들지만 고작해야 너댓 건이 처리될 수 있을 뿐이다. 흑백 여권사진 한 장씩이 붙은 서류가 그야말로 산더미처럼 쌓여 있다. 더 많은 도움의 손길이 절실히 필요하다. UNHCR은 예산 삭감과 기금 부족에 시달리고 있다.

길거리의 아동들과 거지 여인들을 위한 센터 이 센터의 난민들은 주로 도시지역에서 생활한다. UNHCR은 오로지 캠프의 난민들만 도울 수 있을 뿐이다. 그래서 UNHCR로부터 아무런 도움도 받을 수 없는 도시지역의 난민들은 비정부기구나 지역 내 단체들에 기대는 수밖에 없다. 실제로 UNHCR은 몇몇 비정부기구를 지원하기도 한다.

방바닥에 소년 소녀들 스무 명 가량이 여러 줄로 나눠 뒤섞여 앉아 있다. 정식 학교는 아니라고 한다. 아이들이 다리Dari〔아프가니스탄의 타지크Tajik 사람들이 쓰는 페르시아 말〕를 배우는 언어교실도 있다. "당신을 반기는 노래를 부르겠다고 하는군요." 통역이 내게 그렇게 말했다.

이 아이들은 찢어지게 가난하지만 그래도 웃으면서 노래한다. 무척이나 진지한 얼굴을 하고서 노래도 얼마나 정성들여 부르는지 모른다.

몇몇 아이들은 눈에 띄게 심한 상처의 흔적을 갖고 있다. 이들 모두가 아프가니스탄을 그리워하며 돌아갈 날만 기다린다.

이 아이들이 이곳으로 왔을 때 비타민 결핍 등 영양실조 상태였다. 14살의 소년들도 훨씬 어려 보일 정도로 말이다. 이제 아이들은 목공과 용접 일을 배운다. 이들은 조판공이나 의사가 되는 게 꿈이다.

어느 선생님이 말했다. "아이들은 큰 꿈을 품고 살아요."

나시르 바그 캠프 이곳의 사람들은 곧 쫓겨날 예정이라고 한다. UNHCR은 검색에 좀 더 시간이 필요하다고 협상하여, 추방 전에 가장 취약한 사람들을 구제하기 위해 애쓰고 있다.

이 마을 전체가 통째로 해체될 거라고 한다. 100명도 넘는 검색센터의 난민들은 바깥에서 기다린다. 자신들이 어떤 상황에 직면했는지 아는지라 이들은

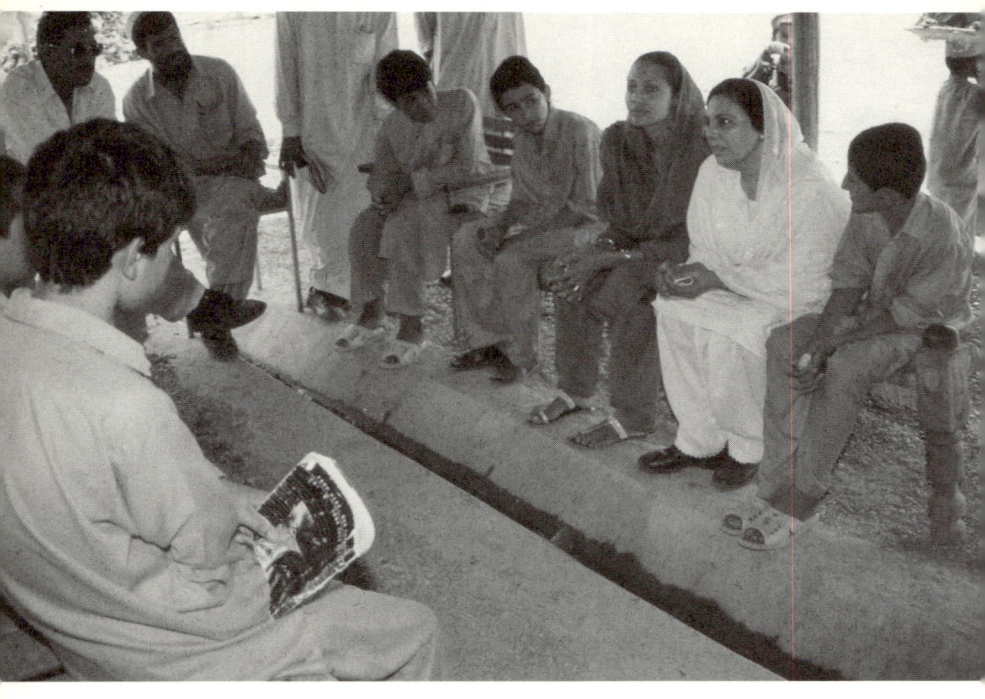

걸어 들어가면서 나는 눈을 내리깔았다.

여자라서 움츠렸거나 불편해 그런 게 아니라,

아무 도움도 줄 수 없는 내가 부끄러웠기 때문이다.

점점 더 불안해한다.

걸어 들어가면서 나는 눈을 내리깔았다. 여자라서 움츠렸거나 불편해 그런 게 아니라, 아무 도움도 줄 수 없는 내가 부끄러웠기 때문이다. 상담실 안의 여인들은 여인들끼리만 얘기하고 싶어했다. 이들은 자기 무리와 함께 등록되려고 안간힘을 쓴다. 이동할 때도 함께 다니고자 한다. 새로운 땅에서 새 삶을 시작해야 한다면 이들은 함께 하고 싶어하는 것이다.

그 누가 혼자 남겨지는 걸 좋아하겠는가.

캠프 안의 학교 오늘은 학교에 아이들이 없다. 네 명의 선생님을 만났는데, 남자 한 명에 여자 셋이다. 여선생님 중 한 명은 아이를 안고 있다. 그녀는 여기서 가르친 지 8년째라고 한다. 아무리 누추하더라도 이 캠프를 어엿한 마을로 만들기 위해 굉장히 많은 땀을 흘려야 했다.

아이들이 보는 지도가 벽에 걸려 있다. 이 학교의 선생님은 스무 명이라고 한다. 그런데 학생은 3,000명(남학생 1,000명, 여학생 2,000명)이다. 아프가니스탄 난민 여자애들이 제일 많은 학교 중의 하나인 곳이다.

선생님들에게 이 캠프의 대부분이 철거되기로 예정된 9월이면 어떻게 하냐고 물어보았다. 마지막 그날까지 학교 문을 열어두는 게 최선이라고 한다. 자신들도 가능한 한 끝까지 남아 있을 거라고. 이 난민들 중 상당수가 추방된 뒤 옮겨갈 곳에서 '이동 학교'를 만들었으면 하는 게 이들의 바램이다. 지금 우리가 앉아 있는 바로 이 방도 철거구역 안이라고 한다.

그곳을 나와 캠프 내의 조그만 마을 회관을 찾았다. 이곳의 여인들은 아프가니스탄으로 송환되는 걸 원치 않는다. 그곳에서는 교육 기회를 얻을 수도 없다. 여성의 고용 또한 금지되어 있다. 무엇보다 이들은 탈레반이 두렵다. 자기 가족들을 해칠까 두려운 것이다.

한쪽 옆으로 물러나 서서 나는 물끄러미 사람들을 지켜보았다. 이들을 대신해 내가 무슨 말을 어떻게 해야 하나? 배고픔과 전쟁에 대해 내가 아는 게 무언가? 구석에서 융단을 짜고 있는 조그만 아이 둘이 보인다. "저 애들도 고향에 돌아가면 유치원에 다닐 거예요." 어느 엄마가 그렇게 말한다. 저토록 어린 아이들을 일하러 내보내야 하는 부모의 심정을 어찌 헤아리겠는가? 먼지투성이인 이런 캠프들에서 아이들이 병에 걸려 앓는 모습을 지켜봐야 하는 부모들. 아이들은 어김없이 알레르기와 심한 기침에 시달린다.

그들은 파키스탄 정부가 보여준 호의에 말할 수 없이 감사하고 있음을 내게 알리려고 한다. 어린 아이 넷을 데리고 있는 한 여인을 만났다. 그녀는 보건센터에서 일하고 40달러의 월급을 받는다. 그녀는 아프가니스탄으로 돌아가고 싶지 않다. 돌아간다는 건 더 이상 일도 할 수 없다는 걸 뜻한다.

여인들은 우리를 점심에 초대했다. 안 그래도 모자라는 배급식을 우리들과 나눠먹겠다는 것이다. "고맙습니다. 그렇지만 오늘 일정이 꽉 짜여서 점심 먹을 시간이 없을 듯합니다." 그렇게 말하고 나와야만 했다.

차가 슬슬 움직이는데 조그만 꼬마들 몇 명이 차 주위를 둘러싸고 손을 흔들며 인사한다. "안녕, 안녕!" 한 아이가 차창 안을 들여다보려고 먼지를 문질렀다. 그 애가 나를 보고 웃었다. 난 손을 뻗어 유리창에 댔다. 그 애도 내 손 모양대로 유리창에 자기 손을 갖다 대었다.

애들에게 뭔가를 주어야 할 듯한 기분이었지만, 이들 모두에게 나눠줄 만큼 충분히 가진 게 없었다. 팔찌 세 개와 스카프 하나뿐이었다. 그런데 그런 생각을 할 즈음, 난 문득 깨달았다. 애들이 내게서 뭘 받기를 바라는 게 아니구나. 낯선 방문객을 맞는 게 그저 행복한 거로구나. 자기들을 바라보고 웃음 짓는 손님, 기꺼이 조금이라도 같이 놀아주는 손님 말이다.

우리가 그곳을 빠져나올 때 아이들은 차를 따라 달렸다. 먼지투성이 돌길을 아이들은 맨발로 달린다. 계집애 하나는 벌써 자빠졌다. 얼른 뒤돌아보니 툴툴 털고 일어선다. 꼬마 소년이 그 애를 돕고 있다. 아이는 웃고 있다.

다음으로 들른 구역은 이미 철거가 진행 중이다. 창문, 문짝, 널판 따위가 이미 다 뜯겨져 나갔다. 지금껏 이 캠프에서 본국으로 보내진 가족이 1,042 가구에 이른다.

압력은 호락호락하지 않다. 어떤 가족은 억지로 돌려보내졌다. 이들이 아프가니스탄으로 돌아가면 이 지역의 파키스탄 빈민들이 혜택을 본다. 난민들과 나눠 써야 했던 땅이 고스란히 자신들 차지가 되는 것이다. 지난 20년간 이들은 자신들의 고향을 난민들과 함께 공유했다. 국제사회가 이들에게 그렇게 큰 짐을 떠맡게 했던 것인데, 좀 더 그 짐을 지고 가라고 강요해서는 안 된다.

아주 복잡미묘한 상황이긴 하지만, 간단히 말해 난민들도 보호국도 전쟁의 상처를 입었다. 난민들은 보호국들에게 깊이 감사한다. 우리는 보호국들도 도와야만 한다. 이는 단지 난민 프로그램이 원활히 운용되도록 돕기 위함만은 아니다. 난민촌을 제공한 보호국들에게, 보호국에서 살아가는 모든 사람들에게 감사하고, 그들과 그 정부들에게 깊은 사의를 표하기 위해 그들을 도와야만 한다.

하지만 파키스탄의 경우, 사정은 꽤나 복잡하다. 많은 파키스탄 사람들은 탈레반이 이 나라에서 유래하였기에 그에 따른 책임감을 느낀다. 한 남자가 내게 말했다. "그건 마치 나중에 당신을 잡아먹을 악어를 기른 거나 다름없어요."

난민촌 공동묘지에 도착했다. 몇 킬로미터는 넘을 듯 길게 이어진 묘비들. 새로 만든 무덤들도 눈에 띄는데, 대부분 아이들 묘라고 한다.

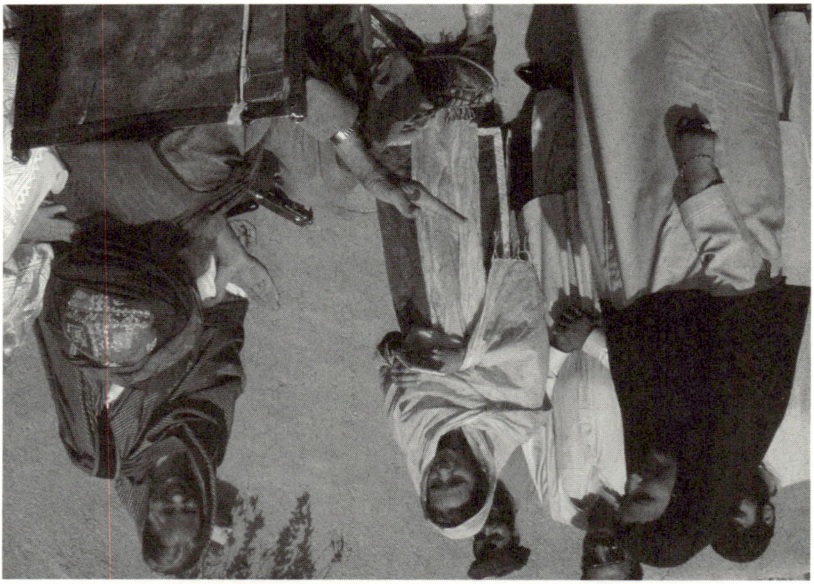

많은 가족들은 이곳으로 오는 도중에 아이가 죽어도 그 시체를 들고 파키스탄으로 넘어와 여기다 아이를 묻는다. 몇몇 집을 방문했을 때 강제로 송환된다는 소식을 듣고 얼마나 힘든지 물어보았다. 이곳에 새 삶을 세워 올린 이들이었는데, 이제 그걸 다시 허물고 다른 곳에서 새로 시작해야 한다. 그들은 말이 없었다.

지금은 UNHCR 직원들에게도 아주 힘든 시기라고 한다. 강제로 순환 근무를 시킨다고 하는데, 한 곳에 너무 오래 머무르게 하지 않으려는 조치이다. 한군데 오래 있다 보면 프로페셔널해지기가 즉 객관적이기가 정서적으로 아주 힘들기 때문이다.

사이에드 자말루딘 사이에드 자말루딘Sayyed Jamalludin은 UNHCR의 기금 지원을 받아 직업훈련을 위해 지어진 '아프가니스탄 복지센터'이다. 1년에 약 400명의 난민들을 돌보며 직업 교육을 실시한다. 이곳에 도착하자마자 한 남자가 네 팔다리를 모두 이용해 걸으며 우리 곁을 지나갔다. 손에도 신발을 신고 있었다. 중증 소아마비를 앓는 그와 같은 장애인들이 가장 취약한 사람들이다.

이런 무더위 속에서 여기 사람들은 도대체 어떻게 일을 하는 걸까? 남자 여자 할 것 없이 이곳 사람들은 팔다리를 잃은 사람들이거나 불구자였다. 하지만 아주 열심히 일하는 사람들이다. 이들이 만들어낸 것은 그야말로 놀랍다. 이동식 책꽂이뿐만 아니라 신발, 창문들, 난로까지 이들은 척척 만들어낸다.

잠시 그곳을 둘러본 뒤 그늘에 앉자 청량음료를 권했다. 먼지 뽀얀 상자에서 꺼낸 것은 유리병 속의 펩시였다. 우리에게 펩시콜라를 내어준 그들의 후의를 생각해서라도 한 방울도 남길 수 없었다.

12살 소년들의 학급에 들렀다. 이제까지 글을 못 배운 아이들이었지만 이제

파키스탄에 가다 **189**

여기서 읽기를 배운다. 옆방의 소녀들은 초보 읽기 과정을 공부하고 있다. 이렇게 교육기회를 얻은 아이들의 눈빛을 쳐다보는 일은 참으로 신나는 일이다.

한 여인이 우리에게 말했다. "당신들이 베푼 도움을 신께서 축복하실 겁니다. 그 도움이 없었더라면 우린 손 꽁꽁 묶인 채 아무것도 못했을 거예요." 이 여인들은 참으로 강인하다. 차도르 너머 그들의 눈빛은 분명 웃고 있다.

이곳에서 안내를 맡은 하지 씨는 이렇게 말했다. "편안한 삶을 뒤로 하고 여기까지 우리를 찾아와 함께 시간을 보내주시니, 참으로 감사합니다. 신께서 축복하실 겁니다."

그곳을 떠나는 차 안에서 나는 차도르로 온몸을 가린 여인들을 더 많이 봤다. 온몸과 머리를 가리고서 눈 부분만 작은 구멍의 망사 가리개를 댄 그 옷을 부르카burquah라고 한다.

이란의 부르카는 검은 색이지만, 파키스탄에서는 주로 흰 색, 아프가니스탄에서는 주로 푸른 색이다. 부르카를 입고서는 서로 눈을 맞추는 일이 아예 불가능하다. 아이들도 엄마의 감정을 읽을 수가 없다.

부르카에는 개인도 없고 자아도 없다. 또 날씨는 얼마나 뜨거운가. 나도 부르카를 하나 사서 입어봤다. 마치 새장 속에 갇힌 느낌이었다. 진짜 끔찍했다.

8.23 THURSDAY

아침 6시 30분 기상. 커피를 마시며 유수프와 나눈 얘기의 주제는 좌절과 기금 부족, 프로그램 단축 등이다.

사람들이 난민들에 대해 갖는 오해가 얼마나 안타까운지, 또 그래서 난민들을 자기 지역사회로 받아들이는 데 얼마나 인색한지에 대해서도 토의했다.

난민들에 대한 우리의 인식은 이제 바뀌어야만 한다. 그들도 존중받아 마땅한 존재들 아닌가. 이제 우리도 눈을 열어 우리 세계의 이 놀라운 다양성을 직시해야 한다.

케타에서의 브리핑 이곳 직원은 15명. 그 중 네 명이 외국인이다. 베로니크는 나이지리아 출신이다. 우리는 여러 방을 돌면서 우리가 누구인지, 여기 와서 뭘 하고 있는지 설명했다.

여섯 달 전 나는 UNHCR과 더불어 여행하기 시작하면서 '사람이 만든 비극' 속에서 살아가는 사람들인 난민에 대해 배우기 시작했다.

나는 그들에게 내가 방문한 나라들, 즉 아프가니스탄, 시에라리온, 캄보디아 얘기를 했다.

지친 얼굴들로 가득한 방을 둘러본다. 한 여인은 말한다. "우린 여기서 최선을 다하고 있어요." 그녀는 아프리카에서 왔고, 여기서 거의 1년 가까이 도움을 펼치고 있다.

우리와 함께 한 여인 중 한 명인 세레나는 1983년부터 이 사무소에서 일했다. UNHCR 사람들을 알게 되고 그들과 함께 일하는 건 내게 큰 영광이다. 이들은 선한 사람들이다. 이들은 모든 난민들을 도울 수 있기를 간절히 바란다. 하지만 예산은 늘 모자란다. 기금이 삭감되는 만큼 더 많은 사람들이 고통을 겪는다. UNHCR에 주어지는 돈 한 푼에 사람들의 생명이 기대고 있는 것, 이것이 바로 실상이다.

뉴 사라난이라는 난민촌으로 한 시간 정도 차를 몰고 갔다. 이동 중에 나는 낙타와 알록달록 칠한 버스들, 철조망 울타리, 옹색한 그늘 밑에 소복하게 엉켜 선 먼지투성이의 인물들을 보았다.

아프가니스탄 국민들은 대개 농민들이라고 한다. 이들은 아주 근면하고 성실한 사람들이다. 아무 연고도 없는 곳에서 아무것도 가진 것 없이 살아가는 이들이지만, 그래도 얼마나 창조적이고 예술적인 재능이 뛰어난지 모른다. 그들의 작은 아트 마켓에 가면 당나귀가 끄는 수레에 그들의 작품이, 때로는 과일과 함께, 실려 있다.

차 안의 일행들은 내 문짝이 잘 닫혔는지 몸을 뻗어 거듭 확인한다.

난 문득 깨달았다. 그러고 보니 길거리 어디에도 여자라곤 찾아볼 수조차 없다는 것을.

시장을 지나니 아무 피난시설도 없이 난민들을 새로 수용한 지역이 눈에 띈다. 아직 그늘도 물도 없는 곳이다. 어린 소년 하나가 작대기를 든 채 조그만 염소 두 마리를 모는 게 보인다.

이 사람들은 대체 어떻게 삶을 연명하는 걸까? 이들은 가진 것 없이 살아가지만, 그 최소한의 것들을 최대한 활용한다. 모든 게 값진 것이다. 내가 집에서 얼마나 낭비하며 살았는지, 필요로 하는 것(물, 음식, 옷 등등)보다 얼마나 넘치게 가지고 있는지를 되돌아보게 된다.

뉴 사라난 난민촌   파키스탄의 캠프들에서 한결같이 발견되는 것들이 있다. 먼지투성이의 세계, 구정물투성이의 길, 흙집과 천막들 이다.

뉴 사라난 캠프는 7~8km의 길이이다. 유일한 급수원은 17km 떨어져 있다. 차에서 내리자마자 푸석푸석 먼지가 나풀거린다. 눈과 목구멍에서도 벌써 먼지가 서걱거리는 느낌이다.

우선 보건센터에 들렀다. 먼지투성이 융단 위에 낡은 탁자가 놓인 작은 방

UNHCR 사람들을 알게 되고 그들과 함께 일하는 건 내게 큰 영광이다.

이들은 선한 사람들이다. 이들은 모든 난민들을 도울 수 있기를 간절히 바란다.

하지만 예산은 늘 모자란다.

기금이 삭감되는 만큼 더 많은 사람들이 고통을 겪는다.

UNHCR에 주어지는 돈 한 푼에 사람들의 생명이 기대고 있는 것,

이것이 바로 실상이다.

몇 개로 이뤄진 곳이다. 여기서는 물리치료를 받을 수 있다. 주된 질병은 소아마비, 뼈결핵, 화상, 지뢰 및 총탄으로 인한 부상, 정신적 외상이다. 이곳 환자의 절반 이상이 5세 미만의 아이들이다.

여인들을 위한 방도 있다. 낡은 담요 위에 여인 세 명이 얼굴을 바닥으로 향한 채 누워 있다. 다리를 쓸 수 없는 사람들이다. 허리를 펴고 들어 올리려고 애쓰는데, 그게 운동이라고 한다.

밖에서 수염이 하얗게 센 아프가니스탄 남자를 만났다. 그의 아내는 눈이 멀었고, 두 아들은 죽음을 당했다. 이곳 사라난 캠프에서는 장애인들의 직업훈련에 제공되는 예산이 없다.

다른 남자도 자기 얘기를 했다. 한쪽 팔과 한쪽 눈을 잃은 사람이다.

어떤 사람들은 UNHCR이 난민을 돕기 위해 더 많이 노력해야 한다고 불평한다. 이런 얘기를 듣는 직원들 맘이 편할 리가 없다. 이 사람들은 제한된 기금과 삭감 조치들을 그저 이해할 수 없을 따름이다.

한 직원은 이렇게 말했다. "세계 곳곳의 사람들이 우리를 비판할 수 있어요. 각국 정부들도 우리 프로그램을 비난할 수 있지요. 하지만 우리는 굶주리고 아픈 사람들을 날마다 얼굴 맞대고 만난답니다."

이를 대체 어떻게 설명해야 할까? 예컨대 차 안에 한 무리의 사람들이 있다. 그 차 둘레에는 배고프고 전쟁에 상처 입은 사람들이 서 있다. 차에서 몇몇 사람들 — UNHCR 및 인도주의 활동가들 — 이 내려 자신들이 가진 모든 것을 나눠주지만, 모두를 돕기엔 턱없이 부족하다. 그런데 일단 그렇게 하고 나면 나머지 굶주린 사람들의 분위기는 험악해진다. 차 안에서 절대 내리지 않으려는 사람들도 있다. 이들은 문제를 풀고자 애쓰지도 않고, 문제를 풀 수도 없으며, 공격받고 싶어 하지도 않는다. 상황이 걷잡을 수 없다 싶으면 많은 이들은 그저 아무것도 하지 않는 쪽을 택한다.

우리는 걸어서 캠프를 둘러보았다.

여인 두 명이 소아마비 백신을 주고 있다. 한 아기가 운다. 대부분의 어린 아이들은 상황을 이해하고 선뜻선뜻 주사기 앞으로 나선다. 입 안에 몇 방울 떨어뜨리는 게 전부인 아주 간단한 백신이다. 그 간단함이 이 아이들의 미래에 팔다리를 제대로 쓸 수 있을지 없을지를 가른다. 이런 기관이 없다면 이 사람들은 예방가능한 질병에 시달리며 더 큰 고통을 겪어야만 한다.

매년 약 1,000만 명의 난민 어린이들이 5세가 되기 전에 죽는다. 대다수는 예방가능한 질병과 영양실조 탓이다.

젊은 여학생들이 공부하는 방으로 갔다. 우리와 함께 다니던 남자들은 방밖에 남겨두고 여자들만 안으로 들어갔다. 여자애들이 일어섰다. 아이들이 우리에게 한목소리로 들려준 것은 '교육을 위한 시'였다. 이토록 어린 여자아이들이 보다 나은 삶과 배움의 기회를 그토록 간절히 원하고 있다. 당신 눈에는 눈물이 맺힐 수밖에 없다.

칠판에 적힌 수학문제들은 내가 풀 수 없는 것이었다. 여러 가지 청량음료를 내놓았다. 구할 수 있는 건 다 내놓았나 보다. 구석에 있는 조그만 양철 책꽂이는 바닥에 바퀴를 달고 있었다.

나는 아이들에게 자라서 무엇이 되고 싶은지 물어보았다. 많은 아이들이 한 가지 소원을 말했다. "의사요!" 한 아이는 이렇게 덧붙였다. "열심히 노력하면 우리도 할 수 있어요."

이 캠프에서 생활하는 데 가장 힘든 게 무언지도 물었다. "일자리가 모자라요." 이 대답을 그토록 어린 아이한테서 듣다니, 참 희한한 기분이었다.

"물이 필요해요. 물차가 오지만, 그래도 모자라요."

통역자를 통해 물었다. "아프가니스탄으로 돌아가고 싶니?" 그들이 일제히 대답했다. "예!"

내가 다시 물었다. "왜 지금 돌아가면 안 되니?"

"우리나라에서 그들끼리 싸우고 있어요." "거기서는 우리가 교육을 받을 수가 없어요."

나이 든 여인 한 명이 들어와서는 말한다. "탈레반 이전에는 대도시 여자들이 교육을 받을 수 있었답니다." 비록 그들이 난민촌에 기거하는 처지이지만, 이런 학교의 교실을 본다는 게 그녀에게는 참으로 행복한 일이라고 한다.

이런 소녀들 중 몇몇은 집에서 더 어린 아이들을 가르친다. 헤어지는 인사를 나누는 동안 소녀들은 일어나 예쁘게 웃었다. 우리는 다시 먼지 구덩이로 나섰다. 한낮의 열기는 어찔어찔할 지경이다. 다음에 들른 조그만 방에서는 나이 든 여인 몇몇이 뭔가를 배우고 있다.

방은 2.5m×4.5m 정도의 크기이다. 벽은 진흙이고, 천장은 나뭇가지로 얼기설기 짰다. 벽에 뚫린 조그만 네모 구멍들이 창문이다. 여인들은 글쓰기를 배우는 중이다. 한 여인은 자기 이름을 쓸 수 있다며 보여준다. 그녀는 너무 행복해 한다. "이제 내 가족에게 편지를 쓸 수 있어요."

키 작은 어린 아이가 창문턱을 붙잡고 빼꼼이 안을 들여다본다. 좀체 잊기 힘든 얼굴이다. 아이가 우리를 쳐다본다. 아마도 그 애 엄마가 이 방 안에 있는 것이리라.

여인들은 교육을 받을 때 가장 좋은 점이 자신이 아는 것을 다른 사람들과 나눌 수 있는 것이라고 한다. 그런데 가족계획과 안전한 성생활 얘기가 나오자 다들 일제히 쑥스러워 하며 웃음을 터뜨린다. 이들에겐 거북한 주제인 것이다. 최근에 갓 결혼한 한 여인은 이런 문제들을 알고 있냐는 질문을 받고는 화

196 Amazing Survivors

들짝 얼굴을 가린다.

그들은 자기들 사진을 찍어달라고 했다. "사진 한 장 보내주실 수 있나요? 가족들에게 우리가 학교에서 공부하는 모습을 보여주고 싶어요." 그들과 나눈 얘기는 참으로 멋있었다.

밖으로 나와서 우리는 그늘진 벽에 몇 분 정도 기대 서 있었다. 근처에는 어린 소년들과 소총을 든 병사들이 서 있었다.

지상의 지옥 약 1시간쯤 아무것도 쓰질 못했다. 속이 메스껍다. 갈증에 목이 탄다. 물을 마시면 기분이 좋아질 듯한데….

다음 구역으로 이동했다. 작고 오래된 캔버스 천막들을 통과하는데, 워낙 먼지가 뿌연지라 그 안을 볼 수는 없다. 마치 세상의 끝, 어느 잊혀진 땅 같다. 사람이 어떻게 저기서 산단 말인가?

1시간이 더 흘렀다. 구불구불한 산길이다. 우리 주위엔 먼지와 바위들뿐이다. 빼곡하게 사람들을 실은 버스 한 대가 우리 차를 지나친다.

우리 트럭의 에어컨에서는 뜨거운 바람이 나온다. 내 냉장고, 그리고 내 주방의 미닫이문을 열었을 때 불어 들어오는 상쾌한 바람을 떠올리며 공상에 잠긴다. 한심한 생각인 걸 알지만, 사실이다. 이런 열기 속에서는 정신이 오락가락한다. 다른 무언가에 집중해야겠다. 멀미 기운을 떨치는 데 도움이 될 테니까.

여기 이 모든 이들에게 벌어지고 있는 일들을 생각해본다. 걷잡을 수 없이 슬픔이 밀려든다. 슬퍼할 뿐, 내겐 힘이 없다. 이 상황은 그야말로 지상의 지옥이다. 그렇지만 바로 이곳의 사람들은 진정 놀랍고 고무적이다. 이들은 살아남고자 참으로 열심히 일한다.

진흙집 몇 채와 과실수 몇 그루가 있는 지역을 통과한다. 저 과실수가 아마

파키스탄에 가다 197

이들의 유일한 소득원이 아닐까. 이 땅의 모든 부분이 가뭄의 타격을 입었음을 보여주는 표시는 어디서나 발견된다.

벌채한 나무를 가득 실은 트럭 한 대가 지나친다. 나무를 팔러가는 길이리라. 직원 가운데 한 명이 말한다. "저 나무들이 다시 자라려면 7년은 걸립니다. 물론 가뭄이 끝났을 때 얘기지요." 이들에게 재정적 지원이 닿지 않으면 이곳 또한 미래가 없는 땅이 되고 말 것이다. 문을 걸어 잠근 난민촌 하나를 지나는데, 재원 부족으로 폐쇄된 곳이라 한다. 사람들은 다른 캠프로 옮겨졌다. 차가 멈춘 곳은 캠프 철거가 시작된 곳이었다. 아직도 떠나지 않은 몇 가족이 보인다. 그들은 그야말로 폐허더미 속에서 살아간다. 사내들은 어디로 갔는지 여인과 아이들만 보인다.

맨발의 어린 소년들이 우리를 보고 달려왔다. 이렇게 어린 얼굴들에서도 짙은 슬픔이 배어나온다. 처참하게 마른 아이들은 유독 배만 볼록하다. 날카로운 돌과 거북 등짝처럼 갈라진 메마른 땅바닥 위에서 이 아이들은 뛰놀아야 한다.

차 안의 아이스박스에서 물병을 꺼내 아이들에게 건넸다. 일행이 비행기에 그걸 실을 때 멍청한 일이라고 생각했었다. 이제야 나는 그 뜻을 깨닫는다. 이런 곳들에서는 사람들의 필요에 보다 세심하게 관심을 기울여야 한다.

여인들로만 이뤄진 한 가족이 우리 쪽으로 걸어온다. 이 텅 빈 캠프는 옛 문명의 폐허 같아 보인다.

여인들 중 한 명에게 물었다. "여기서 사시기에 별 문제 없나요?" "문제랄 게 뭐 있나요. 신께서 손님들을 더 많이 데려다 주실 거예요." 그녀의 대답이다.

여인 한 명은 임신 중이다. 얼굴에 푸른색의 부족 문신을 한 그녀는 형형색색의 장신구를 걸쳤다. 이 여인들은 1979년에 아프가니스탄에서 왔다고 한다.

이유를 물었다.

"러시아와의 전쟁 때문이죠. 집과 물 잘 드는 땅을 버리고 왔어요. 이젠 탈레반 차지죠. 우린 돌아갈 곳을 잃어버렸어요." 먼지 나는 낡은 퀼트가 깔린 조그만 방으로 그들을 따라 들어갔다.

근처에 병원은 있는지 물었다. 그게 말이 되느냐는 듯 나를 쳐다보는 눈초리만 되돌아온다.

작은 꼬마의 눈초리가 유독 슬퍼 보인다. 아이의 옷은 완전 넝마고, 큰 눈은 촉촉이 젖었다. 웃으려고 퍽 애쓰는 표정이다.

여인들에게 미국을 아는지 물어보았다. "예. 우리 남자들이 미국이 우리를 돕는다고 했어요." 미국 사람들에게 전하고 싶은 말이 있는지 물었다. "우리가 왜 이런 고통을 겪어야 하나요?" "우리가 왜 이렇게 절박해졌나요?" "우린 미국의 도움에 감사해요. 하지만 간청합니다. 우린 음식과 물이 더 필요해요. 사람들이 더 죽지 않았으면 좋겠어요."

사진을 찍어도 괜찮은지 물었다. "안 돼요. 우리 남편들이 화낼 거예요." 우리는 이해했다. 여인들은 대신 아이들의 사진을 찍으라고 했다. 한 꼬마는 완전 겁에 질렸다. "카메라를 본 적이 없어서 그래요."

음식 부족에 대해 얘기를 나누었다. "우리 가족 전부가 한 달에 한 포대밖에 못 받아요. 애들에게 조금씩만 먹으라고, 먹을 때마다 꾸짖어야 해요."

한 여인은 자신의 11살 난 아들이 한 달씩 중노동을 하러 떠나는 사연을 얘기한다. 그런 중노동의 대가는 한 달에 8달러. 다른 소년은 불을 땔 나무를 주우러 다닌다.

"우리 아들들이 살았는지 죽었는지도 몰라요."

"마치 감옥에 갇혀 사는 것 같아요."

파키스탄에 가다 199

"여길 찾아주셔서 감사합니다."

"마치 여동생이나 엄마가 우리를 찾아온 것 같은 기분이에요."

"우릴 찾아주셔서 감사드리고, 당신을 위해 기도할게요."

내 지갑엔 3,000루피가 있었다. 1달러에 60루피니까 50달러쯤이다. UNHCR 직원에게 물었다. 이 여인들에게 그 돈을 줘도 되는지 말이다.

"좋아요. 하지만 그 돈이 UNHCR이 주는 게 아니다, 그리고 훗날에도 그런 현금을 받을 수 있다고 생각하면 안 된다는 걸 설명한 뒤에라야 합니다. 괜찮죠?" "물론입니다."

여인들은 아주 고마워했다. 오늘 하루 또 어떻게 살아남을지를 걱정하며 사는 사람들이다.

이들은 내게 구슬 약간을 건넸다. 다시 와달라는 말도 잊지 않았다. 하지만 내가 다시 왔을 때, 그러니까 1년 뒤쯤, 그때도 이들이 살아 있을까, 그런 몹쓸 생각이 일어나는 걸 막을 수가 없었다.

수르캅 난민캠프   오후 4시 30분. UNHCR 현장사무실에서 점심을 먹었다. 우린 모두 아주 배고팠다. 뭘 먹었는지는 모르겠지만, 아주 감사히 먹었던 기억이다.

제복을 입은 세 명의 무장 사병이 우리와 함께 이동한다. 두 명은 뒤차에 탔고, 한 명은 우리 트럭의 짐칸에 서서 간다. 왜 이런 무장 호위가 필요한지 묻고 싶지 않았다. 아마도 난민들에게도 위험스런 곳이어서 그러리라 싶었다. 난민촌은 아프가니스탄 국경에 가까운데 그럴수록 위험한 게 사실이다.

캠프에 도착해 지난 20년간 이곳에서 살았다는 여인들을 만났다. "첫 전쟁이 터졌을 때 여기로 온 거지요." "여기서 나이가 들고 말았어요."

그들은 우리를 위해 자리를 깔고 차를 내놓았다. 어린 딸들도 나와서 곁에 앉았다.

여인들은 자수를 즐기는 것 같았다. 모두 색다른 모양에다 아주 빼어난 작품들이었다. 하나의 자수품을 완성하는 데 세 달이 걸린다고 한다. 미국에 가면 그 작품 하나가 수백 달러에 팔릴 것이다. 하지만 여기서는 운이 좋아 그걸 시장에 들고 나간다 해도 겨우 몇 달러에 불과한 형편없는 돈만 받을 뿐이다.

이 캠프의 여인들은 다른 직업 훈련을 받지 못한다. 하지만 아이들의 미래를 위해서는 희망도 요구도 많다. "저는 남편의 세 번째 아내예요." 한 여인은 그렇게 말해 나를 놀라게 했다. 세계의 한쪽 구석에서는 남자들이 여러 아내를 둘 수도 있다는 사실을 난 미처 몰랐다.

그들은 캠프 안의 작은 시냇물을 보여주었다. 보급이 떨어지면 그 물을 마실 수 있어 너무 좋다는 것이었다. 그 물이 마시기에 안전한 물은 아니라고 한다. 하지만 가뭄 탓에 식수 보급은 모자라고 사람들은 그런 물이라도 마셔야 한다.

학교가 마쳤다. 꼬마들이 우리 쪽으로 달려온다. 우리가 사진 찍는 걸 지켜본 그들은 자기들도 찍어달라고 폴짝댄다. 소년들은 자기들도 영어를 좀 안다는 걸 아주 자랑스러워한다. "감사합니다"와 "천만에요"를 영어로 거듭하며, 계속 깔깔댄다. 우리 일행 중의 한 명이 실수로 시냇물에 발을 빠뜨리자 또 웃음꽃이 핀다.

해가 저물 즈음 우리 차는 수르캅 캠프를 떠났다. 하늘은 맑고 태양은 밝은 오렌지색으로 빛난다. 내가 이제껏 본 그 어느 석양보다도 이곳의 지는 해가 더 커 보인다. 진흙으로 된 조그만 학교 건물의 커다란 알림판에 페인트로 이렇게 적혀 있다. 물론 통역해준 내용이다.

'단결 / 규율 / 믿음'

8. 24
FRIDAY

이곳 사람들은 예외없이 하루에 다섯 번 기도를 한다.

무덤도 참 많다. 가지에 천 조각을 매단 채 바람에 펄럭이는 나무들도 있다. 키가 큰 하얀 돌멩이도 몇 개 보인다. 구석의 한 무덤 근처에는 여인들 한 무리가 모여 있다. 죽음과 상실에 대해 생각하며, 난 내 가족을 떠올린다.

염소떼가 지나간다. 염소를 모는 아이들이 작대기를 휘두른다. 한 소년은 10살 쯤 되어 보인다. 그는 열두 마리쯤을 몰고 다닌다. 염소의 검은 털은 텁수룩하다. 담요 아래에서 자고 있는 사람들도 보인다. 12시에서 2시 사이에는 많은 이들이 뜨거운 햇볕을 피해 잠을 잔다.

부디 우리를 잊지 마세요　오늘 아침 우리는 로라라이Loralai 난민촌을 찾았다. 아동구호기금에서 운영하는 난민촌 안의 학교에 들렀다. 학교 벽에 페인트로 구호가 쓰여져 있다.

환영합니다.

"지식은 힘이다"

우리는 온 세계의 평화를 원합니다

벽에는 화사한 색깔들로 채색된 아프가니스탄 지도도 그려져 있다. 실내는 먼지로 가득하지만 아무도 신경을 안 쓴다. 학교에 있는 것만으로도 이들은 행복하다.

선생님이 아이들에게 물었다. "이 캠프에서 태어난 아이들 손들어 보세요." 모든 아이들이 손을 들었다. "우리는 고향 땅에 돌아가길 원합니다. 이곳은 우

202 Amazing Survivors

"우리는 배움에 애쓰기로 약속했네

배움은 신나는 일

우리는 싸움을 원치 않는다네

우리는 평화를 원한다네."

리 땅이 아닙니다." 그들은 아프가니스탄의 언어인 파슈토Pashto 말을 배우고 있다.

6학년 가운데 1/4만이 여학생이다. 그 정도 나이의 아이들도 벌써 결혼하라는 압력을 받는다. 남자아이들만 일을 할 수 있다. 한 소녀가 나를 보고 웃었다. 마음이 훈훈해졌다. 다른 소녀는 책을 읽었다. 아이들이 입을 모아 노래도 불렀다. 노래 가사를 통역해 주었는데, 아프가니스탄의 재건과 여러 부족의 통합에 대한 노래였다. 한 부분의 가사는 이랬다. "이렇게 중요한 순간, 누가 친구이고 누가 적인가? 우리를 찾아온 당신은 우리의 친구. 우리나라에 푸르름과 행복을 안겨 주리라."

이 젊은이들은 새로 일어나기 위해 강인해야 한다. 하나의 세력을 이뤄야 한다. 학교 운영자가 말했다. "당신이 우리를 보러 와주셔서 감사합니다. 우리도, 아이들도 열심히 하고 있습니다. 이 프로그램이 계속 되었으면 하는 게 우리의 바람입니다."

기금 부족으로 인해 이런 프로그램들이 사라지지 않을까 걱정하는 것이다. 어여쁜 맨발의 소녀가 교실 앞으로 나왔다. 머리에 쓴 먼지 앉은 스카프 위로 조그만 갈색 꽃들이 수놓여져 있다. 낡고 얇은 공책을 펴들고서 소녀는 시를 읽기 시작한다.

"우리는 배움에 애쓰기로 약속했네 / 배움은 신나는 일 / 우리는 싸움을 원치 않는다네 / 우리는 평화를 원한다네."

우리 일행 중의 한 UNHCR 여직원이 울기 시작했다. 노인 한 명도 벽 쪽을 쳐다보고 서서 흐느꼈다. 급기야 내 눈에도 눈물이 고였다. 여인은 말했다. "우리는 아프가니스탄이 조각조각 분열되지 않기를 바랍니다. 부디, 부디, 평화를!"

바깥에는 어린 소년들이 줄을 맞춰 서 있다. 아이들은 꾀죄죄한 플라스틱 샌들을 신고 있다. 아주 작은 애가 들어오더니 칠판 앞에 서서 자기가 얼마나 잘 쓰는지 보여준다. 오른쪽에서 왼쪽으로 글을 쓴다.

그 아이에게 장차 자라서 무엇이 되고픈지 물었다. "물라." ("수도승 같은 거예요." 옆에서 누가 그렇게 말했다.)

다른 아이들도 웃으며 자기의 꿈을 말한다. 선생님! 의사! 법관! (겨우 여덟 살짜리의 꿈이 법관이다!) 정부에서 일 할래요!

이 아이들 또한 먼지바닥 위의 매트에 다리를 꼬고 앉아 있다. 대답을 할 때마다 한 명씩 일어서서 말한다. 모두 웃고 있다. 자라서 무엇이 될지를 물어 주어 너무 신이 난 게다.

난 다시 물었다. "그런 모든 일들을 어디서 하고 싶니?"

"아프가니스탄!"

선생님이 내게 와서 자수품 하나를 건넸다. "5학년의 한 소녀가 당신에게 이걸 주고 싶어 합니다." 방문자들에게 건네는 감사의 표시인 것이라고 선생님은 덧붙였다. 나는 그 아이에게 가서 고맙다는 말을 전했다. 아이들은 읽기 연습 중이었는데, 나에게 공부하는 모습을 보이는 걸 아주 뿌듯해 했다.

여자아이들은 내 이름을 알고 싶어 했다. 아이들은 내 삶에 대해 아무것도 몰랐다. 그들에게 나는 자기들을 보고 도와주러 온 이름 모를 누군가일 뿐이다. 아이들은 너무 사랑스럽다.

학교 운영자가 말했다. "우리를 잊지 마세요. 우린 아주 가까운 느낌이에요. 서로의 사이에 아무 거리도 안 느껴져요." 우리 모두는 참으로 가깝다. 나는 이 사람들을 절대 잊지 못할 것이다.

우리는 '취약층'을 만나기 위해 멈췄다. 이들은 새로 들어온 난민들인데,

UNHCR은 이들을 '취약층'이라고 부른다. 케타에서 이곳으로 옮겨온 사람들이다. 이제 그들은 더욱더 가난한 곳에서 살아야만 하는 것이다. 애들을 학교에 보낼 만큼 이곳에 정착하지도 못할 사람들이다. 그들에게 나눠줄 만큼 이 캠프의 물자가 넉넉하지도 않다. 모든 물품 상자는 이미 텅텅 비었다. 모든 난민들에게 넉넉하게 나눠줄 수 없을 때 원조 활동가들은 힘이 든다. 세계식량계획이 최대한 노력을 하고 있지만 말이다.

UNHCR은 물탱크 하나를 설치하고 물을 공급함과 아울러 그들이 가진 온갖 보급품들을 나눠주고 있다.

할머니 한 분이 우리와 함께 걷기 시작했다. 그녀는 내 손을 가볍고 부드럽게 잡았다. 이곳 사람들은 인사할 때 악수를 하지 않는다. 손을 잡는 건 이들의 전통이 아니지만, 이들은 사려 깊게 노력한다.

조그만 진흙집들을 짓느라 남자들 몇이서 아주 분주하다. 아무리 둘러봐도 근방에 나무 한 그루 없지만, 여인들은 어쨌거나 땔감으로 쓸 나무를 직접 주워 와야 한다. "도대체 식구들을 위해 요리를 할 수가 없어요. 밀가루는 너무 적구요. 그런데 그마저도 땔감을 구하지 못하면 요리를 못하죠. 먼저 신께 도움을 청하고, 다음으로 여러분 같은 분들께 도움을 청합니다. 제발 도와주세요."

이 난민들은 원래 아프가니스탄 북부 도시의 하나인 메이마네 출신이다. 여기까지 그들은 아주 먼 길을 와야 했다. "어떻게 여기까지 오셨어요?" 나는 물었다.

"사막도 넘고 산맥도 넘었지요. 대부분 걸었구요. 짧게 당나귀를 타기는 했어요." 그렇게 6주가 지난 뒤 그들은 이곳에 당도했다.

한 아이에게 물었다. "네가 도시[케타]에 살 때, 그곳 아이들은 낮에 뭘 했니?"

"우린 날마다 시장에서 일하려고 했어요. 하지만 일거리를 찾지 못할 때가 더 많았어요."

한 여인이 설명을 덧붙인다. "케타에서는 온갖 위협에 시달렸어요. 이 캠프의 경찰들은 우리를 위협하지 않아요. 한결 평화로워진 거죠. 우린 조금의 먹을거리와 도움을 바랄 뿐이에요."

하나의 목표 우리 차가 로라라이 난민촌을 떠나는데 마침 물 트럭이 캠프 안으로 들어간다. 모든 이들이 물차를 보고 좋아 한다. 특히 아이들이 그렇다. 마치 크리스마스를 맞은 아이들 같다.

틀림없이 이런 순간에 이곳 삶의 진면목을 볼 수 있다. 우리는 트럭을 멈추고 내려 물을 배급하는 걸 지켜보았다. 대부분의 사람들은 한 달에 100루피씩 하는 물값을 치를 능력이 없다. 그래서 그냥 시냇물을 마신다. 그러다가 이질을 앓는다.

영양실조 상태의 아이들은 종종 설사병을 앓다가 목숨을 잃는다. 재정 원조가 더 확보되지 않으면 지하수 펌프를 가동하지 못할 수도 있다는 게 이곳의 걱정이다. 펌프가 어떻게 작동하는지 지켜보는 우리를 꼬마들이 우리 옆에서 심각한 얼굴로 쳐다본다. 아이들은 우리가 말 나누는 걸 계속 지켜본다.

갑자기 물 펌프가 작동했다. 소년들이 펌프 아래를 뛰어다니고, 모두가 함께 웃었다.

다시 차에 오르면서 문득 느꼈다. 나는 이 사람들을 앞으로 끔찍이 그리워하게 되겠구나….

이 사람들의 얼굴을 보는 순간 나는 그들의 처지에 공감하고 마음을 기울일 수밖에 없으리라 생각했다. 그건 누구라도 마찬가지일 것이다. 하지만, 좀 더

파키스탄에 가다 207

시간이 주어졌을 때 이들과 아주 가까운 친구가 될 것 같다는 느낌까지 갖게 될 줄은 진정 몰랐다. 서로의 눈을 들여다보며 함께 이해를 나눴다. 의견과 웃음, 예술을 공유한다. 남편을 사랑하고, 아이들에게 밝은 미래를 물려주길 기대하는 것도 똑같다. 이 생에서 우리는 하나의 목표를 두고 있는 듯 느껴지는 것이다.

오늘의 마지막 방문지는 기초보건소이다. 이 캠프에서 두 군데가 운영 되고 있다. 두 보건소를 통틀어 의사는 두 명뿐이고, 한 사람당 만명의 난민들을 담당한다. 2만 명의 난민들 사이에 의사가 단 두 명인 것이다. 남자 한 명, 여자 한 명, 그렇게 두 명의 의사뿐.

그에반해 기초보건소의 조직은 아주 탄탄했다. 각 보건소는 매달 UNHCR에 보고서를 제출한다. 이곳 의사들은 아이들이 모두 접종을 마쳤다며 아주 흐뭇해한다. 이곳의 가장 큰 문제는 아이들의 이질이며, 동절기에는 기관지 질환이다.

여자 의사와 대화 중이던 여인이 우리를 발견하고서는 재빨리 머리 스카프를 내려 한쪽 눈만 내놓은 채 얼굴을 완전히 가린다. 다른 일행들이 의사 선생과 인사를 나누는 사이 나는 그 여인과 눈이 마주쳤다. 그러자 여인은 바닥에 있던 부르카를 집어 들어 머리에서부터 뒤집어썼다. 그녀는 이내 커다란 파란 천막 같은 옷으로 얼굴부터 발끝까지 온몸을 가렸다. 눈 부분만 작은 구멍이 뚫린 망사 가리개로 된 커다란 푸른 천이 그녀를 완전히 감싼 것이다. 그녀의 눈빛을 보고 싶지만 그럴 수가 없다. 그녀에게 웃어주고 싶지만 그래도 되는지 모르겠다. 어쨌거나 그녀를 향해 웃음 지었다. 반응을 알고 싶지만 얼굴을 볼 수 조차 없다. 어떤 얼굴을 하고 나를 바라보고 있는 것인가?

오늘은 결핵 접종을 하는 날이라고 한다. 한 여인과 그녀의 남동생이 밖에 앉아 차례를 기다린다. 조그만 흰 냉장고에 백신이 보관되어 있다. 사실 이곳에 전기는 없다. 냉장고만 가스통을 호스로 연결해서 간신히 작동중이다.

뇌성마비를 앓는 한 소녀가 흰 천 위에 누워 있다. 엄마와 도우미 한 명이 물리치료를 시행 중이다. 그들이 아이의 팔과 다리를 마사지 하는 동안 아이는 아주 평온한 표정이다.

케타까지 차를 타고 돌아간다. 3시간이 걸린다고 한다. 수지가 사진을 찍기 위해 차를 멈춰서, 나도 바깥으로 나왔다. 어디쯤일까? 햇볕을 피할 그늘은 어디에도 없다.

이런 뙤약볕 아래를 두 달 동안 걸었을 여인들과 아이들을 떠올려본다. 도대체 어떻게 살아남았을까? 온갖 물건들을 이고 진 채로, 식량도 거의 없이 말이다. 물은 대체 어떻게 구했을까?

이들 난민이 드디어 어딘가에 다다랐을 때, "우리나라에서는 당신들을 반기지 않습니다", "우리 캠프에서는 당신들을 받을 수 없어요", 라는 말을 듣게 된다면 어떤 기분일까?

파키스탄은 이미 200만명의 난민을 받아들였다. 훨씬 더 많을 수도 있다고 추정하는 이들도 있다.

나와 함께 한 UNHCR 현장 직원들처럼 난민들을 반기고 돕고자 하는 이들을 만난다면 얼마나 좋을까. 당신과 당신 가족의 사연에 귀를 기울여주고, 난민으로 등록되도록 도와 원조 신청을 할 수 있도록 해주는 사람들 말이다.

거의 굶어 죽어가는 상황에서 누군가가 당신과 가족에게 음식을 건네준다고 상상해 보시라. 아주 조그만 것에도 이 난민들이 그토록 감사해하는 것도 다 이유가 있다.

메마른 땅을 가로질러 세 시간을 달리는 동안 우리는 조용히 앉아 말이 없었다. 라디오도 없는 차였다. 긴 시간 동안 나는 깊은 생각에 잠겼다.

케타 시의 도시 난민들 이곳 파키스탄의 아프가니스탄 난민은 크게 세 유형으로 나뉜다.

첫번째 유형은 20년 전 러시아와의 전쟁 때 이곳으로 온 난민들이다. 두번째는 탈레반이 정권을 잡은 1995년과 1996년에 온 사람들이다. 세번째는 지난 3년간의 가뭄과 작금의 전쟁 상황을 피해 여기로 왔다.

케타 시에서는 어린아이들도 일을 한다. 시골의 난민 캠프에서의 생활과 크게 다를 것은 없지만, 한 가지 차이는 난민들도 상행위를 할 수 있다는 것이다. 집세와 교육비를 내야 한다는 것 또한 캠프에서와 다른 점이다.

아이들은 낮 시간 동안 학교에 가질 못한다. 고된 노동을 떠맡고 있기 때문이다. 길거리의 난민 아이들은 '불쑥 센터'Drop-in Center를 이용해 한 시간씩 들러 교육을 받을 뿐이다. 일자리를 떠날 수 있는 시간은 단 1시간뿐이다. 이 시간에 센터는 최대한 집중한다. 빵이나 차를 제공함으로써 더 많은 아이들이 오도록 센터는 노력한다.

이 센터의 기금은 옥스팸과 아동구호기금에서 나온다. 아이들은 여기서 숫자와 간단한 읽기 쓰기를 배우고, 위생 교육도 받는다.

의사들은 말한다. "대다수 아이들은 하루 종일 넝마나 주우며 돌아다닙니다. 이 아이들도 배워야 합니다." "아이들이 기본적인 교육을 받고 나면 우리는 차와 빵, 혹은 구급함 따위를 나눠줍니다."

까만 손 가득 생채기투성이인 한 소년을 만났다. 소년은 쓰레기를 뒤지는 일을 하는데, 넝마 1킬로그램을 주우면 2루피를 받는다고 한다. 1달러가 63.95루피니까 2루피는 2센트가 조금 넘는다.

아이는 너무나 순박하게 웃는다. 이런 상황이 얼마나 온당치 않은지를 알 리가 없다.

다른 아이들 몇몇에게도 쓰레기를 뒤지는지 물어보았는데, 대부분의 아이들이 같은 처지였다. 또 다른 아이들은 시장에서 부모와 함께 일을 한다고 한다.

한 아이에게 물었다. "아프가니스탄으로 돌아가고 싶니?"

"그럼요. 하지만 그곳이 자유로워질 가망은 전혀 없어요."

"ABC를 외워 볼 사람 있나요?" 일제히 아이들 손이 올라갔고, 서로 하겠다고 난리였다. 한 조그만 소년이 뽑혔다. 그는 양손을 등 뒤로 모은 반듯한 자세로 일어섰다. 작고 높은 어여쁜 목소리로 아이는 "에이, 비, 시, 디, …"하고 외우기 시작했다.

내 눈에선 금세 눈물이 흘렀다. 아직도 들러야 할 방이 하나 더 남았는데, 아, 이 순간들이 견디기 힘들어진다.

아직 들어와도 좋다는 허락을 받지 못해서 잠시 입구에 서 있었다. 문앞을 가득 메운 작은 신발들을 물끄러미 내려다본다. 내가 들어가자 모두들 웃는 얼굴을 하고 있었다. 이들은 낯선 이에게 한결같이 퍽 친절하다.

"아살라무 알라이쿰."

나는 인사를 했고, 그 다음 이야기는 이전과 똑같다. 편안히 쳐다보기 제일 힘든 풍경이 바로 이것 아닐까. 멍든 얼굴, 찢어지고 더러운 옷, 잘린 손가락, 그런데도 나를 향해 웃고 있는 얼굴들…. 그런 아이들을 응시하며 그들의 말에 귀 기울인다. 아이들은 아직 어리다. 아이들은 꿈을 꾼다. 아이들은 희망으로 가득하고, 그것이 맘을 더 아프게 한다.

우리 차가 캠프를 떠날 때 아이들은 모두 달려 나와 벽에 길게 기대서서 우리를 향해 잘 가라고 손을 흔들었다. 차 안에서 자히다와 나는 여러 프로그램들과 유엔아동권리협약CRC에 대해 얘기했다. 눈물 그렁그렁한 서로의 눈을 마주보며 말이다. 가는 곳마다, 돌아선 구비마다 길에서 넝마를 줍고 있는 어린아이들로 넘친다. 그저 말문이 막힌다.

8.25. SATURDAY

비행기로 이슬라마바드로 돌아왔다. 여기 있었던 게 한 달은 된 듯하다. 진짜 피곤하다.

이곳의 UNHCR 사무소에서 버나뎃을 만났다. 버나뎃은 캄보디아의 프놈펜에서 주로 일했다고 하면서, 캄보디아에서 나와 함께 다녔던 마리-노엘의 소식을 전했다. 캄보디아와 그곳의 친구에 대해 우리는 얘기를 나눴다.

방콕에서 헤어진 뒤 몇 주 지나지 않아 마리-노엘은 갑자기 전근 지시를 받게 되었다고 한다. 몇 주 뒤 그녀는 스리랑카의 UNHCR 사무소에서 일하게 된 것이다. 그녀가 잘 적응하고 있는지 궁금하다. 갑작스런 이동은 UNHCR에서 아주 흔한 일이다. 여기 일이 힘든 이유 중의 하나이다.

세계 곳곳의 누군가와 두루 연결되어 있다는 느낌은 왠지 마음의 위안이 된다. 타국 문화를 함께 존중하고 호흡하는 것, 바로 이것이 UNHCR과 그 직원들의 기치이다. 이는 또한 유엔의 '국제연합'이라는 뜻에 담긴 정신이기도 하다.

아가 칸 보건센터 자베드 아크타 칸 박사가 이곳 프로그램 담당자이다. 직원의 절반은 전문가, 나머지는 봉사자들이다. 봉사자들은 "종교적 축복"을 위하여 일을 한다.

이곳 사람들이라면 누구든지 공통의 목표를 가진다. 하나가 되어 도시에 사는 수많은 아프가니스탄 난민들을 돕고 치료하고자 한다.

UNHCR은 캠프에 수용된 100만이 넘는 난민들을 지원하는 기금을 마련하는 데도 애를 먹는다. 이런 상황에서 도시지역의 난민들(70만에서 200만 사이, 헤아리기도 불가능한)까지 도울 수는 없다.

적은 숫자지만 아프가니스탄계가 아닌 난민들도 있다. 대략 1,700여 명정도인데, 소말리아, 이라크, 이란 등지에서 파키스탄으로 온 난민들이다. 이들 또한 주로 대도시에서 생활하며 UNHCR로부터 제한적인 지원을 받는다. 즉, 이들의 신분 및 기타 문제에 대한 법적 지원과 상담, 거기다 음식, 주택, 보건, 교육 등의 기본 서비스를 위한 최저생계비를 제공하는 것이다. UNHCR은 이들을 위한 항구적인 해법을 찾고자 궁리 중이다.

여자들만 25명 정도 있는 방으로 들어갔다. "우리 애들은 학교에 갈 수가 없어요." "우리 남편이나 형제들은 일자리를 구할 수가 없어요." "집세와 학비를 내기가 너무 어려워요."

그런데 어떻게 살아간단 말인가? 남편은 과일을 팔기도 하고, 아내는 파키스탄인들의 집에서 일을 하기도 한다.

"미래가 어찌 될지 알 수가 없어요." "우리 아이들에게 아무런 미래가 없어요." "방 한 칸에 열 식구가 살아요."

"경찰들이 괴롭히진 않나요?" 내가 그렇게 물었다. "그럼요. 보통 우리한테서 돈을 뜯어내려고 그러는 거지요." 나 역시, 경찰들은 항상 난민들을 노리고서 신분증이나 여권을 내놓으라고 윽박지른다고 들은 바 있다. 제대로 된 서류를 보여주어도 여전히 돈을 뺏기기도 한다. 한 남자가 자기 친구 얘기를 해주었다. 그는 여권을 경찰에게 보여주었는데, 경찰이 그걸 받고선 갈기갈기 찢어버리더라는 것이다. 그게 그 친구의 유일한 신분증이었는데 말이다.

"물론 우리 잘못이지요. 우린 여기서 불법체류자거든요. 이 나라는 그 사람

파키스탄에 가다 213

들 나라이고. 그런데 우리가 뭘 어떻게 하겠어요? 우리는 고국에서 살 수가 없고, 결국 죽고 말 거예요. 달리 뭘 어쩌겠어요?"

내가 물었다. "아프가니스탄에서 벌어지고 있는 상황을 어떻게 설명하죠?"

"그저 끔찍하죠."

"세상에, 국제사회에, 유엔에 알릴 메시지가 뭔가요?"

갑자기 모든 이가 한꺼번에 말문을 열었다. 한 여인이 통역을 해주었다.

"우리는 평화를 원해요. 우리가 계속 교육 받기를 원해요. 언젠가 다시 아프가니스탄으로 돌아갈 날이 오면, 그때 우리나라 사람들을 스스로 돕고 싶습니다.

수업을 듣는 여자들과 아이들은 돈을 내야만 한다. 이들에게 돈을 내라고 하기가 어찌 쉽겠는가. 하지만 그것인 이 학교들을 운영할 수 있는 유일한 방법이다. "아주 조금이라도 돈을 내기만 하면, 그걸로 그만입니다. 우린 그들을 계속 가르칠 겁니다."

이 여인이 내게 웃음 짓는다. 내가 이해하는 걸 돕기 위해 그녀의 목소리에는 친절과 선의가 가득 담겨 있다.

"이 지역 주민들은 우리가 여기 있는 걸 원치 않아요. 우리는 늘 위험에 처해 있는 거죠." 다른 여인도 목소리를 높인다. "여기 있게 된 것도 이제 8년째랍니다. 내 아이들은 8년째 아무 교육도 못 받았어요. 이 아이들에게 무슨 미래가 있겠어요?"

"유엔이 우리를 도와줘야만 합니다. 제발 도와주세요. 아무도 도와주지 않으면 여기서 사는 게 불가능합니다."

이런 가여운 여인들에게 기금이 충분치 않아 어쩔 수 없다고 얘기해야 한단 말인가? 바깥 세계는 도와주고 싶어 한다. 그것도 아주 많이. 하지만 그뿐이다.

여인들은 많은 이들이 자신들을 보러 와 얘기를 나누지만 정작 돌아오는 도움은 늘 모자란다는 걸 내게 알리고 싶어 했다.

"하지만 이곳 파키스탄에서 우리는 적어도 살아 있습니다. 어려움이 많지만 우리는 살아 있다는 게 고맙습니다."

아이들도 방문했다. 앞니 두개가 빠져 웃는 모습이 무척 귀여운 8살 소년을 만났을 때이다. 나는 그 애에게 물었다. "자라면 무엇이 되고 싶니?"

"의사요."

"너 지금 일 하니?"

"네. 융단을 만들어요." 손가락의 큰 상처를 보여주면서 소년은 말한다.

아이들은 한꺼번에 일어서서 조그만 목소리를 모아 영어로 인사한다. "굿 애프터눈, 미스." 내가 떠날 때도 똑같이 "굿 바이, 미스"라고 인사한다.

이곳 난민들은 오전 7시부터 오후 10시까지 서로 다른 반에서 공부한다. 어른들은 밤에 수업을 듣는다.

마을 극장에 초대를 받았다. 어린 꼬마들과 십대들이 함께 만든 연극인데, 학교에 가기 싫어하는 한 소년의 이야기다. 주인공 소년이 귀에 이어폰을 꽂고 음악을 들으며 껄렁대는 태도가 아주 불량스럽다. 잠시 후 다른 꼬마들이 이 친구를 설득해 학교가 얼마나 즐거운 곳인지 깨닫게 한다. 연극은 재미와 진지함을 다 갖췄고, 아이들의 연기도 훌륭했다.

뒤 이어 아프가니스탄 전통 음악과 모던 음악을 연주하는 콘서트도 열렸다. 이런 예술 프로그램들은 난민들을 위해 특별히 기획된 것이었다. 3살부터 17살까지의 아이들이 무대에 올라 연기하고 춤추고 노래한다.

이런 무대가 그들에게 얼마나 중요한지뿐만 아니라, 이들이 아프가니스탄에서라면 문화적 기회를 아예 얻지 못할 것이라는 사실을 새로이 깨닫는다. 아프카니스탄은 모든 연극과 영화, TV, 무용, 음악이 전부 탈레반에 의해 금지되었다.

문득 궁금해졌다. 코란이 실제로 가르치려는 것과, 코란에 담긴 종교적 법칙과 성스런 가르침에 대한 탈레반의 해석이 서로 어떻게 다른지 말이다. 비교해 둔 표가 있다면 어떨까? 얼마나 큰 차이가 있을까? 우리 모두가 사태를 이해하고 그 차이를 아는 게 아주 중요하다는 생각이 들었다.

8. 26 SUNDAY

이제 나는 제네바로 돌아가는 비행기에 올랐다.

난 이제 떠난다. 지금 바로.

내가 지옥을 벗어났구나, 그렇게 느낀 순간이다.

이제 밖으로, 하늘 위로 벗어났다.

처참한 생활조건 속에서 연명하는 착한 이들을 나는 수없이 만났다.

생각나지 않는다고 하고 싶어도 차마 그럴 수가 없다.

이 여행에서 회복하는 데 한참이 걸릴 테고, 한편으로는 아예 회복되지 않았으면 바라는 마음도 있다.

머리는 잊으라 말한다. 그 기억이 너무 아프기 때문이다. 그 고통의 무게가 내 가슴과 영혼을 짓누르기 때문이다.

우느라, 무력감을 느끼느라, 나는 너무 지쳤다. 다시 숨을 쉬고 싶다. 잠깐만이라도 말이다. 그리고 나서 이 사람들을 돕기 위해 내가 할 수 있는 일은 뭐든지 할 것이다. 어떻게 그렇게 하지 않겠는가. 벌써 그들을 만나버렸는데, 내 눈으로 직접 봐버렸는데,

9.11사태가 벌어진 뒤

이 일지를 쓰고 2주 후쯤이 2001년 9월 11일이었다. 너무나 큰 충격과 슬픔에 아무 말도 할 수 없었다. 그야말로 전 세계가 뉴욕의 피해자들과 그 가족들을 돕기 위해 달려왔다.

그럼에도 불구하고 나는 아프가니스탄 난민들이 잊혀지지 않도록 이들을 구호할 필요에 대해 연설했고, 개인적으로 기부금도 냈다. 그런 뒤 며칠 동안 나는 세 건의 살해 위협을 받았다. 죽여 버리겠다는 위협은 전화로도 걸려왔는데, 대체 내 전화번호를 어떻게 알아낸 건지 아직도 모르겠다. 그 남자는 말했다. 모든 아프가니스탄 인간들은 그들이 뉴욕에 저지른 일에 대한 댓가로 고통을 받아야 한다고. 내 가족 모두가 다 죽어버리기를 빈다고도 했다. 지극히 예민한 시기였다. 나도 인정한다. 모두에게 어려운 시간이었다.

2년이 지나 뉴욕은 쌍둥이 빌딩이 서 있던 자리를 다시 꾸미고 있다. UNHCR은 190만의 난민들이 아프가니스탄으로 돌아가도록 도왔다. 하지만 아프가니스탄을 다시 일으켜 세우려면 아직도 긴긴 시간이 걸릴 것이다. 국제사회의 꾸준하고 강력한 원조 또한 필요하다.

이 여행에서 회복하는 데 한참이 걸릴 테고,

한편으로는 아예 회복되지 않았으면 바라는 마음도 있다.

머리는 잊으라 말한다. 그 기억이 너무 아프기 때문이다.

그 고통의 무게가 내 가슴과 영혼을 짓누르기 때문이다.

우느라, 무력감을 느끼느라, 나는 너무 지쳤다.

다시 숨을 쉬고 싶다. 잠깐만이라도 말이다.

2002. 6. 6 ~ 6. 9

4장 **에콰도르로 가다**

저는 UNHCR이 에콰도르에서 돌보고 있는

난민들에 대해 배우고 이들을 지원하기 위해 떠났습니다.

콜롬비아는 서방세계에서 단연 가장 심각한 인도주의적 위기 상태에 처한 나라이다. 또 국내실향민 사태도 전 세계 최악인 곳이다. 공식 정부 통계에 따르면 1995년 이후 국내실향민의 숫자가 72만에 이르며, 비정부기구들의 추산으로는 이 수치가 200만에 가까울 것으로 여겨진다. 콜롬비아 금융단체연합회의 발표에 따르면 작년 한 해 동안 158,000명이 콜롬비아를 떠났다. 이들 가운데 수천 명이 다른 라틴 나라들이나 북미, 유럽 등지에서 난민 지위를 신청했다. UNHCR이 맡은 바 임무는 분명 난민 보호이지만, 1999년부터는 콜롬비아 정부의 초청에 의해 국내실향민 문제도 다루고 있다.

2002년 2월의 평화협상과정이 결렬 되면서 좌파 게릴라와 우파 의회세력간의 충돌은 격화되었다. 그 와중에 민간인들은 고향을 잃고 극심한 고통의 수렁으로 빠지게 되었다. 5월 2일에는 세계를 경악케 한 사건이 일어났다. 48명의 어린이를 포함한 119명이 북부의 보자야 지역에서 살해되었다. 전투를 피해 교회에 모인 사람들을 사제 폭탄이 가격한 것이다. 5월 26일, 53%의 지지로 알바로 우리베 벨레즈가 대통령으로 선출되었다. 우리베 대통령은 콜롬비아무장혁명군FARC과 다른 비정규 무장조직들에 단호하게 대처하여 40년 묵은 갈등을 종식시키겠다고 선언했다.

6. 6 THURSDAY

아침 7시. 로스앤젤리스 공항에 앉아 생각해보니, 처음 난민촌 방문을 시작한 지 어느새 8개월이 지났다. 그간 가능할 때마다 며칠씩 일정을 잡고 이곳저곳을 다녔지만, 항상 내가 있던 곳을 그리워하는 이기적인 맘이 솟는 건 어쩔 도리가 없었다. 이 풍요로운 세계를 떠나 급박하고 오로지 생존에만 매달리는 삶들에 둘러싸이는 것이다. 그곳은 누구든지 자기 자신 혹은 다른 누군가의 생존에 매달린다. 기본적 생존은 가족과 나라, 자유를 지키기 위한 투쟁과 닿아 있다.

이번 여행으로 나는 내 아들 매덕스와 처음 떨어지게 된다. 세 달 전 우리가 함께 한 뒤로 처음 아이의 곁을 떠나는 것이다. 아이에게 다녀오겠다는 키스를 하는데 울컥 눈물이 솟구쳐 혼이 났다. 매덕스는 엄마와 남동생이 돌보게 된다. 가족의 소중함을 다시 한번 깨닫는다.

그리고 친구들이 있다. 마치 가족처럼 소중하게 느껴지는 그런 친구들.

드물지만 낯선 이를 만나 가족처럼 친해지는 경우도 있다. 이런 여행에서 만나는 원조 활동가들처럼 말이다. 누구를 만나도 금세 친해질 것임을 나는 안다. 이들은 한 가족이 아닌데도 낯선 이들을 먼저 생각하고 늘 우위에 둔다. 어떻게 단박에 친구가 될 수 있는지 이해 할 수 있을 것이다.

∞

에콰도르는 남미에서 가장 작은 나라들 중 하나이다. 국토 면적이 276,840㎢니까 네바다 주보다도 조금 더 작다(우리나라 남북한 전체보다도 크다). 남쪽과 동쪽으로 페루와, 북으로는 콜롬비아, 그렇게 단 두 나라와 국경을 맞대고 있다. 해발 6,267m의 침보라소Chimborazo산이 가장 높다. 안데스산맥의 코토팍시Cotopaxi산은 세계에서 가장 고도가 높은 활화산이다. 13,184,000명의 인구 가운데 65%가 메스티소(인디안과 스페인계의 혼혈)이며, 나머지는 인디안 25%, 스페인계 7%, 흑인 3%이다. 22개 주가 있으며, 1822년 스페인으로부터 독립했다.

∞

비행기에서 내리니 ACNUR^{UNHCR을 스페인어로 적으면 Alto Comisionado de las Naciones Unidas para los Refugiados, 즉 ACNUR이 된다.} 직원들이 따뜻하게

반긴다. 한 직원이 한 말은 참으로 옳다. 전세계에 당신의 가족이 있다고 느끼게 될 겁니다." 닮은 사람들, 같은 대의를 위해 비슷한 곳에서 비슷한 목표를 위해 일하고자 모인 이들.

왜 이런 일을 하느냐고 묻는다면 이들의 대답은 한결같을 것이다. 난민이나 실향민은 세계에서 가장 약한 사람들이니까. 그러나 실제 그들을 만나면 이들이 얼마나 강하고 얼마나 아름다우며 얼마나 뛰어난 능력의 소유자들인지 금세 알 수 있다. 놀라운 생존자들이다.

이곳 사태가 세계의 관심을 얻기가 얼마나 힘든지 한 직원이 말한다. 40년째 계속되고 있는 콜롬비아의 내전 사태는 오히려 점점 더 악화되어 가는 양상이다. 폭력 사태만 뉴스가 될 뿐 피해자들은 뒷전이다. 고난에서 고통 받는 사람들은 정작 아무런 눈길도 끌지 못한다.

큰 난민촌도 하나 없다. 조그만 대피소 같은 데로 모두 흩어져 있다.

난민들로 하여금 실상을 낱낱이 밝히게 하는 게 쉽지 않다고 한다. 전투원들도 이들과 함께 국경을 넘어와 있는데, 그들은 난민들이 조용히 있기를 바란다고 했다. 그들의 보복이 두려워 쉽사리 입을 열지 못한다. "편집증 때문에 그러는 게 아니에요. 실제로 많은 사람이 그 때문에 살해당했어요."

이미 어두워진 뒤에 도착해서 나는 바로 게스트하우스로 향했다. 따로 담요를 넉넉히 갖다 두었고, 조그만 히터까지 갖췄다. 생각했던 것보다 날씨가 춥다 싶었는데, 덕분에 따뜻한 밤이 되겠다. 이런 세세한 것까지 고려해 주다니. 이곳 할머니들은 내게 따뜻한 옷이 넉넉지 않을 경우를 대비해 폰초poncho 망토 하나도 사두었을 정도다.

6.7 FRIDAY

아침 7시 15분. 아침을 먹으며 브리핑을 시작한다.

남미 최초의 UNHCR 사무소는 아르헨티나의 부에노스아이레스에 세워졌다. 지역 내 제도권의 박해로 인한 피해자들을 구제하기 위해서였다. 1970년대 들어 페루의 리마에 새 사무소가 열렸고, 1990년대에는 베네수엘라의 카라카스에 새 지역사무소가 개설되어 콜롬비아 내전의 피해자들이 머무는 남미 북부의 나라들과 파나마를 관할한다. 상황은 갈수록 나빠졌고, 급기야 UNHCR은 콜롬비아의 보고타와 다른 세 지역 사무소를 추가로 개설했다. 2000년 들어서는 에콰도르의 키토에 새 UNHCR 사무소가 문을 열었다.

지금도 콜롬비아에서는 사람들이 매일 삶의 터전을 잃어가고 있다. "날마다 목숨도 잃는다구요." 누군가 그렇게 덧붙인다. 이제껏 방문했던 나라들과는 양상이 다를 것이라고 한다. 이곳 난민들은 대부분 도시민들이다. 집단의 규모도 소수이다. 대부분 전문 직종에 종사한다. 농부들이 아닌 것이다. 추측컨대 이 책을 읽는 독자들과 비슷한 사람들인 것이다.

유엔은 '공동 건물' 갖기 캠페인을 펼치는 중이다. 이 지역에서 활동하는 유엔의 여러 전문 기관들이 하나의 공동 건물을 기반으로 활동하자는 것이다. 키토에서는 UNHCR과 다른 유엔 기관들이 한 건물에서 사무실을 함께 쓰고 있다. 누가 봐도 이렇게 함께 일하는 게 당연한 것을, 실상은 늘 그렇지 못하다. 유엔 사무총장은 이런 통합 과정을 점점 더 강도 높게 주문한다. 이곳의 경우 세계식량계획, 유엔개발계획, 유엔아동기금과 유엔고등난민판무관실 등 모든 유엔 기관이 한 자리에서 함께 일한다.

대부분의 민주주의 나라에서는 이런 예가 드물다. 아주 예외적인 것이다. 콜

에콰도르로 가다 223

롬비아는 민주주의 나라지만, UNHCR이나 적십자 같은 기관들이 국민 보호에 힘을 보태야 하는 실정이다.

오늘 아침의 대화에서도 '보호'라는 말이 거듭 언급되었다. 2,000만으로 추정되는 갈 곳 잃은 사람들을 보호하는 것이 UNHCR의 핵심 임무이다. 도움을 주는 방식은 몇 가지가 있다. 1951년의 제네바 난민 협정을 주된 도구로 삼아, 뿌리 잃은 사람들의 기본 인권을 보장하며, 처벌을 당할지 모르는 나라로 난민들의 의지에 반하여 송환되지 않도록 한다. 보다 장기적으로 UNHCR은 이들이 자기 고향으로 돌아가도록 돕거나, 비호국에 정착하도록, 또는 제3의 나라에 다시 뿌리를 내리도록 돕는다. 또 전 세계에 널리 퍼진 현장 네트워크를 통해 난민들의 탈출이 시작되자마자 즉각 피난처와 음식, 물, 의료서비스를 제공하고자 노력하고 있다.

브리핑을 받은 후에 상황이 이토록 복잡하다는 사실에 압도당해 약간 어지러웠다. 하지만 하나 분명한 점은 내가 반드시 알았어야만 했던 진실들이라는 것이다. 미국 어딘가에서 작금의 인도주의 위기 상황이 이토록 극한으로 치닫고 있었다면, 언론을 통해 더 빨리, 더 널리 보도되었을 것이라고 여긴다. 그랬더라면 내가, 우리 모두가 이 사태에 대해 분명히 인식했을 텐데 말이다.

콜롬비아 영토의 74%가 게릴라 및 준군사조직의 통제 아래 있다. (4,000만 인구의 대다수는 민주정부의 통제 아래 있는 25%의 대도시들에서 생활한다.) 이들이 노리는 자원은 마약과 석유, 커피, 에메랄드이고, 이는 주로 국경지역에 분포한다. 대체 이런 물건들을 사는 사람은 누구란 말인가? 이런 수출품을 사가는 사람은 누구인가? 누가 이 반군들을 지원하고 있나?

국토의 74%에서 정부는 아예 존재하지 않거나 있어봤자 맥을 못 춘다. 이런 상황에서 국가의 보호를 기대할 수 없다. 가톨릭교회는 이곳에서 UNHCR의 주요 파트너 중 하나이다. 이런 사정은 남미 전역에서 엇비슷하다.

이번에 내가 방문할 곳들은 전부 에콰도르 국내에 있다. 훨씬 더 큰 규모의 구호행위들 가운데 일부만 보게 될 것임을 상기하라고 한다. 콜롬비아와 국경을 접한 베네수엘라와 에콰도르 및 콜롬비아 국내에 UNHCR 사무소가 운영 중이다. 파나마 또한 관할권에 두고 있지만, 그쪽 국경은 습지 정글로서 지구상에서 가장 접근하기 어려운 곳 중의 하나이다. 페루 국경 지역 역시 마찬가지다.

좀 더 브리핑한 내용: 학살 및 납치자 수는 매년 3,000명, 매일 평균 9~10명 꼴이다.

지난 3년 동안 점점 더 많은 사람들이 콜롬비아를 탈출하고 있지만, 대부분의 사람들은 전투의 민간인 희생자이면서도 여전히 국내에 머물고 있다. 국내 실향민의 엄청난 수에 비해 사태에 대한 인식과 원조를 얻어내는 일은 점점 더 힘들어진다. 〔워낙 상황이 장기화되다 보니〕 국제사회가 사태의 가혹함을 깨닫는 게 더 어려워진 것이다. 최근의 집계로는 매일 500~900명쯤이 갈 곳을 잃는다고 한다. 왜 이들이 국외로 탈출하지 않는지 물어보았다. UNHCR 직원 한 명의 말로는 콜롬비아 국내에서 고용기회가 더 많기 때문이라는 것이다.

콜롬비아의 기나긴 무장투쟁은 많은 무고한 사람들의 목숨을 앗아갔고, 150만이 넘는 사람들을 살던 땅에서 내몰았다. 수천 명씩 국경을 넘어 인근의 베네수엘라, 파나마, 에콰도르로 피신했다. 에콰도르에서 접수된 콜롬비아인들의 난민 신청은 2000년에 30건뿐이었지만 2001년 들어 2,000건으로 폭증했다. 2002년 상반기에 이미 2,198건이니까, 사태는 점점 더 심각해지고 있다. 2002년 1월에서 5월 사이에 접수된 난민 신청 건수를 이루어 보건대 콜롬비아 난민 숫자는 산업화된 세계에서 일곱 번째로 많다.

4년 전 대통령 선거의 승리 요인은 평화회담의 추진이었다. 그러나 지난 2월 평화협상은 결렬되었다. 이번 대통령 선거는 전쟁 이야기로 넘쳤다. 사태를 바로잡기 위해 무력을 쓰겠다는 것이다. 새로운 무력화 방침이 사람들에게 어떤 영향을 미칠지 상상하기조차 싫다. 인도주의적 원조 활동가들은 이제 상황이 더 악화되는 경우에 대비하는 실정이다.

교회 안의 한 사무실을 찾았다. 망명 신청자들과 이미 난민 신분을 부여받은 사람들을 만나 이야기를 듣기 위해서였다. 에르타 레모스 씨는 이곳 키토의 UNHCR과 파트너 기관인 '난민의 방' 수석실장이다. 그녀는 이주자들을 위한 일을 하는 것이 아주 행복하다고 말한다. 에르타는 아름다운 미소의 소유자이고, 약지에 결혼 반지 대신 십자가 반지를 끼고 있다. 벽에는 전 세계 어린이들을 등장인물로 한 UNHCR 포스터가 붙어 있다. 그 중 한 아이는 매덕스랑 너무 닮았다.

에르타는 우리에게 이 사무실이 어떻게 활동하는지 설명했다. 아침 7시면 문을 열어 비호 신청자들을 맞는다. 최악의 경우 반군사조직들에 의해 쫓겨난 사람들도 있고, 대부분의 경우는 아빠나 엄마 중 한 쪽 없이, 혹은 아예 부모 없이 온 아이들이다. 많은 사람들이 고문을 당했다고 한다. "이런 경우들에 있어서는 정서적이고 영적인 뒷받침도 필요합니다." 에르타의 말이다.

우선 망명 신청 자격이 있는지 없는지를 심사하는 짤막한 인터뷰를 시작으로 자신의 처지를 기록하는 서류를 채워 접수한다. 그 뒤로는 여러 차례의 인터뷰가 이어진다. 이 사무실에서만 매일 25~30건을 접수받는다. 물론 각 건마다 사람 수는 바뀐다. 어떤 경우 한 엄마에 아이가 일곱 명이어서 도합 여덟 명이 한 건의 비호 신청을 이루기도 한다. 이 사무실은 비호 신청자들을 대표하여 에콰도르 정부와도 긴밀하게 협력중이다.

밖에서 사람들 만나는 동안에 창문 너머로 막 인터뷰를 시작하는 장면을 지켜보았다. 내가 이제까지 봐 왔던 다른 인터뷰에서와 마찬가지로, 이들의 후줄근한 모습에서는 좌절감이 느껴진다. 그들의 몸짓 또한 마찬가지이다. 고개는 슬며시 꺾였고, 옹그린 주먹에는 어김없이 종이나 편지 같은 걸 구깃구깃 움켜쥐고 있다.

넓은 복도를 가득 메운 사람들 사이로 걸어갔다. 한 남자가 우는 아기를 달래며 서성이고, 벽에는 아이들이 몇몇 더 앉아 있다. 아마도 아빠 엄마 없이 혼자 이곳에 온 아이들 일 것이다.

∞

자기 눈앞에서 아내와 아이들이 살해당하는 걸 지켜본 남자를 만날 예정이다. "그로 인한 정신적 외상이 아주 컸지만, 차츰 회복 중인 사람"이라고 설명하며 에르타가 그를 데리러 나갔다. 기다리는 사이 나도 너무너무 긴장된다.

남자의 몸집은 아주 작고 검은 회색의 스웨터와 작업용 셔츠 차림이다. 가진 것이 없는 와중에도 잘 차려 입으려고 애쓴 것을 알 수 있었다. 그러나 스웨터에 난 구멍은 헤아릴 수도 없다. 그의 눈빛은 애잔함을 불러 일으켰다. 친절한 얼굴의 잘 생긴 그는 아주 우아하다.

그의 고향은 바로 3주 전에 또 다른 대량학살이 벌어진 지역이라고 한다. 통역할 틈을 배려하지 않고 얘기하는 바람에 자꾸 그의 말을 끊게 된다. 아마도 자신의 기억이 너무 불편하여 말이 빨라지는 것이리라 싶다.

되도록 얼른 이 사연을 털어내고 싶어 하는 눈치이다. 그에게는 작은 옥수수밭이 있었다. "저한테는 지프차도 한 대 있었지요." 게릴라들이 그에게서 돈을 짜내가기 시작했나 보다.

그의 친절한 얼굴에 불안감으로 물들었다. 내가 그의 말을 받아 적고 있어서 그런 건가? 그에게 이름을 밝히는 일은 절대 없을 거라고 확인시켜 주라고 얘기했다. 단지 이 나라의 사람들이 처한 상황을 바깥사람들에게 알리려고 하는 것임을 알아줬으면 한다.

그의 말은 계속된다. 준군사조직이 그의 마을까지 이르러 게릴라들과 전투를 시작했다. 게릴라는 준군사조직을 돕는다고 그를 지목했고 살육이 벌어졌다. 그 마을 주민 중 70명이 목숨을 잃었다. "우린 어찌 할 바를 몰랐어요." 살육자는 게릴라들이었다. 그의 몸이 살짝 떨린다. 말하는 내내 양손을 끊임없이 비빈다.

스페인 말로 그에게 질문을 던지자 갑자기 그의 눈에 눈물이 고이더니 그만 말을 잇지 못한다. "당신 가족은 어떻게 희생 되었나요?" 남자의 눈은 "제발 그 말만은 얘기하지 않도록 해달라"고 말하는 듯하다.

나는 몇 분 동안 메모하던 것도 멈췄다. 그는 울음을 참으려고 애쓰고 있다. 윌리엄은 괜찮다며 그를 달랜다. 겨우 입을 연 그가 꺼낸 말이라곤 그 얘기는 차마 할 수가 없다는 얘기뿐⋯. 남자가 사과한다. 그렇다. 자기 가족이 어떻게 살해되었는지 들려줄 수 없다며, 한 남자가 사과하고 있는 것이다.

그가 일어나 셔츠를 걷어 올렸다. 총탄이 지나간 구멍 두 개를 보여주기 위해서다. 그 구멍은 지금 동전 크기의 동그란 흉터 두 개로 그의 몸에 새겨졌다. "수녀님들이 수술을 받을 수 있도록 해줘서 목숨을 구했지요. 그게 벌써 3년 전 일이군요."

"UNHCR의 도움으로 조그만 카페 같은 사업을 시작할 수 있었어요. 이제 훨씬 좋아졌지요. 처음 왔을 때는 내가 입은 옷 말고는 아무것도 없었어요."

그는 불법 무장세력이 이곳 에콰도르 어딘가에도 있다고 믿는다. 여기서도 살해위협을 받았다는 것이다. "너를 콜롬비아에서는 못 죽였지만, 우리가 여기서 널 죽여주겠다."고 위협 했다고 한다.

왜 그들이 당신 같은 사람을 죽이려고 하는지 물어보았다. 그가 살던 마을에서 일종의 유지 같은 지위에 있었는데, 그 마을에서 게릴라들이 죽었기 때문일 것이라고 대답한다. 낡은 지갑을 열더니 늘 지니고 다님에 틀림없는 종이 조각 하나를 꺼낸다. 자신의 신변이 위태롭다는 걸 국가에 알렸음을 증명하는 서류였다. 다른 종이는 안전한 국가에서 재정착을 바란다는 내용을 담고 있다. 그는 절대로 에콰도르가 안전하다고 생각지 않는다.

우리한테 얘기를 들려줘서 고맙다고 말했더니 오히려 그는 들어줘서 고맙다고 한다. 대화가 끝나고서야 비로소 그가 웃는다. 윌리엄은 슬픈 기억을 떠올리게 만들었던 걸 사과했다. 그가 우리가 마시던 빈 컵들을 주워 든다. 아마 습관인가 보다. 마치 레스토랑 테이블을 치우듯 사무실 탁자 위를 깨끗이 청소한다.

잠시 후 그가 조그만 음식 접시를 들고서 다시 돌아왔다. 윌리엄이 말하길 손님들과 나누기 위해 그 음식을 만들었다고 한다. 그가 웃는다. 나는 그만 할 말을 잃었다.

∞

다음으로 한 여자가 들어왔다. 양초와 화환을 들고 있었는데, 지금 자기 밥벌이가 뭔지를 보여주려고 일부러 들고 왔다는 것. 여인은 아들 사진을 꺼내더니 3살 때 사진부터 보여준다. "우리가 도착했을 때죠." 다른 건 학생증이다. "지금은 8살이랍니다." 그녀의 남편은 변호사였다. 남부러울 것 없이 아주 잘 사는 가족이었다. 그녀의 사촌 가운데 대통령 후보가 있었다. "그가 살해당했지요." 그녀의 남편이 그 사건을 맡았다. "그런 인간을 변호했다가는 목숨이 성치 못할 거라는 협박을 받았어요."

변호사가 왜 살해 위협을 받게 했는지 다시 물어보았다. "마약밀수업자들이 협박범이었어요. 그 사건 변론 때문에 자기들 일이 위협을 받는다는 거지요. 남편은 아랑곳없이 변호를 계속 했어요. 그러자 그들이 남편의 남동생을 죽였어요. 그 전에 정부는 우리 가족에게 경호원을 붙였는데 나중에 알고 보니 마약밀수업자들이 경호원들을 매수해서 살해토록 한 거예요. 그때 우리는 탈출을 결심했죠. 여기 와 보니 남편은 일을 할 수가 없어요. 법도 다른데다, 우리는 이곳 출신이 아니잖아요. 내가 가족들을 먹여 살려야 했어요."

그녀가 들고 들어온 양초와 화환을 가리킨다. "이곳 난민센터의 수녀님들이 물건을 만들어 생계를 꾸리도록 도와줬어요. 그런데 남편이 시름시름 앓더니 그만 숨을 거두고 말았어요." 그녀가 말을 잇다 말고 울음을 터뜨린다. 울음은 쉬이 멈출 듯해 보이지 않는다. 말도 숨 가쁘게 빨라졌다. 윌리엄이 남편의 약값을 벌기 위해 얼마나 애썼는지 얘기하는 중이라고 통역해 주었다.

남편은 죽고 이제 그녀 혼자 아들을 돌본다. 그녀의 말은 계속 이어지고 있지만, 얼굴은 눈물로 범벅되고 텅빈 눈길은 무연히 창밖을 쳐다본 지 오래다.

"남편이 숨을 거둔 날은 9월 16일이었어요."

우리는 계속 다른 질문을 던졌다. 아픈 기억에 매달리지 않아도 되도록 말이다. 꽃 이야기를 많이 했다. 우리는 그녀의 꽃을 사서 UNHCR 게스트하우스를 꾸미기로 했다.

∞

얼마 후 막 콜롬비아에서 도착한 한 소년을 만났다. 물론 소년은 내게 자기 소개를 했지만, 신상 보호를 위해 여기엔 신원을 밝히지 않기로 한다. 6월 14일에 열여섯이 되는 소년. 자기 배낭의 꼭대기께를 손으로 비비 꼰다. 커다란 갈색 눈이 인상적이고, 아주 활달한 성격이다.

"17살 형, 15살 동생, 그렇게 형제가 둘 있어요. 우린 에콰도르에 계신 고모 댁에서 살고 있어요. 아빠는 없고 엄마는 2000년 1월에 게릴라 단체에 강제 입영됐어요. 그들은 엄마를 그냥 끌고 갔고 우린 할머니한테 맡겨졌어요. 게릴라들은 우리가 세 달에 한 번씩 엄마를 볼 수 있도록 해줬어요. 그러니까 2000년 3월에 한 번, 6월에 한 번, 이런 식이죠. 엄마는 게릴라들에게 컴퓨터와 글쓰기를 가르쳐요. 지난 번 엄마를 만나러 갔을 때 지휘관이 나를 보더니 전투원으로 남으라고 그랬어요. 엄마가 그날 어떻게 나를 빼돌렸고 할머니에게 말해 집을 옮기라고 했어요. 할머니께선 이사 가려고 모든 걸 팔아버렸죠. 3달 후 우리는 엄마가 그곳을 탈출해 게릴라들에게 쫓기고 있다는 소식을 들었어요. 그런데 엄마는 경찰에게도 쫓기는 신세에요. 경찰은 엄마를 이제 게릴라로 보는 거죠."

소년의 한 손이 짙게 붉다. 태어날 때부터 그랬던 걸까? 화상을 입었던 건지도 모르겠다.

"지난 4월에 할머니께서 돌아가셨어요. 우리는 에콰도르에 불법 입국했어요. 여권이 없어서 그럴 수밖에 없었어요. 얼마나 겁이 났는지 몰라요. 아직 학교도 못가요."

나중에 어른이 되면 뭘 하고픈지 물었다. 스포츠를 좋아하지 않을까?

"좋아하죠. 하지만 학교 다닐 때 저는 공부도 잘 했어요. 계속 교육을 받고 싶어요. 하지만 우선 형제들부터 돌봐야 해요. 저를 돌보는 것은 나중 문제죠."

다음 여인이 금방이라도 울음을 터뜨릴 듯한 얼굴로 들어섰다. 울먹여서 미안하다고 사과부터 한다. 그녀가 콜롬비아를 떠날 수 밖에 없었던 사정을 털어놓는 동안 손은 연신 반지를 매만진다. 준군사조직이 그녀의 남편을 죽여서 콜롬비아를 떠날 수밖에 없었다고 한다. 그녀의 아이는 아홉 명이다. 아들 다섯,

딸 넷.

"그들이 내 남편을 끌고 나가서는 집에서 그리 멀지 않은 곳에서 죽였어요. 우리한테는 두 시간을 줄 테니 당장 그 집에서 꺼지라고 했어요. 아이들을 데리고 버스정류장으로 갔는데 우린 모두 울고 있었고, 한 남자가 그걸 보고는 불쌍했는지 국경까지 가는 버스요금을 대신 내줬어요. 거기서 우리는 국경을 넘었어요. 트럭을 몰던 남자가 차를 세우고 우리 얘기를 듣고 트럭 뒤에 담요를 덮고 숨어있을 수 있도록 도와주기로 했지요. 모텔에서 자고 끼니를 해결하느라 저는 몸에 지녔던 보석을 팔았어요. 며칠 지나서는 모텔주인이 우리에게 사탕을 줘서 버스터미널에 나가 팔아 돈을 벌었어요. 다른 콜롬비아 사람을 만났는데, 그가 이곳을 알려줬어요. 가서 망명 신청을 하라구요."

그렇게 그녀는 이곳으로 왔다. 그게 지난 12월의 일이다. "이제 저는 합법적 지위를 얻었어요. 그제야 청소부로 제대로 일할 수 있었지요. 아이들과 함께 사는 조그만 아파트 월세도 이젠 제가 낸답니다."

그녀가 종이 한 장을 꺼낸다. 난민 자격 신청이 받아들여졌다는 증명서이다. "드디어 내 아이들이 걱정 없이 학교에 갈 수 있게 되었다는 뜻이라고도 할 수 있죠."

이곳 사람들이 아주 친절하고 따뜻한 마음씨의 소유자들이라며 그녀는 아주 행복해한다. "에콰도르 사람들에게 감사하고 싶어요."

∞

막 대화를 나누던 두 사람은 자신들을 도와주던 한 수녀가 세상을 떠나 얼마나 슬펐는지 얘기했다. 우리 일행은 차로 돌아왔을 때에야 그 수녀님 얘기를 전해 들었다. 그들이 얘기한 수녀님은 자동차 사고로 숨을 거두었다. 브레이크 고장으로 인한 사고였다. 이곳 브라질 수녀회는 20년이 넘도록 여기서 활동 중이다. 지금 막 만났던 수녀님은 그때 그 자동차 브레이크가 일부러 손상되어 있었으며 수녀들을 죽이려고 그랬던 것이라는 협박편지를 받았다고 한다. 콜롬비아인들을 돕지 말라! 그런 위협인 것이다.

점심을 먹으면서도 얘기를 나누었다.

대부분의 난민들은 훌륭한 인격체이다. 하지만 이들도 사람이고 또 그 숫자는 수백만에 이른다. 그렇기에 많은 사람 중에는 간혹 받은 상처가 워낙 커서 제대로 된 정신으로 그런 끔찍한 상황을 견디지 못하는 경우도 있다. 그렇다. UNHCR 직원이 난민들의 폭력에 시달리기도 하는 것이다.

이런 경우도 있었다. 한 남자가 망명 신청이 거부된 뒤 재신청을 했다고 한다. (이를테면 거부된 사유가 전과기록이었을 수도 있겠다.) 그가 갑자기 휘발유병을 끄집어내더니 자기와 UNHCR 직원 몸에 동시에 뿌리고서는 분신 자살을 시도했다. 다행히 그 직원은 가죽 코트를 입고 있어서 동반자살을 기도하는 사내의 손아귀에서 벗어날 수 있었지만, 두 사람 모두 심한 화상을 입었다. 그 뒤 남자는 그 직원에게 편지를 보내, 사과와 더불어 그가 얼마나 절박했으며 도움이 필요했는지를 설명했다고 한다. 하지만 이런 경우는 천에 하나일 뿐임을 잊지 말아야 한다. 하나를 뺀 나머지 난민들은 끈기와 친절을 잃지 않는다. 역정 없이 평화롭게 사는 사람들이다.

그들의 대화가 아까 만난 화환 만들던 여인 이야기로 이어진다. 남편의 죽음을 얘기하며 약값 대기가 아주 어려웠다던 그 여인 말이다. 나중에 다른 사람에게서 전해들은 실상으로는, 그 남편이 자신이 너무 부담이 되고 있다는 걸 깨닫고서 그만 자살의 길을 택했다고 했다.

공산품과 수공예품을 파는 오타발로스 시장에 들렀다. 이곳에서 아주 유명한 시장이다. 손으로 조각한 체스판을 하나 샀다. 인디언과 스페인이 겨루는 모양이었다. 매덕스가 입을 작은 알파카 스웨터도 샀다.

이곳 사람들의 얼굴은 놀라울 만큼 아름다우면서도 강렬하고 진지한 모습이다. 햇볕에 그을린 얼굴들은 부드러운 짙은 갈색을 띠고 있다. 거친 손들은, 이제껏 지나온 고된 노동의 삶을 단적으로 보여준다. 많은 남자들은 머리카락을 외로 땋아 늘어뜨리고, 피도라fedora 중절모를 썼다. 여자들은 온몸을 감싸는 꽃무늬 자수가 놓인 면 옷을 걸쳤다. 이 시장의 사람들은 성공한 상인들로 이름 높다. 뉴욕 시장에도 진출한 것으로도 알려져 있다.

길거리 테니스라고 부르는 운동을 즐기고 있는 이들도 보였는데, 라켓을 쓰는 게 아니라 손으로 아주 작은 공을 쳐서 주고받는다. 그 구경을 하는데 근처에서 한 남자가 자기 애 셋을 앞에 두고 기타 연주를 들려주고 있다. 자그마한 기타는 몸체를 아르마딜로 껍데기로 만들었다. 단순하면서도 아주 풍요로운 역사와 문화를 가진 사람들이다. 단순하다는 것은 이들의 순수하고 꾸밈없는 삶의 방식을 가리키는 표현일 따름이다. 이런 사람들에 둘러싸여 길거리를 거닌다는 게 그저 아늑하게 느껴진다. 색다르면서도 근사한 뭔가가 있는 것인데, 대체 이 기분을 어떻게 설명해야 전달이 가능 할까.

발길을 돌리는데, 누군가 이렇게 말한다. "이곳 임바부라Imbabura산 일대에서 주식은 모르모트guinea pig이랍니다. 고기에 간을 해서 하룻밤을 재웠다가 땅콩 양념을 발라 굽지요. 토끼고기보다 더 맛있고, 기름기도 적답니다."

그게 대체 어떤 맛일지는 나로서야 감히 상상하기 어렵다.

공항에서 찾지 못했던 리오넬로의 짐에 대해 소식이 왔다. 잃어버린 그 짐이 밀라노에 가 있는데, 밤 11시에 이곳으로 도착하도록 조치하겠다는 것이다. 그렇다면 리오넬로는 두 시간 동안 차를 타고 키토로 가서 그 짐을 찾아야 한다. 잠시 후 그 짐은 결국 분실 처리 되었다고 다시 전화가 왔지만.

에콰도르로 가다 **235**

6.8 SATURDAY

아침 7시에 일어났는데, 아주 쌀쌀하다. 간밤에 이탈리아의 축구 시합이 있었다. 일행 중 두 사람이 이탈리아인 UNHCR 직원이다. 이런 벽지에서 그 시합의 점수를 알아본다는 건 갖가지 호들갑을 뜻하는 것임을 간밤에 우리는 직접 경험했다. 먼저 이탈리아가 2-0으로 이겼다는 소식이 전해져 그들의 환호가 터졌는데, 나중에는 알고 보니 2-1로 졌다는 것이다. 정확한 결과가 어떠한지는 아직 아무도 확실히 모른다.

아침 식사 시간인데도 아직 잠자리에서 일어나지 못한 일행이 있어서 깨워야 했다. 이런 증상은 고산병 탓일 수도 있다고 한다. 고산병은 가려움증도 유발한다는데, 어쩐지 나도 난데없이 몸이 근질근질한 것 같기도 하다.

매덕스가 보고 싶어 많이 힘들다. 가족을 데려갈 수 없는 근무지에서 혼자 생활하고 일해야 하는 UNHCR 직원들은 어떻게 그리움을 견뎌내는지 모르겠다. 아이들을 보지 못한 채 몇 달씩을 보내야 하다니. 어떡하냐고 물어보면 다들 기다렸다는 듯 그 고통의 무지막지함을 토로한다. 그러나 다들 자신들이 돌보는 난민들은 아이들을 잃어버린 경우도 많다는 사실을 잊지 않고 덧붙인다. 자신은 가족들이 안전하다는 건 적어도 알고 지낸다면서 말이다.

지금 이바라Ibarra의 UNHCR 현장사무실을 방문하기 위해 출발한다. 그 곳은 동네 교회 내의 작은 공간을 사무실로 쓰고 있다. 새로운 UNHCR 일꾼들과 그들이 맡은 난민, 비호 신청자들을 만나게 될 것이다.

현재 우리가 있는 곳은 콜롬비아 국경과 아주 가깝다. 국경은 아주 위험하기 때문에 그 근처에도 가지 못한다. 국경을 넘은 난민들은 바로 이곳에서 첫 단추를 꿰는 인터뷰를 갖게 된다. 콜롬비아를 탈출하는 사람들의 숫자가 늘어

남에 따라 지난 10월 이 사무실을 열지 않을 수 없었다. 250㎞에 달하는 국경 전역을 이 사무실 하나가 도맡는다. 물론 콜롬비아 현장 사무소와 긴밀한 연계 하에 이 사무실도 운영된다.

전쟁에 말려들고 싶지 않은 많은 젊은이들도 국경을 넘는다. 소득이 생기는 일(이를테면 기술 훈련)을 할 수 있다는 것도 큰 이유 중 하나이다. 인생의 새로운 기회가 제공되는 셈이니까.

브라질에서 온 수녀님 한 분을 더 만났는데, 그녀도 십자가 반지를 끼고 있었다. 1998년 당시 이바라 지역으로 유입되는 강제 이민자들 문제가 주교에게 큰 고민이었다. 주교는 선교사와 수녀들에게 도움을 청했다. 1998년과 비교했을 때 현재는 난민 유입 숫자가 훨씬 더 많다.

다른 UNHCR 사무소들처럼 이곳에도 전 세계에서 온 사회복지사, 변호사, 보호관, 자원봉사자, 등록 프로그램 담당 직원들이 활동한다. 나중에 방문할 은신처safe house도 이들이 세웠다.

2002년 1월에서 6월 사이에만 3,000명의 비호 신청자 및 다른 우려 대상(취약층), 1,000명의 난민들이 에콰도르로 밀려들었다.

이바라UNHCR은 특히 강제징집을 피해 도망치는 미성년자들의 숫자가 꾸준히 늘고 있음을 주목한다. 오늘 나는 콜롬비아에서 온 난민들과 얘기하게 된다고 한다. 한 커플, 또 (4살이랬던 듯한) 꼬마와 함께 온 가족, 그리고 혈혈단신 떠나온 한 소년 등이다. 한 남자의 손에는 기타가 쥐어져 있다. (이번 기록에서도 이들의 이름은 밝히지 않을 것이다.)

이들은 여기까지 와서도 자신들의 안전에 대해 늘 노심초사이다. 그 커플은 콜롬비아 지도를 펴놓고 자신들이 떠나온 곳을 가리켰다. 콜롬비아를 떠날 때 도로 상황은 아주 나빴다. 10㎞마다 게릴라들이 검문검색 중이었고, 민병대는

에콰도르로 가다 **237**

살생부를 들고 있었으며, 여행용 서류를 빼앗기 일쑤였다. 어떤 때는 자동차를 불태우고, 생짜로 사람들을 죽이곤 했다. 집을 떠날 때는 여덟이었던 한 가족이 목적지에 당도할 때는 셋으로 줄어버린 경우도 있었다고 한다. 이런 상황이고 보니 이곳에 도착한 사람들의 피폐함은 이루 말할 수가 없다.

"지난 해 10월 10일에 집을 떠났지요. 게릴라들이 애 아빠를 협박했어요."

이들이 스페인어로 무언가 말한다. 모두들 웃는 얼굴이다. 개신교 신도였던 이들은 그날 밤 철야예배에 모였다. 하룻밤 집을 떠나 있었던 것이다. 집으로 돌아왔을 때 모든 것이 깡그리 불타 사라지고 없었다. UNHCR은 그 사진을 갖고 있다.

"아들 셋에 딸 하나가 있어요. 용케 타지 않은 물건들은 아이들에게 주었지요." 이 얘기를 내게 들려주면서도 그들은 웃음을 잃지 않는다. 꼬마가 튀긴 바나나 과자를 씹으며 한 직원의 무릎에 앉아 있다. "그렇게 집을 다 태워버렸는데, 거기서 뭘 더 어떻게 하겠습니까? 우린 떠날 수밖에 없었어요."

이들이 이바라에 도착한 것은 10월 22일이었다. "우린 우리나라를 사랑해요. 하지만 우린 우리 삶이 더 소중합니다."

다음은 기타를 든 남자와 그의 아내 순서다. 그는 조그만 농장을 일구고 있었다. "내 소유의 농장은 아니었지만, 제 책임 하에 있던 곳이었어요." 어느 날 무장세력이 농장에 들이닥쳤다. 민병대와 게릴라들이었다. 정해진 군복이란게 없으니, 사실 누가 누군지 알 도리도 없다.

"그 사람들은 먹을것을 요구 했습니다. 누군지 물어볼 것도 없이 저는 그냥 시키는 대로 했을 뿐입니다. 10월 25일에 들이닥친 남자 세 명도 그렇게 (집에 좀 더 가까운 곳에서) 먹을 걸 달라고 했지요. 그런데 이들과 다른 세력이 근처에서 그걸 지켜봤다고 합니다. 저는 당연히 몰랐지요. 가게에 먹을 거를 사러

가는데 두 남자가 날 멈추게 했어요. 좀 어두웠지만, 그 사내들 뒤로 더 많은 사람들이 있다는 건 알 수 있었어요."

그 사람들은 그에게 이렇게 말했다. "넌 게릴라 협력자야. 그들이 민병대란 것쯤은 알았어야지." "주머니에 있는 것 다 꺼내!"

"물론 저는 그 사람들 시키는 대로 했죠. 모든 걸 땅바닥에 다 내놓았어요."

"네 신분증은 이리 줘." 그들은 신분증을 따로 챙겼다.

"이제 콜롬비아 어딜 가도 넌 우리 손바닥 안이야. 우린 널 아무 때나 죽일 수 있단 말이지!" 민병대들이 신분증을 빼앗는 일은 아주 흔하다. 이들은 전국에 걸친 컴퓨터 네트워크를 자랑한다.

"그 사람들은 내게 24시간 이내에 콜롬비아를 떠나지 않으면 가족들이 잠자는 동안 집을 불태워 버리겠다고 협박했어요. 그래서 아내와 내 아기 페르난도를 데리고 떠날 수밖에 없었어요."

아빠가 페르난도라고 이름을 부르자 아이는 고개를 들고 웃었다. 페르난도는 계속 기침을 한다.

"다행히 에콰도르에 아는 사람이 있어서 8일 동안 거기 머물렀죠."

국경 근처에 머물고 싶지 않았던 것인지 묻자 모두가 웃는다. 소년은 말하는 것 조차도 무서웠다고 한다. 비정규 무장조직은 소년들을 징병하려고 하는데, 이 소년도 거의 끌려갈 뻔한 곤경을 치렀다. 남자는 자기 기타로 노래 한 곡을 연주했다.

선거가 끝나자 강제 징집은 더 기승을 부렸다. 생각해 보니 당연한 귀결이다 싶다. 여러 무장집단들은 닥쳐올 전쟁에 대비해 제각기 몸집을 불리고자 했을 것이다.

우리가 떠날 때는 모두가 배웅 나와 내 손을 잡고 연신 고맙다고 말했다. 고맙다는 말은 나를 미안하게 한다. 내가 이들을 위해 한 일이 아무것도 없는데, 고맙다는 말을 듣다니.

∞

다음 방문지는 목공소인데, 직업훈련을 담당하는 곳이다. UNHCR은 호세에게 돈을 빌려주고 이곳을 열게 돕고 호세는 다른 난민들을 가르치고 고용하겠다는 약조를 했다. 8월에 취임하는 우리베 대통령당선자의 아버지는 콜롬비아무장혁명군FARC에 의해 납치, 살해되었다. 우리베의 분노가 깊은 이유다. 더 많은 분쟁이 일어나리라고 걱정하는 목소리가 높다. 폭력은 더 큰 폭력만을 불러올 뿐이다.

이곳에는 호세라는 이름이 참 많다. 남미의 호세는 아랍권의 모하메드 같은 이름이라며 다들 웃는다. 지금 만난 이 호세라는 남자는 콜롬비아에 있을 때 가구가게를 운영했다.

이곳 목공소는 2월에 문을 열고, 3월부터 사람들이 일하기 시작했다. 호세는 자긍심이 높다. 그들은 벌써 다섯 세트를 완성했다고 한다. 그러나 전시장이 없으니 유통이 쉽지 않다.

"우리가 난민이고 더 절실하게 물건을 팔아야 한다는 걸 악용하려는 유통업자들도 있어요."

이제 이들에겐 가구를 보관했다 내보내는 창고도 하나 있다. 자신들의 생활 조건이 그리 나쁘지는 않다고 여긴다. "제대로 된 기술과 직업을 가져야만 한다고 사람들을 격려해요."

이들은 벌써 대도시의 큰 가게들과 접촉해 판로를 협상 중이다. 콜롬비아인들은 높은 기업가정신의 소유자들이다.

구석에서 어슬렁대는 몇몇 소년들 쪽으로 다가갔다. 새로 들어왔다는 한 소

년은 너무 부끄러워 말을 안 하려고 한다. 쌍둥이 형제는 내가 건네준 폴라로 이드 카메라를 들고 논다. 우리가 선물로 준 축구공을 들고 서서 서로 사진을 찍어주며 으쓱댄다. 호세가 근대, 당근, 양상추 등을 기르는 뒷마당을 보여주 었다. 그는 사람들에게 보다 많은 직업기회를 줄 수 있는 여러 방법들을 제안 했다.

"새로 이곳에 온 난민들이 일자리를 찾기는 쉽지 않아요. 당신이 난민이 되 어도 그런 사정은 아마 마찬가지일 거예요. 사람들이 여기까지 와서 구걸이나 하고 다녀서야 되겠습니까?"

호세에게 어떻게 이곳으로 와서 난민이 되었는지 물었다.

"다행히도 — 다행이라고 하기는 그렇지만 — 군대용 가구 제작 계약을 따 냈어요. 그랬더니 게릴라들이 미친 듯이 나를 몰아세웠죠."

다른 경우와 마찬가지로 그도 협박에 시달렸다. 24시간 안에 떠나라!

"옷가방 하나만 달랑 들고 모든 걸 잃었어요. 가족들은 비행기에 태웠죠. 다 행히 그럴 돈이 있었어요." 그 자신은 한밤 중에 오토바이를 타고 출발했다.

"플래쉬를 비추는 사내가 내 오토바이를 멈추게 했어요. 부츠 같은 걸 신었 더군요. 게릴라구나 싶었죠. 몸이 후들후들 떨렸어요. 그들이 시키는 대로 내 신분증을 건넸죠. 난 아무 질문도 안 했어요. 아침 일찍 병원 예약이 있다, 그 래서 이렇게 밤늦게 가야 한다, 그렇게 거짓말을 했죠. 어디로 가는지 물어보 길래, 그제야 정규군이란 걸 알았어요. 내 이름이 이들의 수배자 명단에 있을 리가 없죠."

그 군인은 호세를 보내주며 근처에 게릴라들의 검문소가 있으니 조심하라 는 말을 덧붙였다. 그는 겁에 질렸지만 계속 오토바이를 몰았고 결국 무사히 이곳에 도착했다. "신께 감사드립니다."

콜롬비아로 되돌아가고 싶은지 그에게 물었다. "모든 콜롬비아인들은 콜롬비아로 돌아가고 싶어 한다고 생각해요. 그렇지만 평화를 먼저 이뤄야지요. 내 아이들은 여기서 학교에 다닐 수 있어요. 그걸로 전 행복해요."

한 어린 소년은 자신의 나기가 자라면 UNHCR에서 일할 거라고 포부를 밝혔다. "어이쿠 이 녀석, 똑똑하구나." 윌리엄이 말했다.

"네가 착하게 열심히 산다면, 틀림없이 그렇게 할 수 있어." 호세가 아이에게 대답했다.

그곳을 떠나면서 나는 새로 온 그 소년 — 쑥스러워 말도 못하던 아이 — 이 목공소 문에 기대 있는 걸 발견했다. 아이를 향해 손을 들어 흔들었더니 소년도 조그맣게 손을 흔들고는 쪽 안으로 들어갔다. 이제 우리는 이들이 '은신처'라고 부르는 곳으로 간다.

은신처로 쓰는 집 바깥에는 아무런 UN 표시도 없다. UN 심벌, 깃발, 표지판 아무것도 눈에 띄지 않는다. 안전 문제 때문이다. 이용자들은 이곳에서 보통 10일에서 14일 정도 묵으며, 한 달을 넘는 법은 결코 없다. 문이 열리자 두어 살쯤 되어 보이는 조그만 여자아이가 뽀얀 드레스를 입고 문간앞에 서 있었다. 이곳은 아이들을 데리고 있는 싱글 엄마 등 취약층들이 머문다. 은신처의 사람들은 모두 함께 일한다. 온갖 잡일을 나눠 스스로를 돌보는 것이다. 은신처의 운영 또한 이들 몫이다. 2층 침대 아홉 개가 놓인 방이 하나 있다. 침대에 누운 한 남자는 많이 아파 보인다.

여자 방에는 작은 소녀가 침대에서 잠을 잔다. 정말 작은 천사처럼 생긴 아이다. "저 애는 지난 목요일에 이곳에 도착한 가족과 함께 왔어요." 누군가가 말했다. 그 소녀는 한때 UNHCR 사무실에서 묵었다고 한다. 그렇게 묵는 건 특별한 경우에 한한다는데, 이 아이는 강간 피해자였기 때문이라고 한다.

에콰도르로 가다 243

갑자기 한 남자가 경련을 일으켰다. 그가 바닥에서 뒹굴자 누군가 달려와 그의 머리를 잡고 다른 이는 그의 팔을 흔들었다. 그는 원래 약한 간질을 앓고 있었는데, 정신적 외상 탓에 증세가 더욱 심각해졌다. 이제 그의 나이 스물 일곱. 사람들이 그를 침대로 옮겼다. "괜찮을 겁니다." 그를 돕고 있는 주위 사람들이 불과 2주 전만 해도 생면부지였음을 떠올린다. 이렇게 이들은 한 가족이 된 듯하다. 가장 힘든 상황에서 서로를 도와 일어서게 만드는 것이다.

부엌은 아주 작고 딱 필요한 것만 갖췄다. 8살 무렵의 남자 아이가 곁에서 엄마를 돕고 있다. 꼬마는 아주 당당하게 내게 손을 내밀며 "부에노스 디아스"(굿 모닝)라고 인사한다.

UNHCR의 도움으로 나는 이 '은신처'의 아이들이 쓸 공책과 물품들을 장만할 수 있었다. 그 짐을 풀어 탁자 위에 놓았다. 아이들이 학용품을 보고 잔뜩 들뜨는 걸 보는 일은 참으로 즐겁다. 어른들이 볼 책도 있다. 한 엄마는 얼른 가브리엘 가르시아 마르케스의 작품을 집어들고서 웃음 짓는다. 짐 속에는 인형도 몇 개 있었는데, 가지고 놀아도 좋다고 말했더니 윗층의 아이들이 쿵쾅거리며 뛰어내려왔다. 너무 예쁘다.

여기서 묵은 지 여드레째 되는 한여인은 콜롬비아 리인세르시온Reinsercion이라는 비정부기구에서 게릴라들을 교화하는 일을 했다. 한때 게릴라였던 사람들이 다시 정상적인 민간인으로 되돌아올 수 있도록 돕는 게 그녀의 일이었다. 다시 평범한 삶을 사는 법을 배우는 것이다. 그들을 데리고 정부 보조금을 받는 농장으로 가서 새로 일하는 방법을 가르쳤다. (얘기하는 그녀 바로 옆에서는 조그만 소녀가 줄넘기를 배우고, 다른 애들은 벽에 기대 앉아 새 책을 읽는다.) 게릴라 교화 업무를 맡았던 그녀를 민병대가 뒤쫓기 시작했다. 그리고 곧 그 농장도 민병대의 손에 넘어가 버렸다. 결국 그녀는 모든 걸 다 잃게 되었다.

"옷가방 하나 쌀 시간도 없었습니다." 그녀가 쓸쓸히 말한다. 이제 그녀는 이곳 에콰도르에서 비정부기구 활동을 펼치고자 한다. "제가 도움이 될 곳이 틀림없이 있으리라 믿어요. 저는 농업전문가죠. 사람들이 스스로 자립 할 수 있도록 돕는 방법을 많이 알고 있어요."

이 여인은 코카 농사를 하는 사람들을 설득해 다른 작물을 기르도록 하는 데도 애를 많이 썼다고 한다. "가난한 농부들도 코카나무를 기르면 돈을 많이 만지니까, 설득이 쉽지가 않아요. 돈을 적게 벌 작물을 기르라고 사람들을 설득하는 일이 어디 쉽겠어요? 아마 당신 역시 콜롬비아나 다른 나라의 사람들이 가난과 부패에 시달리며 살아가는 걸 많이 보셔서 잘 알겁니다. 이들에게도 살아갈 수 있다는 믿음이 주어져야만 합니다."

그녀는 결국 눈물짓는다. "농장을 점령할 때 민병대가 나와 일하던 사람 셋을 죽였어요. 농장에서 일하는 이들의 아이들을 위한 유치원선생님도 그들이 죽였지요."

화장지로 눈물을 훔친 그녀는 숨을 고른 뒤 말을 잇는다. "다시 일어서야만 한다는 걸 잘 알아요. 신께서도 도와주실 거예요."

그녀가 가져온 농장 사진들을 보았다. 그 모든 게 보다 나은 미래를 위해 그들이 직접 땀 흘려 일구어내었던 것들이다. 사진 속의 장면들은 희망과 미래를 약속하고 있었다. 선한 사람들이 자신의 국가를, 서로서로를 돕고 있는 모습들인 것이다. 인권활동을 하는 친구가 그녀에게 UNHCR 얘기를 들려주었고, 그녀는 에콰도르까지 와서 UNHCR의 도움을 받을 수 있었다.

"에콰도르도 나름의 문제를 가지고 있어요. 이곳 사람들도 필요한 게 많은데, 그래서 더욱 애들이 걱정이랍니다. 고국도 아닌 곳에서 살아야 하는데다, 가진 건 하나도 없구요. 그러니 우리가 에콰도르를 도와야 해요. 이 나라에 기여를

해서 언젠가는 여기까지 찾아온 우리를 도울 수 있도록 만들어야 한다 싶어요."

내가 가져온 공책들에 관심을 보이기에 그게 괜찮은지 물었다. "좋구 말구요. 애들을 생각해 공책을 가져오시다니, 너무 기뻐요."

그녀는 아이들에게 "나는 콜롬비아인"이라고 말하며 이렇게 덧붙였다. "다른 사람들이 너희들을 괴물처럼 볼지도 몰라. 하지만 모두 나쁜 사람들은 아니야. 착한 사람들이 훨씬 더 많단다."

윌리엄이 그녀에게 콜롬비아로 돌아가고 싶은지 묻는다. 대답 대신 제정신이냐고 말하는 듯한 그녀의 눈빛이 윌리엄에게 돌아온다. 나는 서서히 깨닫기 시작한다. 이 사람들은 결코 웃음을 잃지 않는 사람들이란 걸. 아무리 사태가 절박해도 이들은 생기와 열정이 넘치는 삶을 살 것이라는 걸.

"콜롬비아는 정말 아름다운 나라고 저는 내 나라 사람들을 사랑해요. 하지만 돌아갈 수는 없어요. 적어도 몇 년 동안은 그럴 것 같아요. 폭력이 사라져야죠. 지금 돌아갔다간 생명을 부지할 수 없을 거예요."

목공소의 부끄럼 많던 소년이 막 이곳으로 돌아왔다. 여기까지 걸어온 것임에 틀림없다. 아이에게는 먼 길이었을텐데… 소년은 아까 우리가 선물한 축구공을 동생들 품에 안겨주었다. 이제 아이는 웃음 지으며 한결 느긋해진 표정이다. 소년의 엄마도 만났는데, 아주 사랑스러운 여인이다.

혼자 여섯 아이를 데리고 차고에서 살아가는 여인을 만났다. 게릴라들이 아이들 중 둘을 징집하겠다고 하자 여인은 콜롬비아를 떠나기로 맘먹었다. 남미는 난민들이 대규모 난민촌을 이루고 모여 사는 나라들의 경우와는 많이 다르다. 각각의 가족들이 뿔뿔이 흩어져 다른 사람들의 나라와 마을로 가서 살아가야 한다. 한 젊은이는 브라질 무예인 카포에이라capoeira를 잘 했는데, 반군이 그걸 자기들에게 가르쳐달라고 했다. 가르치겠다고 동의하였지만, 이내 전투에도 나서라고 하여 그는 반군들을 떠났다.

"총을 집거나 코카를 기르라는 지시를 따를 수는 없었어요. 나를 위협했지만, 그건 내 원칙에 어긋나는 일이었거든요. 그런 일이 있자 거기 더 있다가는 우리 목숨이 위태롭다 싶었어요. 그 마을을 떠나 국경을 향했지요. 목적지에 다다랐을 때 숙모님 한 분이 우리가 반군들의 수배자 명단에 올랐다고 얘기해줬어요. 우린 모든 걸 잃었고 그나마 가진 건 다 팔아야 했죠. 그래서 여기로 와서 손에 잡히는 대로 무슨 일이든 하기 시작했어요. 밥집을 하나 열었는데 이민국에서 서류가 없다는 이유로 그곳을 폐쇄했어요. 그래도 우릴 추방하지는 않은 게 다행이죠. 그때 UNHCR에 대해 알게 됐어요. 그들의 도움으로 이제는 난민 서류를 갖췄어요."

이제 그들은 수공예품을 만든다. 직접 만든 선물함, 인형, 꽃공예 등을 바깥에 내어놓고 판다고 한다. 우리에게 자기들이 만들고 있는 물건들을 하나하나 보여주었다. "제대로 된 사업을 해보고 싶어요. 제가 피자는 진짜 잘 만들거든요."

수녀님들이 거처를 단장한다며 우리들을 아파트로 초대했다. 이 분들은 선교사로서, 일반 여인들처럼 평상복을 입고 생활한다. 갑자기 나는 묘한 기분에 휩싸였다. 아마 내가 가톨릭 집안에서 자라서인지 몰라도 그들이 침실을 보여주었을 때 왠지 보아서는 안 될 것 같다는 생각을 했다. 거실에 조그만 러닝머신이 놓여 있는 게 왜 그리 흥미로웠는지 모르겠다. 수녀들은 운동을 하지 않는다거나 보통 인간들하고는 다르다는 생각을 했던 건가? 한 방에는 바닥에 베개가 놓여 있었고, 주위에 조그만 나무 조각품들이 많았다. 수녀님은 두 손을 모으고서 "여기가 우리가 기도하는 곳이예요"라고 말하는 듯한 몸짓을 했다. 한 수녀님이 콜롬비아에서 보냈던 날들을 얘기해주었다. 그녀가 선교사 생

에콰도르로 가다 **247**

활을 한 지가 이제 18년째고, 그 가운데 8년을 브라질 바깥에서 보냈다고 한다. 이 수녀님이 이끄는 모임은 이민자들을 돕기 위해 조직되었다. 그녀는 이제 평상복으로 갈아입는다고 말하면서, 십자가목걸이를 벗었다. 십자가 목걸이를 쥔 손을 내게 내밀었지만, 어쩐지 함부로 만져서는 안 될 것 같아 머뭇거렸다.

"우리는 브라질에서 왔어요. 우리 교파는 스물한 개의 나라에서 활동해요. 이민자들과 함께 일하지요. 저는 세계의 구석구석을 찾아다니며 갖가지 철학들을 접하는 게 너무 좋아요. 또 늘 아이들로부터 많은 걸 배우기도 하지요."

카톨릭 신자인 어머니께서 내가 수녀님들과 함께 지냈다는 걸 알면 아주 좋아하실 거라고 말씀드렸더니 환하게 웃었다. 나는 이 만남을 통해 어떤 조직, 어떤 나라, 어떤 종교집단에든 항상 좋은 면과 나쁜 면이 섞여 있다는 사실을 다시 확인한다.

한 수녀님이 말했다. "제 꿈은 멕시코와 미국 국경에서 일하는 겁니다." 난 그녀에게 세상에서 그런 꿈을 가진 분은 당신뿐일 것이라고 말했다. 그녀는 미소지었다. 우리는 작별인사를 나눴다.

"언젠가는 당신과 내가 멕시코 국경에서 다시 볼지도 몰라요. 사람의 일을 누가 알겠어요?" 그녀가 말했다.

참, 마지막으로 덧붙임. 수녀님들은 브라질이 지난 축구경기에서 이겼다고 아주 좋아했다(고 통역이 전해주었다).

오후 2시 45분 어느 고립된 산간 지역의 난민 마을을 찾았다. 전체 40명의 난민들 중 17명이 아이들이다. 차를 타고 한참을 올라가서야 그들의 마을이 나왔다. 이 마을에 차라곤 단 한 대뿐이라고 한다. 버스가 들어오는 곳까지 늘 오르락내리락 해야 한다. 이들은 '콜롬비아의 고대 유적지'인 상아우구스틴St

Augustine에서 이곳으로 2년 전에 이주한 사람들이다. "우리 아이들을 끌고가 무기를 들게 했어요. 게릴라들이 점점 밀려들고 있었죠. 우리는 영적인 마을이 었어요." 그들이 콜롬비아를 떠나야만 했던 이유이다.

이렇게 높이 동떨어진 곳에 그들은 교회와 학교를 세웠다. "드디어 우리는 평화를 찾았어요."

이곳은 정말 아무것도 없는 외딴 곳이다. 그런데도 이들은 절대 사진 찍지 말아라고 거듭해서 당부한다. "그들이 다시 우리를 찾아낼까봐 두려워요."

그들은 우리를 부엌으로 안내했다. 온통 나무를 이용해 잘 짜여진 공간이 었다. 긴 나무의자들이 놓였고 탁자 위에는 비닐 커버를 씌웠다. 우리는 고기 와 쌀, 수프로 차린 점심으로 훌륭한 접대를 받았다. 또한 그들이 신봉하는 콜 롬비아 보고타 태생의 현대 그노시스 철학자인 사마엘 아운 웨어Samael Aun Weor(1917~1977)에 대해 들을 수 있었다. 웨어의 가르침은 인간이 어떻게 완벽 한 자아실현을 거둘 수 있는가에 대한 것이었다. 신을 추종하는 인간들의 문 화인 것이다. 이들의 신봉하는 이 철학자의 60권이 넘는 책 속에 담긴 핵심 메 시지는 모든 종교가 근본적으로는 동일하다는 것이다. 이를테면 부처가 예수 로 환생하는 등, 서로 뿌리가 같다는 것이다. 남미에 몇 천 명 정도의 추종자를 거느린 이 집단은 그래도 괴팍한 컬트 집단은 아니다.

"우리에겐 정치적이거나 경제적인 목표는 없어요. 우리는 우리의 믿음을 누 구에게든지 거저 가르쳐요. 인종이나 민족, 사회적 출신 따위는 고려하지 않아 요."

나는 스페인어를 못한다. 당연히 이 모든 대화는 통역된 것이다. 난 귀도 먹 고 말도 못하는 사람이 된 듯한 기분이다. 내가 답변을 줄 수 없어 답답한 기 분이 들기 때문에 사람들이 내게 말을 거는 게 걱정스럽다. 그렇지만 이들이

에콰도르로 가다 **249**

뭘 필요로 하는지 물어야 했다.

"상수도, 하수도와 전기죠. 발전기가 하나 있지만 턱도 없이 모자라요."

한 콜롬비아 남자에게 그의 삶에 대해 물었다. 이곳에 오기 전까지 그는 콜롬비아에 있었다고 한다.

"거기선 공구와 목재를 파는 소매상을 했어요. 그런데 반군들이 모든 사업체에서 돈을 뜯어갔고, 도시에서도 안전이 보장되지 않아 가게를 운영한다는 게 거의 불가능했어요. 하지만 이곳 땅 또한 작물을 심기엔 좋지 않네요."

그가 내게 몸짓을 섞어 얘기를 이어갔다. "당신은 참 많은 것을 묻는군요. 관심이 아주 많은 게 분명해요."

널리 많은 사람들이 이런 사정을 알 수 있도록 일지를 쓰고 있다고 얘기하자, 그가 대답했다. "아무것도 없는 자들과 아주 풍족하게 가진 자들 사이의 메신저로군요. 참 좋은 일을 하시는 겁니다."

아이들과 잠시 놀았다. 이제 난 한 가지 요령을 터득했다. 전 세계 어느 곳에서건 서먹해하는 아이들과 (특히 어린 소년들과) 친해지고 싶다면 딱 하나만 준비해 가면 된다. 그건 바로 축구공. 우리는 선물로 가지고 갔는데, 그들은 그 포장지를 따로 챙겼다. 학교에서 쓸 종이로 말이다. UNHCR 직원들이 나중에 그곳을 떠날 때 내게 그걸 말해주었다. 난민들이 비닐봉투나 노끈 따위를 가지고 얼마나 놀라운 걸 만들어내는지에 대해 한참 얘기를 나눴다. 제일 신기한 것은 단연 끈으로 만든 자동차였다. 그 자동차로 경주도 하곤 한다는 것이다. 또 비닐봉투를 꼬아서 노끈을 만들고 그걸 서로 엮어 가방을 만들어내기도 한다.

직원들은 감동을 준 가족들이나 웃지 않을 수 없었던 사연들도 들려주었다. 돼지 한 마리를 데리고 국경을 넘고 배를 탔던 부부 얘기도 나왔다. 그 부부의

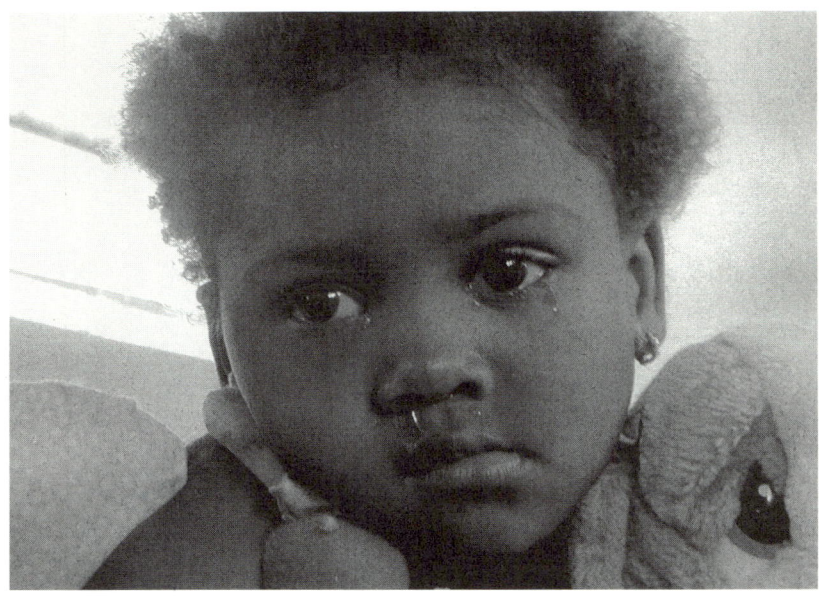

콜롬비아 내의 무력충돌 탓에

수십 만이 목숨을 잃고 150만이 고향을 떠나야 했다.

그들은 이 아기처럼 에콰도르로, 혹은 베네주엘라나 파나마 같은

인근 나라들로 피신해 난민이 되었다.

돼지를 배에 태우는데, 겁에 질려 꿱꿱거리며 뒷걸음질만 쳐서 결국 놈을 베개 봉투 같은 데다 집어넣어 겨우 옮겼다는 것이다. 나는 어느새 여러 해에 걸쳐 자신들이 만났던 사람들과의 인연이 선사한 흥분을 전해주고자 하는 이들의 말에 집중한다. 그들은 난민들을 흔쾌히 친구라고 부른다.

돌아오는 길에 시간이 남아 피라미드 구경을 했다. 낡고 붉은 모자를 쓴 남자가 풀을 어적어적 씹으며 우리를 언덕 위로 안내했다.

"이게 열네 피라미드 중의 하나입니다."

피라미드? 어디 있지? 한참을 두리번거리고서야 나는 깨달았다. 이곳은 각기 경사로를 지닌 이상한 모양의 언덕들이 즐비한 골짜기였고, 우리는 그 중 한 언덕 위에 서 있는 것이었다. 바로 피라미드 꼭대기에 선 것이다. 내가 밟고 올라온 풀밭을 걷어내면 그 아래 진흙으로 만든 건물이 나온다. 그 꼭대기의 상징물을 보고 시간을 알 수 있었다고 한다.

가이드는 키토와 카라가 합쳐져 키토카라Quitocara가 되었다고 소개한다. 키토카라는 잉카 문명 이전의 두 문명. 서기 500년쯤 이곳에 정착했던 그들은 이곳에서 잉카인들에 저항해 25년을 싸웠다. 이들의 통치체제는 모계사회의 전통을 따랐다고 한다. 그때의 도자기 몇 점이 발굴되기도 했다.

불을 밝히고 통신에 쓰이던 화산석 부싯돌이 보였다. 다른 통신법으로는 고작해야 연기와 불, 소리 등이 전부였던 시대다. 우리 문명이 얼마나 진화했는지 알 수 있는 대목이다. 그러나 우리의 삶의 질이 그때 당시보다 얼마나 나아졌는지 먼저 생각해봐야 할 것이다. 오늘날 이 지역에서 살아가는 사람들의 삶은 전쟁의 소용돌이 속에 빠져들어 고통받고 있다.

돌아오는 길에 옥수수 농장을 지나치다 자식들이 아주 많은 부부와 마주쳤다. 큰 아이들은 부모의 일을 돕고 조그만 아이들은 그저 노느라 바쁘다. 오늘의 일을 끝내고 그들은 버스를 기다리고 있었다. 늦은 시간이다. 아이들의 아빠가 윌리엄의 전화를 빌려 도움을 청한다. 사람들이 사탕수수를 먹듯이 꼬마들은 옥수수 줄기를 씹는다. 나도 하나를 먹어 보았다. 달콤하다.

저녁을 먹으며 우리는 이 지역에서 구호활동을 펼치기가 얼마나 힘든일인지를 놓고 토론했다. 가령 UNHCR은 난민들을 돕는 게 핵심 목표지만 지난 여러 해 동안에 걸쳐 현실적인 문제와 요청에 의해 국내실향민들 또한 돕기 시작했다. UNHCR의 예산 가운데 98%는 여러 정부나 기타 기부자들로부터 나온다. 그러나 사실 핵심 사업을 펼치는 데도 그 예산은 결코 충분치 못하다. 지난해는 예산 삭감 탓에 많은 UNHCR 직원들이 해고되기도 했다.

일행 한 사람이 UNHCR이 직면한 국내실향민 문제를 완벽하게 설명해주었다. 즉, 당신이 네 아이의 부모라고 가정해 보자. 그렇게 근근이 살아가며 애들에게 넉넉하게 먹이지도 못하고 있는데, 어느 날 버려진 아이 둘이 나타났고 그 애들도 당신이 입양해야만 한다. 당신이 입양하지 않으면 아무도 버려진 애들을 돌보지 않는 상황이기 때문이다. 어떻게 하겠는가? 어떻게든 방법을 찾아내려고 할 것이다. 만약 그 어느 국제사회도 콜롬비아 국경의 100만명이 넘는 국내실향민들(이들도 어엿한 인간들이다!)을 돕지 않는다면, 당신이라도 도울 방법을 만들어야 한다. 한 개인의 생명과 한 가족의 삶이 달린 생존의 문제인 것이다.

우리는 다른 지역의 난민들 얘기도 나눴다. UNHCR 직원들이 함께 둘러앉으면 공통적으로 발견되는 사실이 하나 있는데, 이는 참 경이롭다. 우리의 저녁식사 장면이 세상으로 생중계되어 모든 사람들이 지금 내가 듣는 말을 함께 들었으면 좋겠다. 앙골라의 국내실향민들을 얘기한다. 이들은 콩고의 상황을 얘기하고, 쿠르드족 이야기를 하며 그들이 어떻게 잊혀져버렸는지 토로한다.

코트디부아르의 예전 수도인 아비장을 얘기하며 왜 그곳이 그곳 상황을 이해하는 데 중요한지 설명한다. 이 지역에서 벌어지는 또 하나의 심각한 상황인 파나마 얘기도 나눴다. 파나마도 콜롬비아 내전 사태 때문에 크게 영향 받은 나라이다. 우리는 즉석에서 다음 달에 그곳을 방문할 계획을 짜기 시작했다.

6.9 SUNDAY

아침 7시에 식사. 간밤의 축구시합에서 에콰도르가 2-1로 졌다고 한다. 리오넬로가 내려오기에 짐을 찾았냐고 물었더니 결국 못 찾았다는 대답이 돌아왔다. 아침 식사 때는 베네수엘라가 화제였다. 대체 어떤 상황인지 잘 알 수는 없지만, 사람들이 은행에서 돈을 꺼내고 있다고 한다.

베네수엘라 대통령 우고 차베스는 논란의 인물이다. 베네수엘라는 그의 리더십 방식과 몇몇 정책결정 탓에 심각한 분열을 겪고 있다. 반대세력들이 거리 시위와 파업 등을 통해 그의 사임을 촉구하고 나섰다. 반면 추종세력은 정부를 지지하며 거리를 행진한다. 4월 11일, 시위 도중 시민들이 총격으로 사망하는 사건이 잇따르자 베네수엘라 군대는 차베스를 권력에서 몰아냈다. 임시 쿠데타정부가 베네수엘라의 권력을 잡았는데 그 지역 대부분의 나라들은 이를 위헌적 조치라고 성토했다. 다음 날 빈민지역과 군부 내의 차베스 지지자들이 거리로 나서 그의 복귀를 요구했다. 차베스는 감금 상태에서 풀려나 다시 권력에 복귀했다. 그래도 베네수엘라 사회의 분열과 갈등은 여전하며 정치적 불안이 경제에 부정적 영향을 미치고 있다.

콜롬비아에서도 평화회담이 진행되던 동안 비무장지대가 설치되었는데, 이제는 그곳이 게릴라들로 가득 차서 연일 정규군의 폭격이 이어지고 있다. 40명이 넘게 사망했다고 한다.

공항에서 차로 철사울타리를 따라 달린다. UNHCR 직원인 그레이스가 군인 한 명과 함께 먼저 가서 문을 땄다. 가방 검색과 사람 검색이 이어지고, 안으로 들어가니 거기 다른 직원들이 더 기다리고 있다. 약 30분쯤 날았을까. 갑자기 창밖으로 하염없이 정글이 펼쳐진다. 그야말로 눈길 닿는 곳은 모두 정글이다. 여기가 바로 아마존. 숨이 턱 막히는 풍경이다.

비행기가 하강을 시작하고서야 집들도 보이고 조그만 마을도 보인다. 그렇게 다다른 곳은 '시큼한 호수'라는 뜻의 라고 아그리오, 혹은 누에바 로야로 불리는 곳이다. 콜롬비아 국경에 아주 가까이 가게 된다. 이쪽 국경 부분은 콜롬비아무장혁명군이 제 집 드나들듯 자주 출몰하는 곳으로 유명하다. 물론 무장세력들도 휴식이 필요할 테지만, 다른 중요한 이유가 있으리라 짐작된다. 어쨌거나 이 국경의 콜롬비아 쪽은 대부분 민병대 조직이 장악한 곳이다.

내리다만 빗방울이 안개가 되어 대기를 가득 채운다. 지난 두 달 동안 비가 내렸다고 한다. 이 지역은 석유와 다른 천연자원이 풍부한 곳이다. 하지만 그에 따른 부는 공평하게 분배되지 못했다. 가난한 사람들은 돈 구경을 못한다. 이곳 사람들의 70%가 빈곤층이고, 21%는 극빈층이다. 5월까지는 전기도 없었다. 아마 에콰도르에서 가장 폭력이 빈발한 지역이 이곳일 것이다. 최근에만도 68건의 암살이 벌어졌고 살해된 사람들의 80% 이상이 콜롬비아 사람들이다. 이곳으로 오는 난민들 중 절반은 어린아이들이다.

거기서 또 UNHCR에서 일하는 앤과 레네를 만났다. 레네는 콜롬비아 내부의 푸투마요란 곳에서 일한다. 그곳에도 불법 무장조직이 활개를 친다. 많은 사람들이 게릴라나 민병대의 손에 박해를 받았거나 싸움판 사이에 끼어 옴짝

달싹 못하는 신세가 되었다. 이런 상황인데도 콜롬비아 땅에서는 정부의 힘이 유명무실하다. 푸투마요에만 10,624명의 국내실향민이 있는데, 그 중 60%는 17살 미만이다. 나리노의 국내실향민은 16,218명이다. 이 수치는 지난 5월 말 기준으로 등록된 사람들의 공식 집계이다. 그러니까 등록되지 않은 사람들도 아주 많을 거라는 게 모두의 생각이다. 콜롬비아 전국에는 200만명도 넘는 국내실향민이 있으리라 예상한다. 평화협상이 좌초되면서 국내실향민 숫자도 부쩍 늘었다. 싱글맘 가족의 숫자도 크게 늘었는데, 대부분 강제징집의 결과일 것으로 짐작된다.

푸투마요와 나리노 사이의 길은 아주 열악해서, 직원들이 오고가는 데 무척 힘들다고 한다. 보건위생 문제에 대한 얘기도 나왔다. 민주국가라면 이는 정부의 책임일 테지만, 불법무장단체들이 장악한 지역(전 국토의 74%)에 갇힌 신세가 된 사람들을 정부가 어떻게 돌볼 도리가 없는 것이다. 비정부기구인 노르웨이 사람들의 손길Norwegian People's Aid이 이 지역 교회의 활동을 일부 지원하고 있다.

레네는 평화협상의 결렬 이후 상황이 더 악화되고 있다고 전한다. 몇 년 전에는 밤에도 길거리를 다닐 수 있었지만, 이제는 살인사건이 빈발해지면서 너무 위험한 일이 되고 말았다는 것.

브리핑이 시작된 지 제법 지나자 계속 집중하기가 쉽지 않다. 적어야 할 정보가 너무 많고, 이해해야 할 일들도 많다. 고산병 증세 때문인지도 모르겠다. 다른 이들도 그럴지 모르겠지만, 난 그래프나 자료집을 읽는 것보다 직접 사람을 만나는 게 더 좋다. 하지만 이런 정보를 접하고 브리핑을 받는 게 아주 큰 행운이라는 것도 잘 안다. 왜냐하면 불행하게도 뉴스만 보아서는 세상에서 벌어지는 상황들을 제대로 파악할 수 없기 때문이다.

마르테는 국경에서 불과 30㎞ 정도밖에 떨어지지 않은 이곳에서 사람들로 하여금 자신의 끔찍했던 경험을 말하게 하는 것부터가 어려운 일이라고 주장했다. 유엔 합동코디네이터는 모든 유엔 기구 직원들의 안전이 최우선 과제라고 지적한다. 우리는 국제적십자와 긴밀하게 연락을 주고받으며 움직인다. 우리 중의 한 사람이 임무를 맡아 밖으로 나가면 만일의 경우에 대비해 적십자에 다음과 같이 통보하는 것이다. "저한테서 몇 월 며칠 몇 시까지 연락이 없으면…."

어느 피난처로 가는 차 안에서 앤이 백혈병으로 숨진 스무 살 난민 처녀 얘기를 들려주었다. 국제이주기구International Organization for Migration가 약품 조달을 도왔다. (IOM은 유엔 기구는 아니지만 유엔과 아주 긴밀하게 협력한다. 과거 쿠웨이트에서 사람들이 탈출할 때 많은 일을 한 조직이다.) 그러나 안타깝게도 그 소녀의 경우에는 너무 늦게 약품이 구해졌다. 앤은 너무 슬펐다. 소녀는 숨을 거두기 며칠 전부터 극심한 통증에 시달렸다고 한다. 모르핀이나 다른 좋은 진통제를 구하기란 여기서 거의 불가능하다. "정말 쳐다보고 있기가 어려울 정도였어요." 앤이 말한다.

피난처에 당도했다. 건설이 끝난 게 2001년. 국제이주기구가 수도공사를 맡아 도와줄 예정이다. "아직도 문제가 많아요." 앤의 말이다. 지금 이곳에는 25명이 산다. 이들을 위해 보육센터 하나와 여인들이 일할 곳이 마련되었다. 급작스런 난민 유입에 대비해 400명을 수용하는 방과 여분의 천막도 갖추었다. 여자들은 정원에서 일을 하기도 한다. 산보를 하면서 우리는 정원을 돌보는 여인들을 보았다. 그들을 돕는 남자도 한 명 있었다. 모두 콜롬비아에서 온 사람들이다. 한결같이 아주 우아하게 자신을 소개하며 우리를 맞았다. 손님이 오시는 게 아주 반갑다고 하면서 말이다. 그들은 도움의 손길을 베풀어준 모든 기관들에게 진심으로 감사해한다.

"제발 우리를 좀 더 도와주세요. 우린 정말 열심히 일할 겁니다."

한 여인이 우리의 청에 응해 자신의 이야기를 들려주었다. "내 아이가 열명인데, 지금 아홉명만이 나랑 함께 있지요. 민병대가 들이닥쳐서는 15분 이내에 떠나지 않으면 몰살시키겠다고 했어요. 여기 도착하고 나서 그들이 내 아들을 채찍질하며 끌고 갔어요. 우리 애가 끌려 갔다구요. 내 아들 소식을 알 길이 없어요."

그녀는 아들의 이름을 우리에게 일러주었다. 그가 대번에 알아차릴 아이의 별명과 함께. 그 아이가 아주 대단한 축구선수였다는 귀띔도 잊지 않았다. "제발 우리 애 좀 찾아봐 주세요."

다른 여인은 먼저 나서서 우리에게 얘기를 들려주려 했다. "이쪽저쪽 모두 우리 아이들을 군대로 끌고 가려 했어요. 그래서 이리로 도망왔는데, 지금은 남편이 아파요. 그 사람이 쓰러져 버렸어요."

교실 같은 방에 들렀는데 엄마들이 애들과 함께 모여 있다. 갓난아기들은 너무 사랑스럽다. 그 중 한 아이는 많이 아픈 모양이다. 살아남기 위한 싸움은 끊임이 없다. 한 소녀는 우리에게 인형이 있느냐고 묻는다. "아빠가 인형을 사줄 수가 없대요."

우리가 준비해온 선물에 인형도 둘 포함되어 있긴 하다. 그렇지만 소녀는 인형을 친구들과 함께 공동 소유해야 한다. "인형이랑 같이 자고 싶은데…" 소녀는 아쉬운 듯 말꼬리를 흐린다.

갓 스무 살에 아이가 셋인 여자를 만났다. 필요한 게 뭔지 그녀에게 물었다. "우리 신분을 인정해서 여기서 일 할 수 있게, 또 콜롬비아로 돌아가지 않아도 되게 해주세요. 거기 가면 아이들을 전쟁에 빼앗기게 될 거예요."

이들은 아주 훌륭하고 의젓한 사람들이다. 어느 아빠는 이렇게 말한다. "16년 전이죠. 푸투마요 주에서 내 아내를 만났어요. 우리에게 농장이 있었죠. 집도 지었고, 가축도 있었어요. 내가 죽어도 자식들에게 남길 게 있어서 난 아주 뿌듯했어요. 아이들 걱정은 할 게 없었어요. 그 자들이 우리를 쫓아낸 방식은 아주 거칠었어요. 아내와 아이들을 잡아갔어요. 난 감금되었구요. 우리는 모욕과 고문을 당했어요. 난 아무것도 가져올 수 없었어요. 무엇보다 슬픈 건 아내와 애들도 데려오지 못했던 거지요. 난 용기를 내서 아내와 애들에게 어떤 일이 벌어질 건지 물었어요. 뭐라고 뭐라고 말이 많았지만, 결론은 그들을 죽였다는 거였어요. 미칠 것 같았어요, 정말. 그로부터 일곱 달 뒤 난 식구들을 재회했습니다. 그들은 살아 있었어요. 믿을 수가 없었죠. 제 생에서 가장 기쁜 순간이었어요. 아내는 얼마나 울었는지 몰라요. 아내도 내가 살아 있다는 걸 믿을 수가 없었답니다. 그 자들이 아내에게 이렇게 말했대요. '남편 걱정은 하지 마라. 우리가 잘 묻어주겠다.' 우리는 이곳 에콰도르에서 다시 결합하게 되었어요. 우리 둘 다를 아는 한 친구가 우리 둘 다 이곳에 있다는 걸 알게 된 거죠. 내일 아침 10시에 공원으로 나오라고, 친구는 나와 아내에게 각각 그렇게 일렀어요. 우리가 만난 게 바로 그 공원이었단 말이죠. 정말 믿기지 않았어요. 내 삶이 구원받은 겁니다."

다른 여인도 우리에게 얘기를 들려주고 싶어했다. 그녀는 더 나이 많은 여인과 함께였는데, 그들은 친구로서 여기서 서로 돕고 있다고 한다. 어딘지 아파 보이는 소년을 그녀가 안고 있다.

"게릴라가 열여섯 살 난 아들을 데려갔어요. 우리는 그곳을 떠나왔고, 다시는 아들을 보지 못했죠. 다른 애들을 데리고 황급히 콜롬비아를 떠나 상미구엘 강을 카누를 타고 건넜어요. 뱃사공에게 돈이 없다면서 우리 사연을 얘기했더니, 그가 도와주었어요."

갓난아기를 안은 다른 여인에게 물었다. "왜 콜롬비아를 떠나셨나요?"

"그들이 내 남편을 죽였거든요. 어느 날 남편이 '일자리 구하러 나간다'며 아침 7시에 집을 떠났어요. 오후 4시에 남편 부모님께 전화가 한통 왔죠. '당신 아들 시체를 확인하러 나와라.' 남편의 시신은 도로 위에 널부러져 있었어요. 내 목숨과 내 아이들 목숨도 걱정스러웠어요. 난 친구 집에 몸을 숨겼고, 친구가 에콰도르로 가기를 권했어요. 친구는 노잣돈으로 쓸 돈도 조금 쥐어 주었어요. 갓난애를 안고 다른 아이 둘을 데리고 우리는 국경까지 버스를 탔어요. 다행히 우리는 집에서 신분증을 들고 나왔어요. 나중에 그들이 우리 집을 불태워버렸으니, 그나마 다행이었죠. 우리는 방문자로서 합법적으로 에콰도르에 입국했답니다."

그런 일이 대체 언제 벌어졌는지 물었다. "겨우 2주 전이었어요."

일정이 지연되고 있어서 우리는 점심을 건너뛰기로 했다. 한 가족을 만나러 가는 차 안에서 나는 UNHCR 콜롬비아 사무소에서 온 레네와 얘기를 나눴다. 지금 다시 그 때 움직이는 차 안에서 쓴 글씨들을 보니 그 길이 얼마나 힘들었는지 새삼 떠오른다.

차는 조그만 2층 집에 멈춰 섰다. 그 집의 다섯 형제와 엄마는 한 달 전에 이곳에 도착했다. 약 열 명 정도의 아이들이 위층 발코니에 서서 인사를 한다. 한 달에 100달러쯤 되는 집세 때문에 그들은 그 집을 다른 가족들과 함께 쓰고 있다. 처음에는 수도도 없던 집이었고, 살만하게 꾸미기 위해 외부도 싹 새로 단장했다. 한때는 그 집에 사는 사람이 너무 많다며 집주인이 윽박질렀다. 그렇지만 나중에는 "모두가 좋은 사람들이고 집을 잘 돌본다"며 집주인도 좋아했다고 한다.

그들이 여기 온 뒤로 몇 가지 사건이 있었다. 그들이 콜롬비아인이기 때문에 경찰들이 무장세력 협력자들이라고 몰아세웠다는 것이다. 경찰은 난민들 때문에 이 마을에 문제가 많다고 생각한다.

"하지만 그 경찰들은 비교적 전문적인 사람들이었어요. 우리가 범죄자가 아니란 걸 이해하고선 우리를 풀어주었죠. 아직도 우린 무서워요. 우린 국경 가까이 있고, 이 근처에서 양쪽 무장단체 사람들을 다 보았답니다."

모든 이야기가 서로 다르지만 공통점들도 있다. 무장단체의 협박을 받고 있다는 사실말이다. 20년 동안 정부에서 등기사무원으로 일했던 한 남자는 2년 전부터 협박에 시달리기 시작했다. 양쪽 진영에서 공식 기록과 증명서를 만들어주기를 원했던 것이다.

"그 자들은 일단 자기 쪽을 도와달라고 하죠. 그런데 그렇게 하고 나서는 다른 쪽도 도와줬다고 몰아세워요." 그가 말했다.

사람들이 마실 것을 권했다. 물 때문에 탈이 날 수 있다며 주의하라고 거듭 충고를 받았지만, 호의를 뿌리치느니 아프고 말겠다는 심정으로 받아 마셨다. 레네도 함께 마셨다.

여러 아버지들 중 한 명과 자리를 함께 했다. 그는 세 아이를 데리고 사흘 낮 이틀 밤 동안 국경을 넘었다. "아이들이 무서워했겠네요?"라고 물었다.

"그럼요. 검문소를 얼마나 많이 통과했는지 몰라요. 게릴라들 검문소가 셋, 민병대 검문소가 셋이었죠. 마지막 검문소에서는 신분증도 뺏겼어요. 그래서 합법적으로 국경을 넘는 게 어려웠죠. 갑자기 신분증명을 할 수 없게 되었으니 불법을 저질러야 했던 거죠. 아직도 콜롬비아에 여동생이 셋 있어요. 그 중 한 명은 수녀죠. 며칠 전 그녀가 게릴라들에게 잡혀 있다는 소식을 들었어요. 우리가 UNHCR의 보호를 받는 난민이라는 사실이 얼마나 다행인지 몰라요. 우리 아이들을 지키는 데 말이죠."

"싸움이 끊이질 않아 떠날 수밖에 없었어요. 게릴라들과 민병대들은 노상 서로 싸우는 게 일이에요." 다른 남자의 말이다. 그는 펑펑 울음을 터뜨린 뒤 마지막으로 덧붙인다. "난 가족들을 데려올 수가 없었어요. 세 아이들을 거기 남겨두고 왔다구요. 이제 그 아이들이 위협을 받고 있어요." 게릴라들은 아이들이 사는 집을 폭파시키겠다고 협박했다. 그는 아이들을 이곳 에콰도르로 데려올 방법을 찾고 있다.

"무장세력이 이렇게 사람을 죽인다는 얘기 들어보셨어요? 그 자들은 버스를 세우고는 사람들을 끌어내리고선 쏴죽여요. 양쪽이 교전을 벌이면 아이들은 그 한복판에 끼어 총탄과 폭약 소리에 완전 넋이 나갈 정도로 겁에 질려요." 그는 이야기를 쏟아 붓다 뚝 멈추고서는 펑펑 운다.

"그 자들이 나를 꽁꽁 묶어놓고선 막 죽이려고 했어요. 그때 생각은 하기도 싫어요. 그 자들이 군대로 끌고 가려 한 아이 둘을 데리고 왔어요. 난 의사인데 게릴라들이 자신들을 위해 일하라는 걸 거부했죠. 그 자들이 날 협박했어요. 들려주고픈 얘기는 더 많지만 너무 치욕적이에요. 그만 하겠습니다."

우리는 그에게 고맙다고 했다. 윌리엄과 그는 한 동안 손을 맞잡고 놓지 않는다. 두 남자 모두 아이를 둔 아빠로서 서로의 고통을 잘 헤아릴 수밖에 없으리라.

앤에게 UNHCR이 어떻게 콜롬비아 내의 가족들을 돕고 있는지 물었다. 가령 콜롬비아에 아이들만 남겨진 경우 말이다. 만약 그들이 콜롬비아 사무소로 찾아온다면, 그 경우 UNHCR이 이들을 거기서 도와줄 수 있는 건가? 아마도 그렇겠지만, 아이들이 우선 UNHCR로 찾아올 수 있어야 한다. 비록 많은 사람들이 전쟁의 격화를 우려하고 있지만, 대통령당선자 우리베는 새로운 평화

구상을 얘기한 바 있다. 앞으로 몇 달 사이에 콜롬비아에서 어떤 국면이 전개될지 명확치 않다. 40년 동안 계속된 전투는 평화로워지기 전에 더 격화될 수도 있다. 마지막 전투가 되거나, 혹은 전쟁 국면으로 나아갈지도 모른다. 누가 그들을 지지할까? 얼마나 오래 계속될까? 사람들에게는 무슨 일이 벌어질까? 그 소용돌이 속에 휘말린 가족들은 어떡하나? 벌써 200만명의 사람들이 실향민 신세라고 하는데….

마지막으로 한 가지: 나는 리오넬로, 토비와 함께 콜롬비아 사태를 다른 쪽 국경에서 살펴보기 위해 파나마로의 여행을 계획했다. 하지만 이번 일지 발간을 준비하면서 들려온 바에 따르면 그쪽 국경 상황이 이미 너무 악화되어서 파나마 방문은 너무 위험하다고 한다.

진짜 마지막: 리오넬로는 마침내 어제 짐을 찾았다고 한다.

글을 마치며

유엔헌장은 이렇게 시작한다. "우리 사람들은…." 헌장은 이제껏 내가 읽은 것 중 가장 아름다운 말들 중 하나이다. 이 표현은 바로 그 요체이다. 우리는 이 생을 함께 보내고 있는 사람들이다. 우리의 역사와 문화를 지키며 동시에 서로서로 배우며 세계의 사람들이 함께 살아가는 것이다.

난민들은 우리와 똑같은 사람들이요, 가족들이다. 다만 우리가 누리는 자유를 갖지 못했을 뿐이다. 이들의 인권은 침해받고 있다.

UNHCR의 통계로는 난민 숫자가 2,000만을 넘는다고 하며, 그 중 800만은 18세 미만의 아이들로 추정된다.

다른 사람의 자유를 부인하는 사람은 스스로도 자유를 누릴 자격이 없다.
– 에이브러험 링컨

옮긴이의 말
가장 아름다운 왼손잡이

나는 안젤리나 졸리가 출연한 영화 한 편 본 적 없지만 그녀의 이름은 알고 있었다. 하지만 졸리가 찾아가 만난 난민들은 그녀를 전혀 모른다. 안젤리나 졸리도 난민 사태에 대한 관심이 생겨나기 전까지는 여느 미국인들과 — 또 우리들과 마찬가지로 — 그들의 실상을 제대로 듣지도 보지도 못했다. 그녀가 워싱턴의 UNHCR 문을 두드렸을 때 모든 게 바뀌었다. 거기, 오로지 자기 고향의 평화만을 바라는 비상사태지역의 난민들을 돕기 위해 모든 불편과 고통을 — 심지어 죽음의 위협을 — 감수하며 비지땀 흘리는 인도주의 활동가들이 있었고, 그들과 만남으로써 안젤리나 졸리의 인생은 바뀌기 시작했다.

내가 아마존 서점에서 안젤리나 졸리의 책을 발견하고 번역을 기획할 때만 해도 사실 그녀의 일지 내용이 이토록 마음을 뒤흔들어 놓을 줄은 몰랐다. 모르긴 몰라도 유명 배우의 책을 번역하는 것이니까 '그저 그러려니' 넘겨짚는 심사가 일었을 터이다. 그 뒤 글을 읽으면서도, UNHCR을 통해 아프리카로, 아시아로 직접 난민들을 찾아 취재를 시작한 졸리의 결정이 선뜻 이해되지는 않았다.

하지만 이제 나는 졸리를 너무 잘 아는 듯한 느낌이다. 잘 몰랐던 난민들의 참상을, 우리네 미디어에서 잘 보여주지도 들려주지도 않는 그들의 사연을, 안젤리나 졸리는 간절하게 보여주고 싶었고 들려주고 싶었다. 선한 사람들의 도움을 구하고, 또 스스로 돕고 싶었다. 배우라는 자기 직업 때문에 난민과 실향민들의 실상을 좀 더 효과적으로 세상에 들려줄 수 있으리라는 생각이 들었을 때, 안젤리나 졸리는 주저 없이 아프리카로 가는 비행기에 올랐다. 고향을 잃고, 팔다리를 잘리고, 가족을 잃은 사람들의 이야기와 그들(을 돕는 사람들)의 바람에 귀 기울이며, 안젤리나 졸리는 왼손으로 꼭꼭 눌러써 이 일지를 만들었다. 이 모든 일이 기꺼이 난민들의 처지를 보고 배우겠다는 졸리의 마음가짐에서 비롯되었다.

이 책의 사진들에서 졸리가 왼손에 펜을 쥐고 열심히 받아 적는 모습이 내게는 특히 인상적이었다. 나는 '배우 졸리'가 아닌 부지런히 왼손을 놀리는 '봉사활동가 졸리'를 먼저 알게 된 것이고, 그녀의 그런 남다른 열의와 솔직담백한 진정성 앞에서 그저 고개가 숙여질 따름이었다. 그러다가 안젤리나 졸리 또한 자신이 죽을 때 배우보다 봉사활동가로 기억되기를 바란다는 인터뷰도 보게 되었다.

이렇게 아름다운 왼손잡이가 또 있을까! 아니, 안젤리나 졸리는 그저 아름답기만 한 게 아니라 사랑의 참뜻을 제대로 알고 실천하는 사람이다. 우리와 각별한 사이인 사람을 사랑하는 건 지극히 쉽고 당연한 일이다. 그렇지만, 어쩌면 외계인보다 더 멀게 느껴지는 사람들을 향해 사랑을 쏟기란 결코 쉬운 일이 아니다. '알게 되면 사랑하게 된다'고 했다. 권력의 다툼에 끼어 처참하게 고통 받는 사람들의 바람이 — 첫째도 평화, 둘째도 평화! — 하루 속히 이루어지기를, 그리하여 안젤리나 졸리의 세상을 향한 사랑이 값진 열매를 맺기를, 지금 나는 간절히 소망한다.